THE COST OF RIGHTS

권 리 의 대 가

Stephen Holmes And Cass R. Suntein 저 / 박병권 역

감사의 글

　이 책과 관련하여 우리들을 도와준 많은 친구들과 동료들에게 기쁜 마음으로 감사를 표한다. 우리는 연구 및 분석의 주제로서 권리의 대가를 시카고 대학의 동유럽 입헌주의 연구소(Center on Constitutionalism in Eastern Europe)에서 열린 회의에서 처음으로 접하게 되었다. 효과적인 권리 보호를 위한 재정적 전제조건에 관한 적절한 관심은 재정 곤란을 겪는 동유럽이나 구 소련에서의 기본권의 열악한 보호를 관찰하는 것으로부터 자연스럽게 유발된다. 전형적인 예를 들어보면, 배심재판을 채택한 러시아의 위대한 실험은 이미 불충분한 지방법원의 예산의 25%를 사용하기 시작할 때 실패했다. 이 책의 주요 목적 중의 하나는 이러한 괄목할 만한 맥락에서 우리가 배운 것을 미국에서 현재 진행중인 권리논쟁에 적용하는 것이다. 우리는 많은 어려운 논의에 관하여 동유럽 입헌주의 연구소장인 Dwight Semler와 우리의 공동 연구자인 Jon Elster, Larry Lessig, Wiktor Osiatynski, Andras Sajo에게 감사한다. 우리는 또한 원고에 대하여 비판과 훌륭한 제안을 해준 것에 대하여 Elster, Bruce Ackerman, Samuel Beer, Martin Krygier, Martha Nussbaum, Richard Posner와 Bernard Yack에게 감사한다. Sophie Clark, Keith Sharfman, Matthew Utterbeck, Christian Lucky는 리서치와 관련하여 큰 도움을 주었다. 예리한 조언과 지속적인 격려에 관하여 우리의 편집자인 Alane Salierno Mason에게도 감사를 표한다.

번역자의 글

대한민국 헌법은 다양한 국민의 권리를 규정하고 있고, 국민의 자유와 권리는 헌법에 열거되지 아니한 이유로 경시되지 아니한다(대한민국헌법 제37조 제1항). 헌법의 기본권 목록에 있는 다양한 기본권들은 그 성질, 보호이익, 기능에서도 차이가 있고 기본권 목록에 오른 배경이나 시기에서도 차이가 있어서 이를 하나의 기준으로 분류하기는 어렵다. 이로 인해 학자에 따라 기본권 분류에 어느 정도 차이가 있고, 개중에는 기본권의 분류를 무용하다고 하는 견해도 있는 것으로 보인다. 그럼에도 불구하고 대부분의 학술적 견해 및 정치적 입장은 자유권적 기본권과 사회권적 기본권은 기본권 보호를 위한 국가의 역할(국가의 자제·국가의 개입)에 상당한 차이가 있다는 점을 전제로 하고 있다.

이 책은 기본권의 보호를 위한 비용이라는 주제를 바탕으로 자유권적 기본권과 사회권적 기본권 모두 그 보호를 위해서는 본질적으로 국가(혹은 공동체)의 행위를 필요로 한다는 점을 제시하면서 기존의 학술적 견해, 미국 연방 대법원 판례 또는 정치적 입장의 위와 같은 전제에 대하여 근본적인 의문을 제기하고 있다. 이 책의 원서는 출간된 지 상당한 시간이 지났지만, 이 책에서 다루고 있는 권리 논쟁은 미국에서도 현재 진행형이다(찰스 머레이의 '양극화: 백인들의 미국 -1960~2010- 에 관한 찰스 머레이와 폴 크르그먼의 최근 논쟁 참조). 이러한 현재 진행중인 권리논쟁은 우리나라 또한 예외가 아니다. 자유권적 기본권과 사회권적 기본권 모두 그 보호를 위해서는 공동체의 자원을 필요로 한다는 점(권리의 비용성)에서 공통되고, 권리 논쟁의 본질은 희소한 자원을 어떻게 분배할 것인지에 관한 논쟁이라는 점을 명확히 하는 데 이 책은 상당한 기여를 할 수 있을 것으로 보인다. 한편, 저자가 밝히고 있는 것처럼 이 책은 어떤 권리가 얼마만큼 보호되어야 하는지에 관한 주장이 아니라는 점을 명확히 하고, 이 책이 향후의 생산적이고 발전적인 권리 논쟁을 위하여 논쟁 참여자들에 대한 공통의 언어(권리의 보호에는 항상 비용이 소요되고, 권리 논쟁은 희소한 공동체 자원의 재분배에 관한 논쟁이라는 점)를 제시할 수 있기 바란다.

부족한 역자에게 흥미로운 이 책을 번역할 수 있도록 이끌어 주신 서울대학교 법학전문대학원의 정종섭 교수님께 먼저 감사의 말씀을 드린다. 이 책을 출판할 수 있는 기회를 주신 박영사에도 감사의 말씀을 드리고, 늘 약속 시간을 어겨서 계속 마음 졸이게

했던 박영사 편집부 정순정 편집자님에게도 미안함과 고마움을 함께 전한다. 항상 곁에서 응원해 준 아내 서민경을 비롯한 가족들에게도 감사의 말씀을 전한다.

2012년 3월
역 자

차 례

서 론 1

PART 1 가난한 국가는 왜 권리를 보호할 수 없는가? 29
CHAPTER 1 모든 권리는 적극적 권리이다 30
CHAPTER 2 정부 역할의 필요성 50
CHAPTER 3 과세 없이는 재산권도 없다 64
CHAPTER 4 감시인들은 급여를 받아야 한다 88

PART 2 권리가 절대적일 수 없는 이유 99
CHAPTER 5 자원의 희소성은 어떻게 자유에 영향을 미치는가? 100
CHAPTER 6 권리는 이익과 어떻게 다른가? 118
CHAPTER 7 권리를 강제하는 것은 자원을 분배하는 것을 의미한다 138
CHAPTER 8 교환(tradeoffs)을 피할 수 없는 이유 146

PART 3 권리가 책임을 수반하는 이유 165
CHAPTER 9 권리가 너무 많이 나아갔는가? 166
CHAPTER 10 권리의 이타성 190
CHAPTER 11 도덕의 몰락에 대한 대응으로서의 권리 204

PART 4 협상으로서 권리를 이해하기 219
CHAPTER 12 종교적 자유가 어떻게 안정성을 촉진하는가? 220
CHAPTER 13 이해 당사자로서의 권리 보유자 238
CHAPTER 14 복지권과 포섭의 정치학 258

결 론 279
부 록 297

미 주 303
사항색인 313
인명색인 316

서 론

    1995년 8월 26일 미국에서 가장 아름다운 지역들 중 하나로 유명한 롱 아일랜드 햄프턴(Long Island Hamptons)의 가장 서쪽에 있는 웨스트햄프턴(Westhampton)에서 화재가 발생했다. 이 화재는 지난 반세기 동안 뉴욕 주에서 일어난 화재 중 가장 참혹한 것이었다. 가로 6마일, 세로 12마일에 달하는 한 지점에서는 36시간 동안 화재가 진압되지 않았다.
    그러나 이 화재는 해피엔딩으로 끝났다. 놀라울 정도로

짧은 시간에 지역, 주, 연방의 소방력이 화재를 진압하기 위해 이동했고, 각급 정부 관료와 직원들이 화재 현장으로 왔다. 1,500명 이상의 지역 자원 소방관들이 주와 국가 전역에서 온 민군 화재 진압팀에 합류했다. 결국 화재는 진압되었다. 놀랍게도, 사망자가 한 명도 없었고, 재산 피해도 최소한에 그쳤다. 자원 봉사가 도움이 되었지만, 결국 공적 자원(public resources)이 이러한 구조를 가능하게 했다. 지역적, 국가적으로 미국 납세자들에 대한 최종 비용은 원래는 110만 달러로 추산되었으나 290만 달러에 달했을 수도 있다.

정부에 대한 반대는 20세기 후반 미국에서의 포퓰리즘(populism)을 규정하는 주제였다. 그러한 운동의 대표적인 구호는, '나를 억압하지 마(Don't tread on me)!' 또는 로널드 레이건(Ronald Reagan)이 말한 것처럼, "정부는 해결책이 아니다. 정부가 문제다(Government isn't the solution; it's the problem)"이다. 보다 최근에는, 찰스 머레이(Charles Murray), 데이비드 보아즈(David Boaz) 같은 정부의 모든 것을 비판하는 비평가들은 "정직하게 수입을 얻고 자신의 일을 신경 쓰는 성인들은 간섭받지 않을 자격이 있다(adult making an honest living and minding his own business deserves to be left alone)" 그리고 "미국에서의 진짜 문제는 전 세계적으로 인식되는 것과 같다: 너무 큰 정부(real problem in the United States is the same one being recognized all over the world: too much government)"라고 주장한다.[1]

그러나 웨스트햄프턴(Westhampton)에서의 화재와 같은 극적인 순간에, 공무원들은 전체 시민에 의해 형성된 공공 자원을 바탕으로 상대적으로 소수의 부자들이 소유하는 부동산에 대한 긴급 구조를 통해 개인의 재산권을 보호하기 위해 많은 비용이 소요되는 집단적인 노력들을 조직하고 지도할 수 있었다.

이러한 이야기에는 특별한 것이 없다. 1996년에 미국 납세자들은 재난 구조(disaster relief), 재난 보험(disaster insurance)이라는 수단을 통해 개인의 재산권을 보호하는 데 최소한 116억 달러를 기여했다.[2] 매일, 매시간 개인적 재해는 때때로 크고 거대할 정도이지만 종종 인식되지 않는 공공의 지출에 의해 예방되거나 감경된다. 미국인들은 단순하게 국가, 주, 지역 단위의 공무원들이 일상적으로 공공 재원을 유지하고 개인의 권리의 가치를 보호하거나 고양하기 위해 공공 재원을 지출한다고 전제한다. 예를 들면, 미국에서 바람직하지 못하게 높은 범죄 발생에도 불구하고, 대부분의 시민은 공공에 의해 급여를 지급받는 보호자인 경찰의 노력 때문에 가장 기본적인 자유인 개인과 신체의 안전이 대부분 시간 상대적으로 안전하게 보호 받는다고 느낀다.[3]

웨스트햄프턴(Westhampton)의 주택 소유자들에게 이득이 되었던 안전망(safety net) 같은 것에 대한 대중의 지지는 넓고 확고하지만, 그와 동시에 미국인들은 개인적인 권리와 자유가 근본적으로 적극적인 국가의 행위에 의존한다는 것을 쉽게 잊는 듯하다. 효율적인 정부 없이는 미국 국민들은 그들이 현재 향유하는 방식으로 사적 재산권을 누리지 못할 것이다. 실제로, 그들은 헌법상 보장된 개인의 권리 전부 혹은 거의 전부를 누리지 못할 것이다. 미국인들이 가치를 부여하고 누리는 개인적 자유는 정부 공직자들에 의해 운영되는 사회적 협동(social cooperation)을 전제로 한다. 우리가 합당하게 높이 평가하는 사적인 영역은 공적인 행위에 의해 유지되고, 실제로는 그것에 의해 창설된다. 가장 독립적인 시민조차도 자신의 복지에 대해 동료 시민이나 공무원들의 지원 없이 스스로 꾸려 나가도록 요구 받지 않는다.

웨스트햄프턴(Westhampton) 화재 사건의 이야기는 미국뿐만 아니라 전 세계에 적용될 수 있는 재산 소유권에 관한 이야기이다. 사실, 그것은 모든 자유권에 관한 이야기이다. 헌법에 따라 구성되고 (상대적으로 말해서) 민주적으로 책임 있는 정부는 이러한 예상치 못한 사태가 발생할 때 공동체의 분산된 자원을 효율적으로 동원하여 정확한 목표 선정 기능을 통해 문제 해결을 위하여 해당 자원의 물꼬를 트는 필수적인 기구이다.

독립선언문(Declaration of Independence)은 "이러한 권리를 보호하기 위해, 사람들 사이에 정부가 수립되었다"고 선언한다. 권리가 정부에 의존한다는 명백한 사실에, 권리에는 비용이 소요된다(rights cost money)는 함축적 의미가 풍부한 논리적 추론이 덧붙여져야 한다. 공적인 자금과 지원 없이는 권리가 보호받지도, 강제되지도 못한다. 이것은 전통적 권리 및 새로운 권리에 대해서 모두 적용되고, 루즈벨트(Franklin Delano Roosevelt)의 뉴딜 정책 전후의 권리 전부에 대해서도 적용된다. 복지수급권뿐만 아니라 개인의 소유권에도 공공의 비용이 소요된다. 계약의 자유에 대한 권리는 의료에 대한 권리에 못지않은 비용이 들고, 표현의 자유에 대한 권리는 쾌적한 주거에 대한 권리에 못지않은 비용이 든다. 모든 권리는 국가 재정을 필요로 한다.

권리의 대가(cost of rights)는 두 단어 모두 다의적이고 불가피하게 논쟁적인 의미를 가지고 있으므로 매우 모호한 표현이다. 분석의 초점을 유지하고, 가능한 한 논쟁의 여지가 없도록, 비용(costs)은 본 책에서는 예산상의 비용을 의미하는 것으로 이해하고, 권리(rights)는 정부의 수단을 이용하는 개인이나 집단에 의해 믿을 만하게 보호되는 중요한 이익으로 정의한다. 권리와 비용에 대한 정의 모두 좀 더 이를 상세화 하는 작업이 필요하다.

권리의 정의(Defining Rights)

권리라는 용어는 많은 지시 대상과 의미의 영역을 가지고 있다. 넓게 말해서, 권리라는 주제에 접근하는 두 가지 특색 있는 방법으로서 도덕적인 방법과 설명적인 방법이 있다. 도덕적인 접근 방법은 권리를 도덕 원리나 이상과 연관 짓는다. 그 방법은 성문법이나 판례법에 의존하기보다는 인간이라는 존재가 도덕적으로 어떤 권리를 보유해야 하는가라고 물음으로써 권리를 확인한다. 이러한 도덕적 권리에 대한 합치된 이론이 있는 것은 아니지만, 권리에 관한 가장 흥미로운 철학적 연구들은 본질적으로 평가적인 이런 일반적 종류의 윤리적 질문을 포함한다. 도덕 철학은 비법률적인(nonlegal) 권리를 특정한 정치적 사회의 구성원이라거나 법률적인 관계를 맺고 있다는 것의 결과가 아닌, 개인의 도덕 수행자로서의 지위나 능력에 따라 향유되는 것으로서 가장 강력한 종류의 도덕적 요구로 인식한다. 권리에 대한 도덕적 설명은 양심의 판단 앞에서 무시되지 않거나 특정한 정당화 사유 없이 침해되지 않는 인간의 이익을 밝혀내기 위해 노력한다.

영국 철학자 벤덤(Jeremy Bentham), 미국 연방 대법원장 올리버 홈즈(Oliver Wendell Holmes Jr.), 법철학자 한스 켈젠(Hans Kelsen), 하트(H. L. A. Hart) 등의 저작에 근거를 둔 권리에 대한 설명적 접근 방법은 더 설명적이고 덜 평가적이다. 그것은 법률 시스템이 실제로 어떠한 방식으로 작동하는지를 설명하는 데 더 관심을 두고, 정당화에는 크게 중점을 두지 않는다. 그것은 도덕적 설명이 아니고,[4] 철학적 관점에서 인간의 어떤 이익이 가장 중요하고 가치 있는 것인지 등에 대해서는 관심을 두지 않는다. 설명적 접근 방법은 도덕적 회의주의나 도덕적 상대주의를 옹호하지도 부정하지도 않는다. 대신 정치적으로 조직된 특정 사회가 진정으로 보호하는 종류의 이익에 대한 경험적인 연구이다. 이러한 연구의 틀 내에서는 효율적인 법률 시스템이 집단적인 자원을 이용하여 특정한 이익을 보호할 만한 것으로 취급할 때 해당 이익에 권리라는 자격을 부여한다. 해악을 억제하고 교정하기 위해 국가가 창조하고 유지하는 능력으로서, 법적인 측면에서의 권리는 그 정의상 "법의 산물(a child of the law)"이다.

법적인 측면에서 권리는 "이(teeth)"를 가지고 있으므로 무해하거나 순수한 것이 아니다. 미국법에서 권리는 정치적 공동체가 부여한 힘이다. 다른 모든 종류의 힘을 남용하는 자들과 마찬가지로, 자신의 권리를 행사하는 사람은 그것을 남용할 유혹을 받게 된다. 고소권이 그 전통적인 예이다. 권리는 좋든 나쁘든 남용될 우려가 있으므로 정확하게 보호하는 경우에도 경계하고 제한해야 한다. 표현의 자유 자체도 그것의 오용(밀집된 극장에서 "불이야!" 하고 외치는 것 등)이 공공의 안전을 위협할 때는 제한되어야 한다. 잘 고안되고 신중하게 유지되는 기본권 남용에 대한 보호책 없이는 권리에 기반한 정치적 지배 체제는 상호 파괴적이고 자멸적인 혼란에 빠져들 것이다.

반대로, 법적인 힘에 의해 지지되지 않을 때 도덕적 권리는 실제 효력이 없다는 것도 자명하다. 강제되지 않는 도덕적 권리는 양심에 호소하는 열망에 불과하고 정부 기관에 의지하는 힘은 되지 못한다. 그것들은 모든 인류에 대해 도덕적 의무를 부과하나, 영토적으로 묶인 국가의 거주자들에게 법률적 의무는 부과하지 않는다. 법적으로 인정받지 않는 도덕적 권리들이 권력에 의해 오염되지 않았으므로 그것들은 악의적인 남용, 그릇된 동기, 의도되지 않은 부작용들에 대한 우려 없이 자유롭게 주장될 수 있다. 법률에 따른 권리는 항상 이러한 우려를 불러일으킨다.

대부분의 목적에 있어서, 권리에 대한 도덕적인 설명과 법실증주의적인(positive) 설명은 충돌할 필요가 없다. 도덕적 권리의 옹호자와 법적인 권리의 설명자는 단지 다른 의제를 가지고 있는 것이다. 도덕적 이론가는 합리적으로, 추상적으로, "오염시킬 권리"는 없다고 말할 수 있다. 법실증주의자는, 미국법에서 상류의 토지 소유자는 하류의 토지 소유자로부터 오염시킬 권리를 얻을 수 있다는 것을 알고 있다. 양자는 모순적인 것이 아니고, 서로 향하고 있는 방향이 다른 것이다. 도덕적인 설명을 하는 사람들과 법실증주의적인 설명을 하는 사람들은 다른 질문을 묻고 답하고 있는 것이다. 집단적으로 강제할 수 있는 권리의 연구자들은 권리나 권리에 대한 이해를 위하여 도덕적 주장을 하는 연구자들과 충돌하지 않는다. 법적인 개혁가들은 정치적으로 강조할 수 있는 권리를 도덕적으로 옳게 보이는 것들과 일치시키기 위해 명백히 노력해야 한다. 법적인 권리를 강제할 의무가 있는 이들은 대중에게 이러한 권리들은 도덕적으로 근거 있는 것이라는 것을 확신시키려고 할 것이다.

그러나 권리의 대가(혹은 비용)는 우선 도덕적인 주제가 아니고 설명적인 주제이다. 도덕적인 권리들은 그것의 정확한 본질과 범위가 정치적으로 규정되고 해석될 때, 즉, 그것들이 법에 따라 인정될 때에만, 예산상의 비용이 소요된다. 사실, 도덕성의 높은 곳에서 자원의 희소성이 지배하는 속세로 절대 내려오지 않는 권리에 대한 이론은 도덕적 관점에서조차도 심하게 불완전한 것이므로 권리의 비용은 도덕적으로도 적절한 주제가 될 수 있다. 당위는 가능을 함축하고, 자원의 희소성은 불가능을 함축하기 때문에 도덕 이론가는 과세와 지출에 대해 현재보다 더 많은 관심을 기울여야 한다. 그리고 만약 그들이 분배적 정의에 관한 문제를 고찰하는 데 실패한다면, 그들은 권리 보호의 도덕적 차원에 대해 완전히 탐구하지 못하는 것이다. 결국, 집단적으로 조성된 자원은 별다른 특정한 이유 없이 다른 사람의 권리보다는 특정한 사람들의 권리를 보호하기 위해 사용된다.

권리는 통상 제대로 기능하고 적절한 자금이 제공되는 법원에 의해 강제된다. 그러므로 보스니아나 르완다의 전쟁 지역에서 강간당하는 여성들의 권리 같은 것은 이 책에서 논의되는 권리에는 포함되지 않는다. 기존의 정치적 권위들은 그러한 범죄들이 자신의 관할이 아니라는 주장으로 이러한 환경에서 범해지는 극악하고 잔인한 범죄들에 대하여 효과적으로 무시해 왔다. 교정적 권위들이 공통적으로 그러한 문제들을 정확히 무시하므로, 그렇게 참혹하게 무시당하는 권리들을 위해서는 아무런 직접적인 예산상의 비용이 소요되지 않는다. 개입할 수 있고 개입하고자 하는 의지가 있는 정치적 권위가 부재한 상태에서 권리는 공허한 약속으로만 남고, 어떠한 공공 재정에도 아무런 부담을 지우지 않는다.

국제인권선언 및 협약 아래 보장되는 표면적으로 법적인 권리도 만약 과세하고 지출할 수 있는 가맹국들이 이러한 권리들이 침해되었을 때 진정한 교정을 즉시 청구할 수 있는 스트라스부르(Strasbourg)나 헤이그(Hague)에 있는 국제재판소를 신뢰할 만하게 지지하지 않는다면 이 책에서 논의되지 않았을 것이다. 실제로, 권리는 법적으로 구속력 있는 결정을 할 수 있는 이들에게 권력을 부여할 때만 단순한 선언 이상이 된다(예를 들면, 1948년 UN 인권선언은 그렇게 되지 못했다). 일반적으로, 과세하고 효과적인 구제책5을 수행할 수 있는 정부 아래에서 살지 못하는 불행한 개인들은 아무런 법적인 권리가 없다. 나라가 없으면 권리도 없다(Statelessness spells rightlessness). 실제로, 법적인 권리는 예산상 비용이 있을 때만 존재한다.

이 책은 정치적으로 조직된 공동체에 의해 강제될 수 있는 권리들에 대해서만 초점을 한정하므로, 자유주의적 전통에서 매우 중요한 많은 도덕적 주장에 대해서는 관심을 두지 않는다. 이러한 유감스러운 논의 범위의 축소는 높아진 논의의 명확성에 따라 정당화될 수 있다. 법적으로 강제되지 않는 권리들을 논외로 하더라도 우리의 관심을 끌 만한 충분히 어려운 문제들이 남아 있다.

철학자들은 또한 자유와 자유의 가치를 구별한다. 명목상 자유를 가진 자들이 그들의 권리를 실효성 있게 할 수단이 부족하다면 자유는 거의 가치가 없다. 모든 변호사가 수수료를 받고, 국가는 아무런 도움을 제공하지 않는 경우, 당신에게 돈이 없다면 변호사를 선임할 자유는 아무런 의미가 없게 된다. 당신의 소유물을 보호할 수단이 부족하고 경찰이 무능하다면 자유의 중요한 부분을 이루는 사적 재산권은 거의 의미가 없게 된다. 실효성 있는 자유들만이 자유주의적 정치 질서에 정통성을 부여한다. 이 책은 법원에서 강제될 수 있는 권리들에 소요되는 예산상 비용뿐만 아니라, 일상생활에서 이러한 권리들을 행사가능하고 유효하게 만드는 데 소요되는 예산상의 비용에도 초점을 맞출 것이다. 경찰력과 소방력에 소요되는 공공 비용은 헌법상 기본권 혹은 다른 권리들을 향유하고 행사하는 것을 가능하도록 하여 그 보호범위를 넓히는 것에 필연적으로 기여한다.[6]

대가(혹은 비용)의 정의(Defining Costs)

　미국법은 세금(tax)과 공공요금(fee) 간에 중요한 차이점을 둔다. 세금의 경우 세금을 통해 재원이 조달되는 공공 서비스의 이익을 누가 누리는지에 관계없이 공동체 전체에 부과된다. 이와 달리, 공공 요금은 개인적으로 받는 서비스에 비례하여 특정한 수익자에게 부과된다. 사적 재산권을 포함한 미국인의 개인적인 권리는 일반적으로 공공 요금이 아닌 세금에 의해 재원이 조달된다.7 이러한 매우 중요한 재원 조달 방식은 미국법 아래에서 개인적인 권리가 사적인 재화가 아닌 공공재라는 것을 보여 준다.

　시인컨대, 권리 보호의 질과 범위는 공공 지출뿐만 아니라 개인적인 지출에도 의존한다. 권리의 보호에는 공공 예산뿐만 아니라 개인의 비용도 소요되므로 권리는 필연적으로 특정한 사람들에게 더 가치가 있게 된다. 본인의 변호를 위해 변호사를 선임할 권리는 가난한 사람보다는 부유한 개인에게 더 가치가 있다. 언론의 자유는 한 번에 한 장의 신문지를 덮고 잠을 자는 사람보다는 수십 개의 언론사를 인수할 수 있는 사람에게 더 의미가 있다. 소송을 제기할 수 있는 사람은 그렇지 못한 사람들보다 자신들의 권리에서 더 많은 가치를 얻는다.

그러나 권리 보호가 사적인 자원에 의존한다는 점은 잘 이해되어 왔고, 전통적으로 권리 보호가 공적인 자원에 의존하는 것보다 더 큰 관심을 불러일으켰다. 미국 시민 자유 연합(the American Civil Liberites Union, ACLU)을 위해 일하는 변호사들은 그들이 기본권이라 보는 것들을 지키기 위해 자발적으로 임금 삭감을 수용한다. 그것은 사적인 비용이다. 그러나 미국시민자유연합은 또한 세금을 면제받는 조직이고, 이러한 점은 미국시민자유연합의 활동이 부분적으로는 공공에 의해 재정 지원을 받는다는 것을 의미한다.[8] 그리고 이것은 우리가 나중에 보는 것처럼 세금을 통하여 권리 보호에 재원이 조달되는 가장 사소한 방법이다.

권리는 예산상의 비용뿐만 아니라 사회적인 비용도 수반한다. 예를 들면, 서약서에 의해 석방된 범죄 용의자가 범한 행위에 의하여 손해를 받은 개인의 손해는 합리적으로 피고인의 권리를 보호할 진지한 수단을 강구하는 시스템의 사회적 비용으로 분류될 수 있다. 그러므로 권리의 비용에 대한 통합적인 연구는 필연적으로 이러한 비금전적인 비용들에 대해서도 상당한 관심을 기울일 것이다. 사회적 비용과 개인적 비용의 문제를 배제한 권리의 예산상 비용만으로도 충분히 탐구와 분석을 위한 중요한 영역을 제공한다. 오로지 예산에 집중하는 것은 또한 개인적 자유가 공무원에 의해 운영되는 집단적인 기여에 근본적으로 의존한다는 점에 관심을 기울이도록 하는 가장 단순한 방법일 것이다.

사회적 비용과 달리, 순비용(및 순효용)은 임시적으로 논의의 범위에서 제외할 수 없다. 어떤 권리들은 비록 먼저 비용이 소요되지만, 그것들이 합리적으로는 스스로 재원을 조달하는 것으로 간주될 정도로 과세 가능한 사회적 부를 늘린다. 사적 재산권이 그러한 명백한 예이고, 교육에 대한 권리는 또 다른 예이다. 가정 폭력으로부터 여성을 보호하는 것도 만약 그러한 보호가 한때 가정 폭력을 당하던 여성들을 생산적인 노동력으로 변화하는 데 기여한다면 이러한 측면에서 볼 수 있다. 이러한 권리의 보호에 대한 공공의 투자는 적극적인 권리 보호가 의존하는 조세원을 확장하는 것에 기여한다. 권리의 가치는 그것의 국민총생산에 대한 긍정적 기여만으로는 평가할 수 없다(최소한의 의료에 대한 수감자의 접근권은 자기 재원조달적이지는 않지만, 그것은 계약의 자유만큼이나 필수적이다)는 것은 충분히 명백하다. 그러나 권리에 대한 지출의 장기적 예산 효과를 논의에서 배제해서는 안 된다.

권리가 그에 소요되는 직접적인 비용을 넘어서 국가 재정에 부담을 주는 경우가 있다는 점도 주목해야 한다. 외국의 사례는 국내 사정을 이해하는 데 도움을 줄 것이다. 남아프리카공화국에서는 흑인에게 신분증 소지를 의무화시킨 악명 높은 법률(pass law)의 폐지로 인해 거주이전의 자유가 생겨났다. 그러나, 새로이 얻은 거주이전의 자유를 이용하여 시골에서

도시로 유입된 수백만의 사람들을 위한 도시의 사회간접자본 －상수도, 하수도, 학교, 병원 등－을 건설하는 데 쓰인 공공 비용은 천문학적으로 높은 것으로 입증되고 있다(남아프리카 공화국의 pass law의 폐지가 최근의 정당한 행위였다는 점은 논쟁의 여지가 없으므로, 그것을 옹호하기 위해 그에 따라 유발된 간접적인 재정적 비용에 관하여 눈 감을 필요는 없다). 미국의 경우 좀 더 온건한 범위에서, 3차 수정 헌법에 따른 사적 주거지에 군대가 주둔하는 것으로부터의 자유를 위하여 납세자들이 병영을 위한 건설과 유지 비용을 조달하여 한다. 유사하게, 형사 피의자의 권리를 철저히 보장하는 제도는 범죄자를 체포하고 범죄를 예방하는 것에 더 큰 비용이 들게 할 것이다.

이러한 간접적인 비용 혹은 상쇄적인 지출은 직접적으로 예산 지출을 수반하므로, 이 책에서 좁게 정의된 권리의 비용에 포섭된다. 일부 경우에, 그러한 간접적인 비용 혹은 상쇄적인 지출은 미국인들의 권리를 감축하도록 했기 때문에 그것들은 특히 중요하다. 예를 들면, 의회는 교통부장관(the secretary of transportation)으로 하여금 헬멧 없이 오토바이를 탈 권리를 폐지하지 않는 주로부터 기금을 회수하도록 지시했다. 이 결정은 부분적으로는 민영 보험이 보장하지 못하는 실제 비용의 범위를 포함한 오토바이 사고와 관련된 의료 비용에 관한 의회의 용역에 따른 연구 결과에 기초한 것이다. 간접적인 공공비용에 대한 관심이 일부가 우리의 자유라고 생각하는 것을 제한하는 법률을 입법함에 있어 이와 같이 중요한 역할을 한다면, 권리에 대한 이론이 비용을 논외로 할 수 없다는 점은 명백하다.

결국, 이 책은 법적 권리의 본질에 대한 것이고 예산에 관해 정치한 연구는 아니다. 이 책은 예산상 비용을 고찰함으로써 권리에 대해 우리가 알 수 있는 것들에 대해 질문한다. 따라서 여기에 인용된 대략적인 금액 자료는 예증적 목적으로만 사용된 것이다. 그것들은 확실히 각종 권리의 예산상 비용에 대한 철저하고 정밀한 연구의 산물은 아니다. 회계적 이유만으로도 특정 권리의 보호를 위해 소요되는 비용을 정확하게 계산하는 것은 매우 복잡하다. 1992년에, 미국의 사법 서비스는 대략 210억 달러의 조세 예산을 사용했다.[9] 그러나 결합된 비용과 다용도의 시설은 210억 달러 중 어느 정도의 비율이 권리의 보호에 쓰였는지 특정하는 것을 어렵게 한다. 이와 유사하게, 경찰력에 대한 훈련은 용의자와 재소자에 대한 인격적인 대우를 개선할 것이다. 그러나, 그것이 그들의 권리를 보호하는 것을 돕는 반면에, 훈련은 주로 범죄자를 체포하고 범죄를 예방하는 경찰관의 능력을 향상시키는 데 초점을 맞추고, 이러한 방식으로 준법시민의 권리를 보호하는 데 초점을 맞춘다. 그렇다면 어떻게 우리가 용의자와 재소자의 권리 보호를 위해 책정된 경찰 훈련 예산의 정확한 비율을 계산해 낼 수 있겠는가?

이러한 경향의 경험적 연구는 분명히 바람직하다. 그러나 이러한 연구가 분별 있게 착수되기 전에, 분명한 개념적 기초가 마련되어야 한다. 이러한 기초를 마련하는 것이 이 책의 주된 목적 중 하나이다. 일단 권리의 비용이 연구의 주제로서 수용된다면, 예산의 연구자들은 우리의 기본적 자유 보장을 위해 소요되는 더 정확하고 완전한 금액을 제공할 충분한 유인을 갖게 될 것이다.

이 주제는 왜 무시되어 왔는가?

권리에 비용이 든다는 것은 자명한 진리이지만, 그것은 대신에 역설, 고상한 태도에 대한 공격 또는 아마도 권리 보호에 대한 위협처럼 들리기도 한다. 권리에 비용이 소요된다는 것을 확인하는 것은 우리가 권리를 얻고 지키기 위해 무언가를 포기해야 한다는 것을 인정하는 것이다. 비용을 무시하는 것은 고통스러운 교환을 편의적으로 설명에서 제외하는 것일 뿐이다. 최근 연방 대법원의 보수적 다수파가 워렌(Earl Warren) 대법원장 재임 기간 동안 인정된 다양한 권리들을 제한하는 방식에 낙담하여, 진보주의자들은 시민적 자유에 수반되는 공적 부담에 관심을 기울이는 것을 주저할지도 모른다. 보수주의자들도 공동체의 전체 세금이 부유한 개인들의 재산권을 보호하는 데 쓰이는 방법에 대해 침묵하는 것을 선호할 수도 있고 혹은 그들의 수사가 제시하는 것처럼 이에 대해 모르고 있을지도 모른다. 부적절하게 낙관적인 관점에서 권리를 설명하는 널리 퍼진 열망은 비용을 무시한 채 권리라는 주제에 접근하는 것이 진보주의, 보수주의 양측 모두와 잘 부합했다는 점을 설명하는 데 도움이 될 것이다. 실제로 우리는 권리 보호를 위해 필요한 비용을 산출하는 것에 대한 현실적인 우려에 기반한 문화적 금기에 대해 말하고 있는지도 모른다.

우리의 대부분의 기본권이 필연적으로 비용이 들지 않는다는, 만연되었지만 명백히 잘못된 전제가 당연히 숨겨진 비용을 포착하지 못하는 것으로 연결되는 것은 아니다. 먼저, 문제가 되는 비용은 그렇게 심하게 숨겨져 있지는 않다. 예를 들면, 배심 재판을 받을 권리가 공공 비용을 수반한다는 것은 자명하다. 1989년도의 연구에 따르면 미국의 평균적인 배심 재판은 대략 1만 3,000 달러의 조세 예산이 소요된다.[10] 수용된 재산에 대한 상당한 보상을 받을 권리는 실질적인 예산상 비용을 수반한다는 것도 자명하다. 그리고 형사사건에서의 상소권은 상소심 법원이 공적으로 재원을 조달받는다는 것을 명백히 전제한다. 그리고 이것들이 전부가 아니다.

미국의 납세자들은 금전적으로 매년 수백만 달러를 포함하는 지역 정부에 대한 손해배상청구에 진지한 재정상의 관심을 갖고 있다. 1987년 한 해에만, 뉴욕 시는 불법행위에 대한 배상으로 1억 2,000만 달러를 지출했고, 1996년에는 2억

8,200만 달러를 지출했다.[11] 미국의 모든 대도시가 자치 정부를 상대로 제소할 수 있는 개인의 권리가 지역 예산을 용인할 수 없을 정도로 고갈시키고 있어 불법행위책임 개혁을 수행하기 위해 노력하고 있다는 점도 이해할 만하다. 해당 사건으로 초점을 좁힌다면, 판사들은 어떤 근거로 납세자의 돈이 예를 들면 학교 교재, 경찰관, 아동 영양 프로그램이 아닌 불법행위 구제에 쓰여야 한다고 결정할 권한을 갖는가?

법률 전문가들은 지방 정부를 제소할 권리가 예산상 어떤 의미를 갖는지에 대해 완벽하게 잘 이해하고 있다. 그들은 또한 다른 종류의 권리를 공공연히 혹은 은밀하게 감축함으로써 예산이 절약될 수 있다는 것도 알고 있다. 납세자의 세금 인하에 대한 관심은 예를 들면 빈곤층을 위한 구제 서비스의 예산을 줄이는 것으로도 충족될 수 있다.[12]

공적인 긴축은 민사 소송에 대한 소송 요건을 엄격히 하는 것으로(전통적인 권리의 감축)서도, 식량 카드(food stamp)에 대한 수급 요건을 엄격히 하는 것(복지권의 감축)으로서도 효율적으로 달성될 수 있다. 판사들이 소송 지연과 사건의 적체를 줄이고 조정을 촉구하기 위해 재판 전 협의를 할 때에도 그들은 내재적으로 시간이 돈이라는 것, 더 구체적으로는 법정의 시간이 납세자의 돈이라는 것을 알고 있는 것이다. 적법절차조항(the due process clause) 아래에서 정부 관리들은 개인의 권리나 재산(운전면허, 복지 수급권을 포함)을 박탈하기 위해서는 일정 종류의 청문회를 거쳐야 하지만, 법원은 보통 얼마나 정교한 청문회를 개최할지 판단할 때 예산상의 지출을 고려한다. 1976년에 적법절차보장에 따라 요구되는 절차적 보호와 관련하여, 연방대법원은 다음과 같이 판단했다.

희소한 재정적 행정적 자원을 보존하는 것에 대한 정부의 관심, 그에 따른 공공의 관심은 고려되어야 하는 요소이다. 어떤 면에서 행정행위에 의해 영향을 받는 개인과 사회에 대한 추가적인 보호의 이익은, 그 행위의 공정성에 대한 보증이 증가되는 면에서, 비용보다 작을지도 모른다. 의미심장하게도, 특정한 사회복지 프로그램에 가용한 자원은 한정되어 있으므로, 사전의 행정절차가 보호받을 자격이 없을 것 같다고 분류한 사람들을 보호하는 비용이 결국에는 보호받을 만한 사람의 주머니에서 나올지도 모른다.[13]

"어느 정도의 절차가 적법한 것인지?"하는 특정한 법률적 질문에 대해 주된 내용이 되었던 이러한 판시는 상식으로 들릴 수도 있지만, 그것의 함축적 의미는 아직 완전히 설명되고 철저히 연구된 것이 아니다.

법률과 선례를 해석함에 있어, 그리고 누가 누구를 고소할 수 있는지를 판단함에 있어, 항소 법원은 당연히 비용이 드는 소송에 의해 압도되는 위험을 고려한다. 더 일반적으로, 법원은 사법체계를 위해 책정된 공적 지출이 한정되어 있으므로 무엇보다도 그들의 사건 부담에 대한 재량권을 부여 받는다. 금전적 손해를 이유로 연방 법원에 국가를 제소할 권리의 금지와 같은 11차 수정 헌법의 조항은 미국 공무원들이 정부를 제소할 수 있는 무제한의 권리가 납세자들에 부과하는 비용에 대해 이해하고 있었다는 점을 시사한다. 오늘날, 개인적 상해를 이유로 다른 사람을 제소할 권리를 제한하는 무과실 자동차 보험으로의 국가적인 이동은 특정한 개인의 권리에 소요되는 공적 비용을 포함한 과도한 비용에 대한 증가하는 관심을 반영한다. 의료과실재판의 증가는 비슷한 근원을 가진다. 1990년의 장애인법(Disabilities Act)이 강제하는 것처럼 기존의 편의시설들을 장애인이 즉시 접근할 수 있도록 하는 데 많은 비용이 든다는 것은 누구나 알고 있다. 그러나 판사들이 개인 재산의 수용에 대하여 보상금을 지급하라고 하거나 교도소의 수용자 과밀을 8차 개정 헌법에 따른 가혹하고 통상적이지 않은 처벌에 대한 금지 위반이라고 해석한다면 납세자(납세자가 아니라면 누가 비용을 부담하는가?)가 그 비용을 부담해야 한다는 것도 그만큼 명백하지 않은가?

진보주의자들은 이 책의 주제 자체에 대해 처음에는 회의적일지도 모른다. 그러나 왜 비용에 대한 인식이 기본권 보호에 대한 우리의 약속을 약화시키는가? 무엇보다도, 권리에 어떤 비용이 소요되는지 묻는 것은 그 권리들이 어떤 가치가 있는지 묻는 것이 아니다. 만약 우리가 예를 들면, 주어진 예산 회계연도에서 사법에 대한 동등한 접근권을 강제하기 위하여 드는 비용을 1원까지 계산할 수 있다 하더라도, 우리는 여전히 우리가 한 국가로서 그것에 얼마나 지출을 해야 하는지는 알지 못한다. 그것은 정치적이고 도덕적인 평가에 관한 질문이고, 단순 계산만으로는 해결되는 것이 아니다.

그러나, 공공 지출을 줄이고자 하는 현재의 외견적으로 초당파적인 강력한 개혁운동이 있는 상태에서 이러한 논리가 진보주의자의 걱정을 줄여 주지는 못할 것 같다. 근시안적인 유권자들이 보수주의자들에 의해 주창된 "우리는 그것을 지불할 수 없어(we cannot afford it)!"라는 주장에 너무 열광적으로 응할 것을 두려워하여, 진보주의자들은 충분히 합리적이게도 비용 - 효용 분석이 강력한 사적 이익에 의해 오용될 수도 있다고 걱정할지 모른다. 그들은 낭비, 비효율, 잉여 비용 등의 불가피한 공개(원칙적으로는 좋은 것이지만)가 결국에는 우리의 가장 소중한 권리들의 보호를 위한 예산 할당조차 더욱 삭감하는 방향으로 이끌까 두려워할지도 모른다. 이러한 걱정이 완전히 부당한 것은 아니다. 그러나 그러한 걱정의 적절성은 비용 - 편익 분석이 실제로 어떤 것을 수반하는가에 상당히 의존한다.

보수주의자들의 불안도 동등하게 첨예하지만, 다른 특색을 띤다. 많은 보수주의자들은 소위 소극적 권리라고 불리는 재산권, 계약의 자유 등의 보호에 관한 비용을 고려하지 않는 접근법을 천성적으로 선호한다. 왜냐하면 비용에 집중하는 것은 그들의 권리를 행사하는 개인이 고전적인 혹은 18세기의 관점에서 그들 자신의 일을 하고 있을 뿐이고, 정부나 납세하는 공동체로부터 완전히 독립하였다는 자유주의적인 허구를 산산조각 낼 것이기 때문이다. 다른 무엇보다도 복지권이 아닌 권리에 소요되는 공공의 비용은 우리가 알고 있는 "개인적인 부"라는 것이 비로소 정부 기구 덕택에 존재한다는 것을 보여준다. 원리적으로 모든 복지 프로그램을 공격하는 이들은 재산권의 정의, 이전, 해석, 보호는 현재 재산을 소유하고 있는 이들에 대해 정부가 제공하는 서비스이고, 이에 대한 재원은 일반 대중으로부터 나온 예산에서 조달된다는 명백한 점을 숙고할 필요가 있다.

　　진보주의자, 보수주의자 모두 권리의 비용에 대한 연구를 시작부터 환영할 것 같지는 않다. 그리고 이러한 연구에 대한 세 번째 장애물은 법조계의 두드러진 예민성과 아마도 법조계 자체의 이익에서 파생된다. 사법부는 정치과정에서 분리되는 것, 편의보다는 논리의 지시에 따르는 것, 재정적인 문제에 관하여 입법부나 행정부의 책임으로 돌리는 것에 대해 자부심을 갖는다. 그러나 실제로 법관들은 외견상 보이는 것보다 재정 문제에 관하여 많이 관여하고 있다. 왜냐하면 법관들이 보호하도록 하는 권리들에는 비용이 소요되기 때문이다.

　　권리의 보호에 다른 분야의 노력을 추출하여 재원이 조

달된다는 것은 사법의 자화상과 조화롭게 맞물리지 않고, 이 문제는 심각하다. 비록 명목적으로 독립적이지만, 법관들이 실제로 재정 문제에 관여하는가? 정의는 예산지출 법안의 첨부서류에 따라 결정되는가? 스스로의 처분에 대해 불충분한 정보를 갖고 있고(정보 자체도 비용이 들기 때문이다) 선거의 책임으로부터 자유로운 법관이 어떻게 합리적이고 책임 있게 희소한 공공 자원의 최적의 분배를 결정할 수 있는가? 어떤 법관은 시위 활동을 위해 특정 거리를 공개된 채로 남겨 두거나 수감자의 생활 조건을 개선하도록 교도소를 강제할 수 있다. 그러나 그 법관은 자신이 이러한 목적을 위하여 사용되도록 한 금전이 빈민가의 아이들에 대해 디프테리아 예방접종을 하는 방법으로 더 효율적으로 사용되지는 못했을 것이라고 확신할 수 있는가?

이러한 딜레마는 법관들에게만 영향을 끼치는 것은 아니다. 시민의 자유를 위해 소를 제기하는 사람을 생각해 보자. 그들은 권리를 정부에 대항하고 정부를 공격하는 데 사용할 무기로 생각하기 때문에, 그들은 권리가 정부의 "산물(creatures)"이라는 단순하고 견고한 방식에 주의력을 집중하는 권리의 예산 비용에 대한 연구에 대해 불편할 수도 있다. 일반적으로 말해서, 권리 보호의 비용은 법과 정치의 관계에 대한 강력한 환상을 폭발시킨다. 만약 실제로 권리가 현행 과세율에 의존한다면, 법의 지배는 정치적 선택의 변동에 따라 변하는 것은 아닌가? 그리고 인간 존엄성의 최후의 보루인 권리를 공적인 권력(문제되는 권력이 민주적으로 책임이 있는 것이라 하더라도)이 부여한 승인으로 이해하는 것은 권리의 품위를 떨어뜨리는 것이 아닌가? 매우 귀중한 가치의 수호자로서 특히 법관들은 권력자와 권력 추구자 사이의 매일의 타협을 초월해서는 안 되는가?

이 경우 "당위(should)"의 장점이 무엇이든지, 그것은 "실제(is)"와는 거의 관련이 없다. 미국법이 공공 재정에 친숙한 거래(tradeoffs)에 의해 영향을 받지 않거나 받지 않을 수 있다고 전제하는 것은 오직 권리 보호의 정치적 현실에 대해 우리를 눈감게 할 뿐이다. 왜냐하면 권리의 비용에 관한 논의는 고통스럽지만 현실적이게도, 공적 자원을 추출하여 재배치하는 정치 부문은 실질적으로 우리 권리의 가치, 범위, 예견 가능성 등에 영향을 미친다는 점을 내포하기 때문이다. 경찰권 남용에 관해 정부가 상당한 자원을 투자하지 않는다면, 교과서의 법이 뭐라고 말을 하든, 많은 경찰권 남용이 있을 것이다. 공동체가 지출하기로 결정한 양은 미국인의 기본권이 보호받고 강제되는 범위에 영향을 미친다.[14]

권리의 비용에 대한 관심은 많은 추가적인 의문을 불러일으킨다. 그 의문들은 다양한 권리들에 실제 얼마의 비용이 소요되는가 뿐만 아니라 누가 누구를 위해 어떤 권리의 보호를 위해 우리의 희소한 공적인 자원을 어떻게 분배할 것인지에 관한 것이기도 하다. 어떠한 원리들이 이러한 할당을 지도

하도록 통상 주장되는가? 이러한 원리들은 옹호할 만한가?

　결국, 권리에 비용이 든다는 단순한 직관은 정부의 불가피성과 정부가 행하는 다양한 유익한 것들(그 중 많은 것들은 단순한 관찰자에게는 너무 당연하게 여겨져 그것들이 전혀 정부와 관계되지 않는 것처럼 보이기도 한다)에 대한 이해로 인도한다. 개인적 권리의 공적 비용에 대한 관심은 규제적 복지 국가의 적당한 범위, 현대 정부와 전통적 자유권의 관계와 같은 오래된 질문들을 새롭게 조명한다. 공공 정책은 자유와 과세당국 사이의 가상적인 대립관계와 같은 기초에 따라 결정되어서는 안 된다. 왜냐하면, 이 두 가지가 진실로 충돌관계에 있다면 우리의 모든 기본적 자유 자체가 폐지 대상이 될 것이기 때문이다.

PART 1

가난한 국가는 왜 권리를 보호할 수 없는가?

THE COST OF RIGHTS

CHAPTER 1

모든 권리는 적극적 권리이다

　　Roe v. Wade 사건에서 연방 대법원은 미국 헌법이 여성의 낙태권을 보장한다고 판결했다.[1] 몇 년 후 이로 인한 다툼이 일어났다. 헌법은 낙태를 위한 공적 자원 조달을 강제하는가? 만약 정부가 출산에 대해 이미 보조금을 지급하고 있다면 헌법은 정부에 치료 목적이 아닌 낙태의 비용을 지불하도록 요구하는가? Maher v. Roe 사건에서, 연방 대법원은 헌법은 그런 지원은 하지 않는다고 판결했다.[2] 연방 대법원 판결에 따르면,

저소득층 의료보험제도(Medicaid) 자격의 부정은 "임신한 여성이 낙태에 이르는 과정에 대하여 절대적이든 그렇지 않든 아무런 장애물이 되지 않는다." 이것은 "낙태를 희망하는 가난한 여성의 경우 국가가 그 여성의 가난에 대해 아무런 책임이 없기 때문에 국가의 출산에 대한 지원 결정의 결과에 따라 아무런 불이익을 받지 않기 때문"이다. 대법원에 따르면, 이러한 특정한 청구에 대한 국가 입법자의 지불 거절은, 그것이 실제적으로는 빈곤한 여성의 안전한 낙태를 부정할 수는 있어도, 어떠한 경우에도 그 여성의 선택할 "권리"를 침해하지는 않는다.

Roe 사건과 Maher 사건의 판결을 조화시키기 위해, 대법원은 중요한 구별을 이용했다. 대법원은 "보호 받는 행위에 대한 국가의 직접 개입과 대체 행위에 대한 국가의 권고 간에서는 기본적인 차이가 있다"고 말한다. 나무랄 데 없이 견고한 헌법은 명백하게 먼저 정부가 개입하는 것을 금지하고 다음에는 지원을 보류하는 것을 허락한다. 연방 대법원은 여성은 정부 관리에 의한 허용될 수 없는 제한으로부터 헌법적으로 보호된다고 설명을 이어 갔다. 그러나 그녀의 선택의 자유는 그녀 자신이 완전한 범위의 보호 받는 선택을 할 수 있도록 하는 재정적 지원에 대한 헌법적 권리까지는 부여 받지 못했다. 제한으로부터의 보호와 이익에 대한 자격부여는 별개의 것이다. 그리고 자유(liberty)와 급부(subsidy) 사이의 이러한 구분은 실제로 상식에 부합하는 것처럼 들린다. 그러나 그러한 구분은 지지할 만한가? 어떤 근거에서 지지할 만한가?

연방 대법원에 의해 인용된 구분 뒤에는 묵시적인 전제가 깔려 있다. 국가에 의한 침입으로부터의 자유는 재정적 자원에 대한 어떠한 의미 있는 자격부여도 포함하지 않는다. 이러한 전제를 공유하는 이론가들은 헌법적 권리를 침해 받기 쉬운 개인을 오로지 자의적인 구금, 계약의 자유에 대한 침해, 재산의 수용 등과 같은 정부의 권한 남용으로부터 보호하기 위해 만든 방어막으로 인식한다. 그들은 개인적 자유는 단순히 행위와 결사에 대한 정부의 간섭을 제한하는 것만으로도 보장될 수 있다고 전형적으로 주장한다. 개인적 자유는 정부의 행위를 요구하는 것이 아니고 정부의 자제만을 요구할 뿐이다. 이러한 측면에서 파악하면, 권리는 "국가에 대항하는 벽"과 유사하고, 의회는 개인의 자유를 제한하거나 과도한 부담을 부과하는 "법률을 만들지 않을 것"이라는 확신을 구체화한다. 권력을 분립함으로써, 헌법은 공적 권위에 의한 침입, 축소, 침해 등을 방지한다. 이러한 결과로 등장하는 작은 정부는 개인들에게 자신의 일에 전념할 수 있는, 규제되지 않은 사회 영역에서 자유롭게 숨 쉬고 행동할 수 있는 많은 공간을 부여한다. 국가의 간섭으로부터의 이러한 자유는 입헌주의의 핵심으로 일컬어진다. 그리고 행위를 위해서는 비용이 소요되는 데 반해, 부작위는 상대적으로 저렴하거나, 아마도 비용이

들지 않는다. 어떻게 공적 권위로부터 간섭을 받지 않을 권리와 공적 재정에 대한 금전적 요구를 할 권리에 대해 혼동할 수 있는가?

이분법의 무익함

두 가지 근본적으로 다른 종류의 주장, 즉 Roe 사건에서 부여된 것과 같은 "소극적 권리"와 Maher 사건에서 부정된 것과 같은 종류의 "적극적 권리" 사이의 대조는 매우 친숙한 개념이다.3 그러나 그것이 결코 자명한 것은 아니다. 일단, 그러한 구분은 헌법 어디에도 등장하지 않는다. 미국의 건국자들은 그러한 구분에 대해 전혀 몰랐다. 그러한 관념이 어떻게 생겨났는가? 그것은 기저에서 미국의 법적 배경을 형성했거나, 다른 종류의 권리에 관한 설득력 있는 분류를 제공하는가? 그것이 사리에 부합하는가?

시인컨대, 단순화한 구조 없이 미국법에서 견고히 보호된 많은 권리들을 정돈된 방식으로 고찰하는 것은 어렵다. 미국 시민들은 성공적으로 이와 같은 많은 권리를 주장하고, 이러한 권리들은 명백하게 다양하여, 그것들에 대한 일반화는 때때로 우리의 범위를 넘어선 것처럼 보인다. 우리는 파업권과 양심의 자유, 명예훼손으로 언론인을 고소할 권리와 비합리적인 수색과 체포로부터의 자유 같은 본질적으로 다른 권리를 어떻게 체계적으로 생각할 것인가? 그리고 투표할 권리는 어떻게 개인의 재산을 유증할 권리 혹은 언론의 자유에 대한 자기 방어의 권리와 비교되어야 하는가? 이러한 매우 다양화된 요구들은 공통적으로 어떤 것을 갖고 있는가? 그리고 우리는 어떻게 합리적인 방식으로 오늘날 미국에서 보호되고 강제되는 권리들을 분류하고 더 세부적으로 분류할 수 있는가?

평균적인 미국인의 일상에서의 권리에 대한 선별적인 목록조차도 그 방대함으로 인해 우리를 당혹스럽게 할 것이다. 낙태할 권리, 직업선택의 자유, 합의를 파기할 권리, 가석방 대상이 될 권리, 소비자의 권리, 친권 및 양육권, 재심위원회(review board)에 증거를 제출할 권리, 법정에서 진술할 권리, 자기부죄(self-incrimination) 금지에 대한 권리와 같이 매우 다양한 요구들을 유용한 항목으로 분류하는 것은 쉬운 일이 아니다. 우리는 개명할 권리, 체포하기 위해 개인 경비를 이용할 권리, 출판자를 정할 권리(저작권), 주식을 매수할 권리, 명예훼손으로 인한 금전적 손해를 회복할 권리, 임차인과 임대인의 권리, 특정한 식물의 마른 잎을 피울 권리, 행정청의 행정작용에 대해 사법적 심사를 받을 권리들은 어떠한 표제에 따라 분류해야 하는가? 법률안 제출권, 성적 선호를 이유로 직업이 거부되지 않을 권리, 무급 육아 휴직 후에 복직할 권리, 주 경계를 넘어 여행을 할 권리, 유증의 자유, 위법을 신고할 권리 등을 적극적 권리와 소극적 권리의 두 기본 집단으로 분류하는 것은 어떤 목적에 도움이 되는가? 수렵권 및 어로권, 무기를 소지할 권리, 토지에 대한 불법 침해를 방지할 지주의 권리, 광업권, 가해자에 대한 형 선고에 영향을 미치기 위한 범죄 피해자의 진술권, 연금 수급권, 자선 단체에 비과세로 기부할 권리, 부채를 회수할 권리, 공직에 입후보할 권리, 사법 외적인 중재의 방법을 사용할 권리, 집에서 음란물을 볼 권리 등은 어떠한가? 수감자에 대한 접견권, 원하는 대로 재산을 처분할 권리, 퇴학 당하는 고등학생이 청문 절차를 거칠 수 있는 권리, 혼인 및 이혼할 권리, 우선매수권, 과다지급에 따라 상환 받을 권리, 수사기관의 구속 신문에서 변호인의 참여 및 조언을 받을 권리, 이민을 갈 권리, 가족계획에 대하여 자문을 받을 권리, 피임 기구를 사용할 권리 등은 어떻게 분류하여야 하는가?

평균적인 미국인의 일상적 권리 중 겨우 몇 개의 목록조차도 우리의 개인적 자유의 널리 퍼지는 영역을 실제로 조사하고자 하는 사람이 대면해야 하는 도전의 크기를 보여 준다. "저항권"과 같은 고전적이고 이례적인 경우를 제외하더라도, 오늘날 미국 시민의 보통의 기대 및 일상적인 행동을 구조화하도록 돕는 주장과 반대주장들의 집합을 상호 배타적인 동시에 모든 것을 포괄하는 두 그룹으로 조직화는 데 있어서 어려움을 겪을 것이다.

이분법의 유혹

사실, 설명의 단순화를 위한 거대한 노력이 방해 받아서는 안 된다. 더욱이, 특정한 목적을 위하여 단순화는 유용하기도 하다. 문제는 적절한 단순화가 현실을 설명하는 데 도움이 되는지 여부이다.4 미국에서 주장되고 강화된 복잡한 기본권들에 쉽게 파악되는 질서를 부여하려는 최근의 시도들 중에서 결과는 차치하고, 연방 대법원이 권위를 실어준 것이 단연 가장 영향력이 컸다. 학교의 강단과 논설, 사법적 의견과 의회위원회에서 구분은 보통 적극적 권리·소극적 권리 또는 (보통 같은 것으로 인식되는) 자유·수급권으로 이루어진다. 이러한 구분은 일견 그럴듯해 보이는데 아마도 작은 정부와 큰 정부라는 더 익숙한 대조를 정치적으로 따르기 때문일 것이다.

이 이분법은 일반적인 생각과 표현에 깊게 뿌리를 내리고 있다. 혼자 남겨지고 싶어 하는 미국인들은 공적인 개입으로부터 면제되는 것을 존중하고, 보호받고 싶어 하는 개인들은 공적 부조에 대한 수급권을 추구한다고 일컬어진다. 이분법에 의하면 소극적 권리는 정부의 행위를 금지하고 배제하고, 적극적 권리는 정부의 행위를 요구한다. 소극적 권리는 정부 공무원들이 제대로 움직이지 않을 것을 요구하고, 적극적 권리는 정부 공무원들의 적극적인 개입을 요구한다. 소극적 권리는 전형적으로 자유를 옹호하고, 적극적 권리는 전형적으로 평등을 장려한다. 소극적 권리는 사적 영역을 보호하는 반면, 적극적 권리는 세금을 재분배한다. 소극적 권리는 공동체에 대하여 부정적이고 의사진행을 방해하는 성질이 있고, 적극적 권리는 공동체에 대하여 자선적이고 혜택을 부여하는 것이다. 만약 소극적 권리가 정부로부터의 피난처를 제공한다면, 적극적 권리는 정부에 의한 서비스를 제공한다. 소극적 권리는 재산권, 계약의 자유, 경찰로부터 고문을 받지 않을 권리 등을 포함하고, 적극적 권리는 식량 카드(food stamp)를 받을 권리, 주거 보조비를 받을 권리, 최소의 복지 수급을 받을 권리 등을 포함한다.

면제와 부여 간의 이 동화 같은 구별은 매우 영향력이 있는 데다가 권위를 가지게 되었고, 그로 인해 연방 대법원은 그에 관한 진지한 연구나 논쟁조차 없이 그 정당성을 전제할 수 있었다. 이러한 구분은 연혁적으로 최근에 발생하였고 뒤에서 살펴보는 것과 같이 상당히 적절하지 않지만, 이러한 점은 모두 학술적 분석이나 대중의 상상력에 대한 영향력을 약화시키지는 않았다. 이 이분법의 일견 저항할 수 없는 호소력은 어디에 놓여 있는가?

이러한 이분법의 매력은 부분적으로는 그것이 전달하는 것으로 믿어지는 도덕적 경고 혹은 약속으로부터 나온다. 적극적·소극적 권리 구분을 신봉하는 보수주의자는 보통, 예를 들면, 복지권이 잠재적으로 수급자의 발달을 지체시키고 정부에 의해 공짜로 조달된 자원에 기초하여 행사된다고 주장한다. 보수주의자들은 전통적인 자유권은 자율적으로, 미국식으로 온정주의와 정부 보조금을 거부하는 강인하고 자립적인 개인에 의해 행사되었다고 대조적으로 덧붙인다.

규제적 복지국가의 비평가들은 또한 면제·부여의 이분법을 역사적인 배신과 쇠퇴의 단순화된 이야기의 측면에서 해석한다. 소극적인 권리는 헌법의 제정기나 그 이전에 현명하게 제도화되어 먼저 확립된 자유이고, 반면에 적극적 권리는 헌법에 대한 최초의 이해로부터의 20세기의 분별없는 일탈에 따라 뒤에 더해진 것이라고 말한다. 미국이 처음으로 생겨났을 때 기본권의 보호와 강화는 전제적이고 부패한 정부로부터의 보호에 한정되었다. 뉴딜 정책, 큰 정부, 워렌 대법원과 같은 것들이 등장한 훨씬 후에야 공적 지원에 대한 여분의 부여가 도입되었다. 정부로부터 우리를 보호하는 대신에, 복지권은 시민들을 정부에 의존하게 만들고, 불공정하게 부자들의 사적 재산을 몰수하고 가난한 자들의 자립을 무분별하게 약화하는 두 가지 다른 방식으로 진정한 자유를 갉아먹는다고 보수주의자들은 이야기를 이어 간다. 전통적이고 소극적인 권리에 무분별하게 새로운 적극적인 권리를 추가함으로써, 루즈벨트(Franklin Delano Roosevelt)나 존슨(Lyndon Johnson) 같은 현대의 진보주의자들은 헌법의 기초자들의 자유의 정신을 배반했을 뿐만 아니라, 정부의 식량 구호 차량(soup wagon)에 의존하는 가난하고 의존적인 시민 집단을 만들어 냈다.

이러한 쇠퇴의 이야기는 정치적 보수주의자들에 의해 그럴듯한 열정으로 더 자세하게 회자된다. 미국의 진보주의자들은 더 이상 이러한 주장에 반대할 수 없었다. 그럼에도 불구하고, 그들 또한 빈번하게 권리에는 기본적으로 적극적 권리와 소극적 권리 두 가지가 있다는 것을 전제한다. 그들은 겨우 면제로부터 부여로의 이동을 진화적인 개선과 도덕적 성장의 진보적인 이야기로 다시 설명할 뿐이다.[5] 보수주의자들이 납세자로부터 보조 받는 복지권의 출현을 애통해 하는 반면에, 진보주의자들은 적극적 보장의 출현을 정치적 학습과 정의의 요구에 대한 개선된 이해의 신호로 해석하며 칭송한다. 진보주의자들에 의하면, 자선적인 충동은 결국 전면에 놓여졌고 법에 성문화되었다. 뉴딜과 거대한 미국 사회는 다수의 손실 위에서 재산 소유자와 큰 기업의 이익에 봉사하던 편협한 원리와 결별하였다. 사후적으로 살펴본다면, 소극적 권리는 소수에게 제한되었고 잔인하기까지 했다. 적극적 권리의 최종적인 출현은 공적 공급과 관련하여, 불간섭주의를 보완할 필요에 대한 새로운 인식을 나타낸다.

이분법은 실제로 친절하게도 두 가지 대조적인 견해 모두에 기여한다. 미국 진보주의자들이 전형적으로 재산권 및 계약의 자유를 부도덕한 이기주의와 연관 짓는 반면에, 미국의 보수주의자들은 개인의 자유를 도덕적인 자치와 연결 짓는다. 진보주의자들은 수급권의 부여를 관대한 연대와 연결 짓는 반면에 자유주의적인 보수주의자들은 복지 지원금을 병약한 의존과 연결한다. 반대의 평가가 붙지만 개념적 기초는 동일하다. 이분법 자체는 정치적으로 비당파적일지라도, 소극적·적극적 권리 이분법은 우리의 가장 중요한 논쟁들을 형성하기 때문에 결코 정치적으로 순수하지 않다. 그것은 규제적 복지 국가에 대한 공격과 옹호 모두에 이론적 기반을 제공한다. 소극적·적극적 권리 양극성은 복지 국가 진보주의자와 자유적 보수주의자가 서로를 이해하고 독설을 교환할 수 있는 공통된 언어를 제공하고 있다고 말할 수도 있다.

그러나 누가 옳은 것인가? 재산권이 이기주의를 위한 도구인가 아니면 개인 자치의 원천인가? 복지권(의료 및 직업 훈련에 대한 것을 포함하여)이 연대와 공동체 의식을 표현하는 것인가, 창의를 침식하고 의존성을 심어주는 것인가? 개인이 정부로부터 보호만 되어야 할 것인가 아니면 정부에 의해서도 보호되어야 할 것인가? 이러한 질문들은 오늘날 미국의 권리 논쟁의 많은 부분을 요약적으로 보여 준다. 자연스럽게 우파, 좌파 모두에게 동시에 호소하는 이분법을 비판하고 본질을 밝혀내는 것은 매우 어렵다. 그러나, 당연히 여겨진다고 하여 그러한 구분이 설명적으로나 규범적으로 정당화된다는 것은 아니다. 면밀히 관찰해 보면, 권리의 이분법은 우리가 기대했던 것보다 더 이해하기 어렵고 연방 대법원이 생각하는 것보다 덜 분명하고 덜 단순하다. 사실, 그것은 이론적으로나 경험적으로 근본적인 혼란에 기초한 것으로 판명된다. 이분법 자체에 흠이 있다면 미국의 권리 논쟁의 양측 모두 견고한 기반 위에 있지 않은 것이다.

구제책의 비용

"권리가 있는 곳에, 구제수단이 있다"는 것은 전통적인 법적 경구(maxim)이다. 개인은 그들이 겪는 고통이 정부에 의해 공정하고 예측 가능하게 교정될 때, 도덕적 관점이 아닌 법적인 관점에서 권리를 향유한다. 이러한 단순한 점은 소극적·적극적 권리 이분법의 부적절성을 드러내는 긴 노정으로 이끌어 간다. 그것이 보여주는 것은 법적으로 강제되는 모든 권리가 필연적으로 적극적인 권리라는 것이다.

권리는 그 구제수단에 비용이 들기 때문에 지출이 수반된다. 법적 강제는 많은 비용이 소요되고 특히 균일하고 공정한 법적 강제에서 그러하다. 그리고 법적인 권리는 법적으로 강제되지 않는 한 허구에 불과하다. 다른 방식으로 공식화하면, 거의 모든 권리가 상호관계가 있는 의무를 내포하고, 의무는 그 불이행이 국고로부터 자금을 조달받는 공적인 권리에 의해 제재될 때에야 진지하게 고려된다. 법적으로 강제 가능한 의무 없이는 법적으로 강제되는 권리도 없다. 이것이 법이 강제적이어야 그와 동시에 권리를 부여할 수 있는 이유이다. 즉, 개인적 자유는 행동과 결사의 자유에 관한 정부의 간섭을 제한하는 것만으로는 보장받지 못한다. 어떠한 권리도 공무원들로부터 단순히 간섭 받지 않을 권리에 불과한 것이 아니다. 모든 권리는 적극적인 정부의 응답을 요구하는 권리이다. 모든 권리는 설명적으로 말해서 법에 의해 정의되고 보조되는 자격 부여라고 할 수 있다. (부당한 개입에 대한) 금지명령이 규범적으로 잘 준수되는 가처분을 명하는 법관에 의해 내려진다는 것은 개인의 자유를 위한 국가의 "개입"의 좋은 예이다. 그러나 정부는 입법부와 법원이 그러한 법관이 보호하는 권리를 정의할 때보다 훨씬 더 근본적인 수준에서 연관이 된다. 모든 금지명령(thou-shalt-not)은 그것이 누구에게 명령되든지 국가에 의한 적극적인 권리 부여와 정부의 공무원에게 할당된 합법적인 지원 요구를 내포한다.

만약 권리가 겨우 공적인 간섭으로부터의 면제라면, 권리 행사에 관한 정부의 가장 큰 미덕은 마비와 무능이 될 것이다. 그러나 무능한 정부는 완전히 "소극적"으로 보이는 경찰과 교도관으로부터 고문 받지 않을 권리와 같은 개인적인 권리조차도 보호할 수 없다. 납세자로부터 월급을 받는, 재판에서 신뢰할 만한 증거를 제출할 준비가 된 의사의 교도소에 대한 즉시적인 방문을 조율할 수 없는 정부는 고문과 구타로부터 수감자들을 효율적으로 보호할 수 없다. 모든 권리에는 비용이 소요된다. 왜냐하면 모든 권리는 위반에 대한 감시와 권리의 강제를 위한 효율적인 감독 기구에 대한 납세자의 자원 조달을 전제로 하기 때문이다.

가장 친숙한 비행과 강제에 대한 국가의 감시자는 바로 법원이다. 사실, 권리는 기본적으로 "국가에 대항하는 방벽"이라는 관념은 종종 사법권이 정부의 일개 부문이 아니라는 잘못된 믿음에 근거한다. 법관(경찰, 행정부 공무원, 입법자, 다른 법관들에 대해 사법권을 행사하는)은 정부의 급여를 받는 공무원이 아니라는 믿음이 바로 그것이다. 그러나 미국 법원은 정부에 의해 "구성되고 설립되며" 그것은 국가의 한 부문이다. 법원의 재판을 받을 권리와 상소를 할 수 있는 권리는 자유주의 국가 건설의 최고의 성취이다. 그리고 그것의 운영 비용은 법원과 그 공무원들에 부여되는 조세 예산으로부터 지불된다. 사법권 그 자체는 이러한 예산을 조달할 능력이 없다. 미국의 연방 법관들은 종신직이고, 어떠한 사법권도 재정적으로 독립하지는 못한다. 어떠한 법원 시스템도 예산 없이 운용될 수 없다. 어떠한 법원도 공적 혹은 사적 권리 위반자들을 계도하기 위한 노력에 소요되는 자원을 조달하기 위하여 예산이 규칙적으로 투입되지 않고는 기능하지 못한다. 그리고 이러한 돈이 들어오지 않을 때 권리는 보호 받지 못한다. 권리의 강제가 사법적 자제에 의존하는 범위에서도, 권리는 우리의 기본권의 사법적 보호감독관을 모집하고, 훈련하고, 제공하고, 급여를 지급하고 (반대로)감시하는 데 비용이 드는 정도라 하더라도 최소한의 비용이 소요된다.

    법적 권리가 침해되었을 때 권리의 보유자들은 납세자로부터 급여를 받는 법관에게 구제를 탄원한다. 정부 행위를 통한 구제책을 얻기 위해 권리 침해를 당한 당사자는 공적으로 자원 조달을 받는 소송 시스템을 이용할 권리를 행사하고, 이러한 목적을 위해 법원 시스템은 직접 접근 가능해야 한다. 권리를 보유하는 것은 항상 잠재적인 원고나 상소인이 된다는 것이라고 말하기도 한다.6 소를 제기한 사람들이 법관 앞에서 자신의 주장을 옹호하는 것을 어렵게 만듦으로써 권리는 감축될 수 있다. 법원의 운용 예산을 박탈하는 것은 이러한 결과를 발생시킬 수 있는 한 방법이다. 반대로, 권리를 성공적으로 요구하는 것은 강제적이고 교정적인 공적 권위 시스템을 작동하도록 하는 것이다. 이러한 시스템을 운용하기 위해서는 비용이 소요되고 납세자들이 그 비용을 지불해야 한다. 즉, 명백히 소극적인 권리들조차도 실제로는 국가로부터 부여 받는 이익의 일종인 것이다.

    권리를 보호하기 위해 법관들은 판결에 대한 준수를 필요로 한다. 법원은 특허에 대한 불법적인 침해를 억제하기 위해서나 1968년의 공정주택법(Fair Housing Act)의 요구에 따라 부동산 회사로 하여금 흑인들에게 대여하도록 하기 위해 명령을 발령하기도 한다. 알 권리를 보장하기 위해 법원은 연방 공무원에게 법원에 의해 요구된 정보를 제공하도록 명령하기도 한다. 이러한 경우 자유는 권위에 의존한다. 사법적 감독이 느슨할 때 권리는 그에 상응하여 허약하고 모호해진다. 미국 이민국은 신체 장애, 정치적 견해, 국적에 따라 차별을 하기도 한다. 미국에 입국하고자 하는 외국인들이 거의 법적인 권리를 보유하지 않는다고 말하는 것은 미국법하에서 그들이 공적으로 자금을 조달 받는 사법 구제에 대하여 거의 권리가 없다는 것을 보여 준다.

그러나 법원이 공적으로 지원받는 권리 구제를 위한 유일한 정부 기구는 아니다. 예를 들면, 다양한 주의 소비자 보호국은 규칙적으로 불만을 접수하고 불공정하고 사기적인 소매업자의 행위를 처벌함으로써 소비자의 권리를 보호한다. 연방 단위의 소비자제조물안전위원회(consumer product safety commission)는 1996년에 위험한 생산물을 식별하고 분석하며 생산자들이 연방 기준에 부합하도록 강제하는 데 약 4,100만 달러를 지출했다.7 다른 많은 정부 기관들도 비슷한 권리 보호 기능에 복무한다. 법무부는 스스로도 1996년에 "시민의 권리 문제"에 관하여 6,400만 달러를 지출했다.

전국노동관계위원회(National Labor Relations Board, NLRB)는 1996년에 1억 7,000만 달러의 조세예산을 사용하였는데, 해당 위원회는 경영진에 대하여 의무를 부과함으로써 근로자의 권리를 보호하는 역할을 한다. 산업안전보건부(Occupational Safety and Health Administration, OSHA)는 고용자들로 하여금 안전하고 건강한 작업장을 제공하도록 강제함으로써 근로자의 권리를 보호하는 데 1996년에 3억 600만 달러를 지출했다. 평등고용기회위원회(Equal Employment Opportunity Commission, EEOC)는 사용자들로 하여금 고용, 해고, 승진, 전보에 있어서 차별하지 못하도록 강제함으로써 구직자들을 보호하는 데에 1996년에 2억 3,300만 달러의 예산을 사용하였다.[8] 이러한 경우 모두에서, 권리를 강제하는 비용은 해당 권리와 상관관계에 있는 의무를 강제하는 비용으로 인한 것이라고 볼 수 있다.

몇 개의 더 많은 예가 이러한 점을 명백히 하는 데 도움을 줄 것이다. 자신의 선택에 따라 상속자에게 자신의 사적 재산을 유증할 권리 — "사후에 말할 권리" — 는 명백히 어떠한 개인적인 유언자도 국가 기구의 활발한 지원 없이는 스스로 행사할 수 없는 권리이다. 유언의 정당성을 파악하고 입증하기 위한 절차, 유언이 때때로 유발하는 분쟁을 중재하기 위한 절차는 수수료에 의해서만이 아니라 납세자에 의해 재원이 조달되는 유언의 검인 법원(probate courts)에 의해 운영된다. 그리고 법적으로 강제할 수 있는 유언을 할 권리는 어떠한 권리 보유자도 완전히 독자적일 수 없다는 점에서 전형적이다. 결혼제도를 정의하고 창설하기 위해 납세자의 돈을 지출하는 공적인 기구 없이 결혼할 권리가 무슨 의미가 있는가? 실제로 국가 기구가 부모를 찾아내거나 연방이나 주의 세금 환급금으로부터 미지급 양육비를 공제해 달라는 요구를 성실히 이행하지 못한다면 아동의 부양받을 권리가 무슨 의미가 있는가? 만약 미국 정부가 저작권의 법적 강제에 대해 중점을 두지 않았다면 미국의 엔터테인먼트 기업에 의해 소유되는 저작권이 예를 들면 중국에서 어떤 가치가 있겠는가?

재산권에 관하여도 비슷한 언급을 할 수 있다. 미국법은 소유자의 재산권을 소유자들을 그대로 내버려 둠으로써 보호하는 것이 아니고, 정부가 그대로 내버려 두었다면 재산에 침입하도록 심하게 유혹 받았을 무산자(즉, 집이 없는 사람들)를 강제적으로 배제함으로써 재산권을 보호한다. 모든 채권자는 채무자가 채무를 상환하도록 요구할 권리가 있다. 실제로, 이것은 채권자가 채무를 이행하지 않는 채무자를 상대로 위법한 행위를 확정하고 제재를 부과하는 소송을 제기할 수 있다는 것을 의미한다. 그리고 채권자는 또한 채무자의 재산을 보안관으로 하여금 압류하게 하여 그것을 경매에 부쳐 채무를 이행하지 않는 채무자의 채무 변제에 사용할 수 있다. 채권자의 재산권은 토지 소유자의 재산권과 마찬가지로 공적으로 급여를 받는 공무원들의 이러한 적극적인 행동이 없다면 공염불이 될 것이다.

조세 예산을 통한 기본권의 재원 조달은 우리로 하여금 권리가 공공재라는 것을 명확히 인식하도록 도와 준다. 납세자에 의해 재원 조달되고 정부에 의해 운영되는 집단적이고 개인적인 복지를 향상시키기 위해 설계된 사회적 서비스를 통하여 권리가 보장되는 것이다. 즉, 모든 권리는 적극적인 권리이다.

CHAPTER 2

정부 역할의 필요성

　　권리를 정부의 행위를 요구하는 것보다는 본질적으로 정부에 "대항하기" 위한 것이라는 생각하는 것은 때때로 "사법(private law)"의 영역에서는 명백히 잘못된 것이다. 계약법과 불법행위법에서의 권리는 공공 기관에 의해 강제될 뿐만 아니라 창설되고, 해석되고 개선된다. 연방과 주 단위 모두에서 법원과 입법자는 항상 권리에 의미를 부여하는 법규들을 제정하고 조정하고 있을 뿐만 아니라 다양한 예외를 지속적으로 구체화하고 있다. 판결과 입법을 통하여, 공공의 권위는 계약을 강제할 뿐만 아니라 어떤 계약이 강제할 만하고 어떤 것은 강제할 만하지 않고, 부당하고, 아니면 의미 없는 종이 조각에 불과한지 결정하고 있다. 법관과 입법자들은 과실로 인한 불법행위의 피해자에게 손해배상을 하도록 할 뿐만 아니라 어떠한 항변이 과실을 부인하는 데 있어서 법적으로 받아들일 수 있는지를 판단하고 있다. 법문상의 권리를 침해당했다는 이유로 FBI 요원을 고소할 미국 시민의 권리는 헌법 및 법령해석을 통하여 비로소 완전히 규정된다. 다른 주에서 취미로 또는 직업적으로 낚시를 할 권리는 법에 의하여 창설되고, 많은 내용을 특권 부여 및 면제 조항에 대한 사법적 해석(judicial interpretation)에 의존한다.

    이러한 종류의 권리를 정하는 규칙은 복잡하고, 기술적이고 매우 정교한 조건들로 가득 차 있다. 예를 들면, 미국의 재판 관할 내에서 계약법은 일반적으로 계약 위반에 대해 알고 난 후 회피할 수 있었을 손실에 대하여는 손해배상을 청구할 수 없다고 규정한다. 계약법 혹은 불법행위법 아래에서 자신의 권리를 주장하고자 하는 개인은 따라서 국가 공무원에 의해 제정되는 규칙과 예외의 복잡한 내용을 완전히 파악하거나 그것을 준수해야 한다. 그는 이러한 규정(및 예외)을 구체화하고, 다음으로는 그것을 해석하고 마지막으로는 그것을 강제하기 위하여 공적인 권위를 이용할 수 있어야 한다.

피고에 대하여 법적인 조치를 취할 원고의 권리는 국가에 "대항하는" 권리라는 개념으로는 적절히 설명할 수 없다. 이것은 국가로부터 독립할 권리도 아니고 국가로부터 권리 보유자를 보호할 권리도 아닌, 사적인 합의에 법적인 효력을 부여하고, 개인의 재산에 대한 침입을 배제하고, 과실 혹은 무분별하게 손해를 끼친 사람으로부터 보상적 혹은 징벌적 손해배상을 받을 수 있는 권리 등은 국가 권력을 이용할 권리이다. 내가 계약법 혹은 불법행위법 아래에서 누군가를 고소할 경우 나는 국가를 "내 등에서 떼어내기 위하여" 노력하는 것이 아니고, 국가가 "그 사건에" 관심을 가지도록 하기 위해 노력하는 것이다. 사법(private law)에 있어서 권리 보유자는 정부의 자제를 요구하는 것이 아니고 정부의 행위를 요구한다.

모든 미국인의 개별적인 자유의 보호에 있어 정부의 적극적인 역할에 주목하도록 하는 것이 소극적·적극적 권리 이분법이 매우 제한적인 목적에서 권리 분석에 있어 유용하게 이용될 수 있다는 것을 부정하는 것은 아니다. 개입과 자제를 구분하는 것은 상당히 수긍할 만하다. 토지 소유자는 보행자가 자신의 땅에 침입하지 못하도록 할 법적인 권리를 보유한다. 계약자는 제3자가 유지되고 있는 계약 관계에 개입하지 못하도록 할 권리를 보유할 수 있다. 각 경우에서 권리를 보유한다는 것은 다른 사람들이 자신에게 유해한 방식으로 행동하는 것을 막는 법적인 권한을 갖는다는 것을 의미한다.[1]

다른 이들의 자제를 구할 이러한 권리는 채권자가 법적으로 채무자가 채무를 변제하도록 할 권리나 계약 당사자가 상대방에게 계약을 이행하도록 할 권리와 같이 다른 사람의 기대되는 행위를 강제할 권리들과 유용하게 대비된다.

미국법이 위법한 부작위를 위법한 작위와 동일하게 보므로 행위를 요구할 권리와 행위를 금지할 권리는 유용하고 중요하다. 그러나 이러한 개념들이 연방 대법원조차도 보통 사용하는 타당성이 다소 떨어지는 소극적 권리, 적극적 권리의 구분과 혼동되어서는 안 된다. 자제와 행위 사이의 완전히 합리적인 구분이 정부 개입으로부터의 자유와 정부 서비스의 수급의 대조라는 논의를 어떠한 측면에서도 강화하지 않는다. 왜냐하면 자제와 행위의 이분법은 정당하게 설명된 것처럼, 우선 첫째로 정부 행위를 전혀 고려하지 않기 때문이다. 한 개인은 다른 개인이 행동하도록 할 권리나 다른 개인의 행동을 저지할 권리를 갖는다. 두 경우 모두 권리의 강제를 위하여 단호한 정부의 행위를 요구한다는 점은 명백하다. 침입자로부터 스스로를 보호하고 채무를 불이행하는 채무자로부터 변제를 받기 위하여 권리 보유자는 (절대 쉽지 않은) 정확한 사실 파악을 담당하고 정부 기구에 의해 운영되고 세금에 의해 재원이 조달되는 소송체계, 즉 법원을 작동하도록 할 권리를 보유하고 있다.

헌법적 권리는 얼마나 예외적인가?

그러나 사법(private law)상 권리(계약 위반으로 제소할 권리와 같은)가 완전히 헌법적 권리(표현의 자유)와 다른 것은 아닌가? 재산권과 복지권을 소극적 권리, 적극적 권리로 구분하는 것은 거의 사리에 부합하지 않는다. 사법(私法)상의 권리를 적극적으로(정부의 행위를 요구하므로), 헌법적 권리를 소극적(정부의 자제를 요구하므로)으로 명명하는 것이 오히려 더 그럴듯하지 않은가? 결국 정부 행위에 대항하는 권리에 대해 논의할 때 연방 대법원은 오로지 헌법적 권리만을 고려했다. 그래서 다음과 같은 의문이 제기된다. 권리장전에서 보장된 자유는 완전히 소극적인가? 그것들은 정부에 대하여 행위를 요구함 없이 정부에 대하여 행위의 자제를 요구할 뿐인가?

어떤 헌법적 권리들은 자신의 존재를 정부의 적극적 행위에 의존한다. 그리고 정부는 그로 인해 자제가 아닌 행위를 해야 할 헌법적 의무 아래에 놓여 있다. 국가가 한 사람이 다른 사람을 노예로 만드는 것을 허락한다면, 비자발적인 노예 상태에 이를 수 있는 계약을 파기하지 않기 위해 아무런 조치를 취하지 않은 것이므로 13차 수정 헌법을 위반한 것이 된다. 1차 수정 헌법의 표현의 자유 보호 아래에서, 국가는 반드시 거리와 공원을 집회를 위해 개방해야 한다. 그렇게 하는 것이 비용이 많이 들고, 정부의 적극적인 행위를 요구한다고 할지라도 그렇다. 정당한 보상 없이 개인의 재산을 수용하는 것에 대한 보호 아래에서 정부는 아마도 침해금지법률을 만들어야 하는 의무와 그것을 재산 소유자들이 이용하도록 할 의무 아래 있을 것이다. 침해금지법률의 전부 또는 일부의 폐지 즉, 국가의 사적 재산 보호 실패는 위헌일 것이다. 만약 법관이 피고로부터 뇌물을 받고 그로 인해 원고의 권리를 보호하기 위해 아무것도 하지 않는다면 그 법관은 적법절차조항을 위반하는 것이 된다. 만약 국가가 특정한 계약의 권리를 강제할 수 있도록 법원을 이용하는 것을 거부한다면, 그것은 아마도 계약 조항을 위반하여 계약의 의무를 손상하는 것이 된다. 이 모든 경우에서, 정부는 헌법에 의해 국민을 보호하고 행위를 할 의무가 있다.

실제적으로, 정부는 투표소와 같은 법적 편의 시설을 제공함으로써, 시민들에게 참정권을 부여한다. 이런 것이 없다면 시민들은 투표권을 행사할 수 없다. 투표권은 투표소 공무원이 출근하지 않는다면 아무 의미가 없다. 수용된 재산에 대한 정당한 보상을 받을 권리는 재정 지출이 이루어지지 않는다면 웃음거리에 불과하다. 불만에 대한 구제책을 청원할 1차 수정 헌법의 권리는 정부 기구에 접근할 권리로서, 정부가 부당하게 괴롭힘을 당한 시민의 이익을 위해 행위 하도록 하는 권리이다. 이것이 전부가 아니다.

만약 미국 정부의 공무원이 타인의 생명, 자유, 재산을 빼앗고자 시도한다면 그 대상에게 적시적인 고지를 하고 공정한 사람들 앞에서 진술을 할 기회가 주어져야 한다. 자신의 방어를 위해 목격자를 소환할 권리는 법원의 준엄한 영장과 소환장이 무시된다면 무용하다. 그리고 만약 주와 연방 정부가 법 앞의 보호를 제공하지 않는다면, 주와 연방 정부는 법 앞의 평등한 보호를 거부할 수 없다고 말하는 것이 무슨 의미가 있는가? 정부 관리에 의한 불평등한 대우로부터의 보호를 위해서는 다른 정부 공무원들이 불만을 접수하여 해결하는 것을 필요로 한다. 계약법 또는 불법행위법에서의 행위를 발동시킬 권리 같은 적법절차에 대한 헌법적 권리는 국가가 납세자의 비용으로 공정하고, 공적이고, 납득할 수 있는 복잡한 정식 재판의 절차가 이루어지는 국민이 접근할 수 있는 복합적이고 상대적으로 투명한 법적 기구를 유지하고 창설할 것을 전제로 한다.

시인컨대, 몇몇 중요한 헌법적 권리들은 정부가 행위 하는 것보다는 정부가 자제할 의무로 규정하는 것이 타당하다. 그러나 이중위험금지나 과도한 벌금에 대한 금지와 같은 "소극적인 권리"조차 보호자가 있을 때에만 그리고 감독하는 국가 기구(대개 특정 종류의 법원)가 문제가 된 권리의 위반자나 잠재적 위반자에 대하여 그것의 의지를 강제할 수 있을 때만 보호된다. 정부에 대항하여 작동하는 것으로 합리적으로 묘사되는 권리들조차도 악랄한 공무원(경찰, 교도관을 포함하여)이 잔인하고 차별적으로 행동하지 못하도록 하기 위하여 감독, 명령 그리고 복종의 관계의 창설과 강제를 필요로 한다. 일부의 경우, 공적인 공무원들은 실제로 권리의 보호 범위에 개입해서는 안 된다. 그러나 이러한 보호 범위는 적극적인 정부로 인해 비로소 인정되고, 침해 받기 쉬운 개인은 바람직한 보호를 얻기 위해 권위 있는 것으로 간주되는 결정을 할 수 있는 좀 더 높은 정부 부문에 즉시 상대적으로 쉽게 접근할 수 있어야 한다.

동조하는 감정이 없건, 뇌물을 받았건, 태만하게 감독을 받건 여하한 이유로 행위 하지 않는 정부 공무원들은 그들이 법률과 보통법에 의해 창설된 권리를 강제하는 것보다 헌법적 권리를 더 효과적으로 강제하지는 않을 것이다. 특정한 종류의 절차가 "적법(due)"하다는 생각은 헌법적 권리가 국가에 적극적인 의무를 부과한다는 것을 의미한다. 시민에게 법정이나 다른 판결 기구들에 접근할 수 있는 권리를 부여한다는 것은 자연 항만이나 항행할 수 있는 수로에 접근할 권리를 주는 것과는 다르다. 왜냐하면 정부는 그러한 기구에 접근하는 데 있어서의 방해물을 제거해야 할 뿐만 아니라 실제로 접근권이 보장되는 기구를 창설해야 하기 때문이다. 구제수단은 정부 관리에 의해 효력이 유지된다. 미국 법원의 운영 비용만으로도 매해 수십억 달러에 이르고 미국 납세자들이 이것을 지급하고 있다.

권리와 권력

권리는 항상 특정 권력을 다른 권력에 맞서게 한다. 불법행위법 아래에서 권리는 사적 위반자로부터 보상적 혹은 징벌적 손해배상을 받을 수 있도록 하는 정부의 권력을 이용한다. 헌법상 권리는 권리 침해자에 대해 책임을 부과할 정부 한 부문의 힘을 다른 정부 기구로부터 가져온다. 예를 들면, 1960년대 후반, 연방 대법원은 공립 고등학교의 권위를 무력화 함으로써 학생들이 베트남 전쟁에 대한 반대의 뜻에서 검은 완장을 차고 학교에 갈 권리를 보호했다.[2] 이것은 몽테스키외가 자유는 권력이 권력에 의해 통제될 때에만 보호 받을 수 있다고 주장할 때 몽테스키외가 정확히 의도할 것이다.[3] 어떠한 법적 체계도 공무원을 이용하여 국민을 보호하는 것 없이 공무원으로부터 국민을 보호할 수는 없다.

더욱이 권리가 강제될 때 누군가는 얻는 반면에 누군가는 잃는다. 권리의 강제(인종 차별에 대항하는 권리이든, 보상적 손해배상을 받을 권리이든)는 잃는 쪽이 아무런 선택지가 없어서, 즉, 국가의 모든 권력이 권리 보유자의 편을 들고 그로 인해 자신의 반대편에 있으므로, 잃는 쪽에 의해 받아들여지기 때문이다. 반대로, 권리의 감축은 종종 진지한 저항에도 불구하고 권리를 강제하는 정부 기구의 권력의 감축을 포함한다. 예를 들면, 정치적 압력 단체가 미국 근로자의 현존하는 권리를 줄이고자 할 경우 그것은 산업안전보건부(OHSA), 평등고용기회위원회(EEOC), 전국노동관계위원회(NLRB) 등의 권위를 줄이고자 할 것이다. 이것은 권리가 필수적으로 권력에 의존한다는 강력한 증거이다.

권위에 대한 자유의 의존은 주와 지역 공무원의 권력 남용에 대항하는 권리가 오랫동안 연방 관리들에 의해 강제되어 온 미국에서 특히 명백하다. 대부분의 권리장전의 권리의 효력을 주와 지역에까지 확장하는 이론(incorporation doctrine)은 문제되는 국면에서 정부를 배제함으로써 개인의 권리를 보호하는 것이 아니고, 국가 권위 기구에 주의 권위를 무효화 할 수 있는 권력을 부여함으로써 보호한다. 14차 수정 헌법은 주가 평등한 보호를 거부하는 것이나 시민들로부터 적법절차를 거치지 않고 생명, 자유, 재산을 박탈하는 것을 금지한다. 이러한 금지는 만약 연방 정부가 이에 반발하는 주들을 압박할 권력이 없다면 유명무실하였을 것이다.

"의회는 적절한 입법으로써 이 조항을 강제할 권력을 가질 것이다." 남북전쟁 기간의 3차례의 수정 헌법은 이러한 강제 조항을 포함한다. 그래서 수정 헌법은 표면적으로 연방 정부에 그것이 원리적으로 선언한 개인의 권리를 실현할 권한을 부여한다. 이러한 정부의 힘없이 권리는 아무런 의미도 없을 것이다. 남부 흑인의 권리를 보호하기 위하여 우리 역사에서 연방 정부는 연방 군대를 남부에 파병했다. 이러한 무력시위가 없었다면 흑인의 권리는 잔인하고 기만적인 것에 불과했을 것이다. 교육에서의 인종 차별을 막기 위해서도, 때때로 폭력에 폭력으로 맞서는 위협을 포함하여 국가의 개입이 필요했다. 의회와 이전의 건강교육복지부(the Department of Health, Education, and Welfare)가 저항할 수 없는 재정상의 압력을 적용할 때까지, 남부 깊은 지역의 교육청은 간단히 연방 대법원의 차별철폐 명령을 무시했다. 주 정부가 차별하고 있을 때 인종 차별을 받지 않을 권리는, 재산권과 마찬가지로, 연방 정부로부터의 적극적인 지원을 요구한다.

투표권에 관하여 마찬가지였다. 헌법적 권리를 옹호하기 위해 고안된 1964년의 투표권법(Voting Rights Act)은 연방 정부의 자제가 아닌 더 많은 개입을 요구했다. 의회가 법적으로 문맹 검사를 이용하는 것을 금지할 때까지 주들은 인종을 이유로 흑인들에게 투표권을 부여하지 않기 위해 연구하였다. 이것은 개인의 권리는 항상 정부의 권력과 권위의 표현이라는 일반적인 진실을 더 뚜렷하게 예증한다.

제정 헌법에는 포함되지 않았지만, 권리장전은 비준된 뒤 2년 후에 헌법에 부가되었다. 이는 부분적으로는 좀 더 약하고 자제하는 정부를 원했던 자들을 달래기 위해서였다. 그러나 그것이 유일한 목적은 아니었고, 실제로 그러한 결과가 발생하지도 않았다. 권리장전의 범위를 확장함으로써, 국가 기구인 연방 대법원은 꾸준히 주 권력의 영역을 잠식했다. 주의 자치는 감소되었고, 연방의 힘은 그에 상응하여 개인의 권리라는 명목으로 증가하였다. 시인컨대, 때때로 반대의 현상 또한 일어나기도 하였다. 연방 권력의 상승의 결과 중 하나는 보상 받지 않는 사적 재산 수용의 금지를 주 정부에도 적용한 것이었다. 예를 들면 법적 규제가 국민들의 해변의 재산을 가치 없게 했을 때 연방 헌법에 따라 주 정부로 하여금 해당 국민들에게 보상하도록 하였다.

정부의 탈집중화는 정부가 사회에 개입하는 것을 제한하는 것과 아무런 논리적 관련성이 없다. 의회 권력에 대한 본래의 제한 중 많은 것은 정부로부터의 면제를 보존하기 위한 것이 아니고, 단순히 개인의 경제적 행위에 대한 감독 받지 않는 주의 규제(연방 규제에 반하여) 영역을 배제하기 위한 것이었다. 지역 유지들의 보호주의 충동에 대항하여 전국적인 시장을 만들어 내기 위해 연방 정부는 주의 규제 자치권을 줄이는 것 이외에는 다른 방법이 없었다. 그리고 이것은 완전히 정상적인 것으로서, 낮은 권위는 대개 더 높은 권위가 나설 때만 후퇴한다.

미국 헌법의 기초자들은 미국연합규약(Articles of Confederation)에 의해 설립된 무기력한 정부가 (잘 알려져 있듯이) 보유하지 못했던 능력을 구비한, 강력하고 효율적인 정부를 설립하고자 했다. 과세하고 지출할 수 있는, 효율적이고 공적으로 지원을 받는 정부를 창설하지 못하는 헌법은 필연적으로 권리를 실질적으로 보호하는 데 실패할 것이다. 이것은 오랫동안의 교훈이었고, 자유주의자, 자유시장 경제학자뿐만 아니라 이타적으로 그들의 생애를 잔인하고 과도하게 강력한 주에 대항하는 호전적인 운동에 종사한 몇몇 인권 운동가들에게도 교훈이었다. 국가 권력의 전면적인 부정이 개인 권리를 항상 옹호하는 것이 될 수는 없다. 왜냐하면 권리는 강제되는 동질체이고, 정부에 의해 부과되고 공중에 의해 재원이 조달되는 것이기 때문이다. 법 앞의 평등은 권리를 창설하고 강제할 수 있는, 상대적으로 효율적이고 정직하고 중앙집권화된 관료 기구 없이는 광대한 영토에서 보호될 수 없다.

CHAPTER 3

과세 없이는 재산권도 없다

영국의 철학자 벤덤(Jeremy Bentham)은 '재산권과 법은 함께 태어나 함께 죽는다. 법이 있기 전에는 재산권도 없었다. 법이 없어진다면, 모든 재산권은 소멸할 것이다'라고 말했다.[1] 모든 법대 1학년생은 재산권이 어떤 "물건"이나 "사물"이 아니고, 권리의 복합체라는 것을 배운다. 재산권은 법적으로 구성된 사회적 관계이고, 입법과 사법에 의해 창설되고 사법적으로 강제 가능한 접근과 배제에 관한 규칙의 집합이다. 이러한 규칙에 대한 수락을 강제하고 부과할 수 있는 능력이 있는 정부가 없다면 우리가 소유하는 물건을 이용하고, 향유하고, 파괴하거나 처분할 권리는 존재하지 않을 것이다. 이것은 (은행 예금, 주식, 상표권과 같은) 무형 재산에 관하여는 명백히 사실이다. 왜냐하면 이러한 재산권은 물리적 점유를 취득함으로써 주장될 수 없고 법적 행위를 통해서만 주장될 수 있기 때문이다. 그러나 그것은 유형 자산에 관하여도 마찬가지이다. 만약 경찰권의 남용자가 당신의 편이 아니라면, 당신은 당신의 집에 들어가고 그 내용물을 이용할 당신의 권리를 성공적으로 "주장하지" 못할 것이다. 재산권은 공적 권위가 무산자들을 배제하는 강제력을 사용할 때에만 의미가 있다. 이러한 무산자들은 법이 없다면 소유자들이 침해받지 않고 신성한 곳으로 유지하고자 하는 재산에 침입하려 할지도 모른다. 게다가, 시장이 믿을 만한 기록의 체계를 전제하는 한, 끊임없는 도전으로부터 소유권을 보호하기 위해, 재산권은 동시에 많은 유능하고 정직하고 적당한 급여를 받는 경찰력 외의 공무원의 존재를 전제로 한다. 들어가고, 이용하고, 타인을 배제하고, 팔고, 유증하고, 담보를 설정하고, "나의" 재산을 위협하는 불법행위를 배제할 권리는 명백히도 적절하게 구성되고 재원이 조달되는 법원체계를 전제로 한다.

자유로운 정부는 권리를 침해하는 것을 삼가야 한다. 자유로운 정부는 권리를 "존중"해야 한다. 그러나 이렇게 말하는 것은 오해를 일으키는 것이다. 왜냐하면 그것은 권리에 대한 정부의 역할을 관여하지 않는 관찰자의 역할로 축소하기 때문이다. 자유로운 법적 체계는 단순히 재산권을 보호하고 방어하는 것이 아니고, 재산권을 정의하고 그로 인해 재산권을 창설하는 것이다. 입법과 판결 없이는 미국인들이 재산권을 이해하는 방식대로 재산권이 존재할 수 없다. 정부는 누가 무엇을 소유하고 특정한 개인이 특정의 소유권을 어떻게 취득하는지를 구체화하는 소유권에 관한 규칙을 부과한다. 예를 들면, 그것은 임대인의 임대차 목적물에 대한 유지와 보수의 무를 규정하고, 공유 재산의 매각 방법 등을 규정한다. 재산권을 "정부로부터의 자유"와 연관 짓는 것은 체스를 할 권리를 체스 규칙으로부터의 자유와 연관 짓는 것만큼이나 사리에 맞지 않는다. 재산권은 점유와 이용이 법에 의해 창설되고 규제되기 때문에 존재하는 것이다.

정부는 강요, 사기와 같은 위법행위를 예측 가능하게 처벌함으로써 소유자가 재산을 지배할 수 있도록 해야 한다. 재산권 및 불법행위에 관한 민법의 많은 부분은 이러한 역할을 수행하기 위해 고안되었다. 그리고 형사 사법 시스템은 상당한 양의 공적 자원을 절도, 강도, 물건을 사는 체하고 훔치는 행위, 횡령, 갈취, 유언의 위조, 장물죄, 공갈, 방화 등과 같은 재산권에 대한 범죄의 예방을 위하여 사용한다. 형벌을 가하는 형법과 배상이나 보상을 강제하는 민법은 소유자의 권리를 공격하는 자들에 대하여 공적으로 자원을 조달 받아 상시적으로 양 측면에서의 억제를 수행한다.

스코틀랜드 철학자 흄(David Hume)은 재산권이 공공의 지출에 의한 공적 권위에 의해 수용되고 유지되는 독점이라는 것을 즐겨 지적하였다. 영국 법학자 블랙스톤(William Blackstone)은 흄을 따라 또한 재산권은 "정치적 창설"이라고 설명했다.[2] 재산권과 법의 관계, 즉, 재산권과 정부와의 관계에 주의를 이끌면서, 벤덤은 꼭 같은 점을 지적하고 있다. 재산 관계의 사적인 영역은 사회의 정치적 기구 덕분에 현재의 모습을 취한다. 사적 재산권은 그것의 존재를 기소와 민사소송 등의 믿을 만한 억제 수단을 포함한 공적인 기구와 국가 행동의 질에 의존한다.

재산권은 과세하고 지출하고자 하는 정부에 의존한다는 상관적인 명제가 이러한 관찰에 덧붙여져야 한다. 재산권을 강제하기 위해서는 비용이 소요된다. 재산권 보호를 위해 사용되는 금전의 정확한 총계를 확인하는 것은 물론 회계에 관한 어려운 문제를 수반하지만, 특정한 조건에서 사적인 재산을 수용하지 못하는 국가는 재산권을 효과적으로 보호하지도 못한다는 점 또한 명백하다. 취득과 교환의 안전이 시민으로부터 자원을 추출하여 공적 목적을 위해 이용할 정부의 능력에 의존한다는 점은 기본적으로 타당하다. 모든 것을 감안할 때, 재산권이 공공 재정에 대하여 부과하는 부담은 우리의 거대한 수급 프로그램에 소요되는 부담과 경쟁할 수도 있다.

위와 같은 논의가 권리의 보호가 장기간에 걸쳐 총체적인 사회의 부를 증가시키는 가치 있는 투자가 될 수 있다는 것을 부정하는 것은 아니다. 오히려 재산권을 보호하기 위한 자원의 추출과 재분배는 상대적으로 정당화하기가 쉽다. 사실, 미국의 자유주의 및 다른 국가의 자유주의들은 사적 재산권을 위한 체계의 창설 및 유지를 위한 공적인 투자가 풍부하게 보답한다는 합리적인 전제에 근거한다. 무엇보다도, 믿을 만하게 강제되는 재산권은 사회적 부를 증가시키는 것을 돕고 어떤 장점보다도 그로 인해 정부가 다른 종류의 권리를 보호하기 위해 이용할 수 있는 조세 기반을 늘리기 때문이다. 그러나 초기의 투자에 대한 전략적 관점이 그것이 투자라는 사실까지 부정하지는 못한다.

만약 우리가 필수적으로 포함시켜야 하는 것과 같이 외국의 침입으로부터 재산의 보호를 위한 비용을 포함한다면 사적 재산권을 보호하는 거대한 초기 비용은 훨씬 높은 수준에 이른다. 아브하즈(Abkhazia)나 보스니아(Bosnia)의 자기 고국에서 쫓겨난 수천의 난민들은 전 세계에 걸쳐있는 다른 강요된 이민자들처럼 침략하는 군대나 폭도에 의한 강제적인 재산의 몰수로부터 소유자를 보호할 훈련되고 준비된 군사력이 없이는 재산권이 한낱 신기루에 불과하다는 것을 알고 있다. 자유시장사회에서의 국방비용은 다른 목적들 중에서도 사적 소유권의 보호에 대한 국민들이 널리 그 책임을 공유하고 있는 공적 기여이다. 미국인은 1996년 방위 예산으로 2,650억 달러를 지출했고 퇴역군인의 복지를 위해 추가로 200억 달러를 지출했다.[3] 군사적 지출이 많은 미국인들이 평화롭게 행사하고 향유는 재산권에 관한 공공비용에 포함되어야 한다는 점은 의문의 여지가 없다.

저소득 청년들의 징병은 재산 보유자들이 무산자들의 "시민적 기여"로부터 직접적으로 이익을 얻는 중요한 방법을 대표한다. 재산 보유자들은 근본적으로 재산을 빼앗고자 하는 인접 국가에 의한 침해로부터 그들의 땅과 주택을 보호하기 위하여 외교적이거나 군사적인 집단적 노력에 의존한다. 통신판매로 산 엽총과 사냥 라이플총으로 자신들의 자치를 보호할 수 있는 체하는 몬타나 "자유인", 텍사스 공화국의 시민들, 그리고 다른 자칭 정부 비난자들은 실제에서는 만약 대부분의 다른 동료 시민들이 규칙적으로 국가의 정치적 공동체에 의한 납세나 징병에 응하지 않는다면 상대적으로 약한 외국의 권력에 의한 재산의 박탈로부터도 자신의 재산을 완전히 보호할 수 없다.

이스라엘인에게 땅을 파는 데 몰두했던 팔레스타인인들이 발견한 것처럼, 실제로 부동산이 연관되는 한 소유권은 주권과 밀접하게 관련되거나 혹은 주권에 대한 열망과 밀접하게 관련된다. 국방 비용은 분명히 재산권이 공적 자원에 의존하는 것을 가장 극적으로 보여주는 예이다. 그것은 자유방임을 위한 국가가 관련된 전제조건, 자유를 위한 비용부담에 동의하는 공적 권위를 드러낸다. 보통법에서는 오직 군주만이 땅에 대한 절대적 권리를 갖고, 보통의 지주들은 땅에 대한 "지배권을 보유하는 것"이다. 이러한 독특한 법리는 심오한 사실을 표현한다. 자유로운 사회의 자치적인 개인은 자신의 자치를 위한 조건을 독립적으로는 창설할 수 없고 오직 집단적으로만 창설할 수 있다.

가장 열심인 반정부 자유주의자도 수사적으로는 다른 사람들의 정부에 대한 의존성의 징후들을 비난하는 과정에서도 암묵적으로는 자신의 정부에 대한 의존성을 인정한다. 이러한 이중적인 사고는 미국의 자유주의적 태도의 핵심이다. 로버트 노직(Robert Nozick), 찰스 머레이(Charles Murray), 리차드 엡스타인(Richard Epstein) 같은 자유주의 철학을 널리 설파하는 사람들은 "작은 정부"를 칭송한다. 실제적으로 강압과 사기를 억제할 수 있는 정치 시스템을 "작은" 것으로 설명하는 것은, 모든 역사적 증거에 반하여 이러한 시스템을 성취하고 유지하기 쉽다고 말하는 것인데, 절대 그렇지 않다. 우리가 국가적 차원에서 탐욕적인 범죄를 처벌하고 예방하여 사적 재산권을 보호하기 위해 쓰는 비용의 규모가 위와 같은 논의를 반박하는 한 증거가 될 수 있다. 예를 들면, 1992년에 미국에서 경찰권에 의한 보호와 범죄 교정에 직접 쓰인 예산이 약 730억 달러에 이르는데, 이것은 전 세계의 반 이상의 국가들의 GDP보다도 많은 금액이었다.4 자연스럽게 이러한 공적 지출의 많은 부분은 사적인 재산권을 보호하기 위해 사용되었다. 불간섭주의 국가로 알려진 곳도 만약 진지하게 경제활동을 촉진하고자 한다면 주택 소유자와 상점 주인을 강도, 방화범 및 다른 위협으로부터 믿을 만하게 보호해야 한다.

강요와 사기를 억압하도록 고안된 효율적인 자유주의 정부는 자의적이고 독재적인 수단을 회피해야 한다. 강요의 도구를 행사하는 사람은 제도적으로 그것을 개인적인 목적이 아닌 공적인 목적으로 사용하도록 훈련되어야 한다. 이상적으로 생각하면, 자유로운 정부는 사회로부터 공정하고 효율적으로 자원을 추출하여 절도의 예방과 같은 사회적으로 유용한 공적인 재화와 용역을 창출하기 위해 기술적이고 책임감 있게 사용한다. 성공적인 자유로운 국가는 정확히 이런 면에서 적절하게 조직되어야 한다. 그러한 정부는 투자자가 그들이 현재 투입한 노력에 대해 미래에 보상을 얻을 수 있다고 확신할 수 있는 호의적인 기업 환경을 창조할 수 있어야 한다. 이러한 국가 없이는, 번영을 이룩할 수 있는 잘 작동하는 시장은 발생하거나 유지될 수 없다. 믿을 만하게 강요와 사기를 억압하고 재산권을 법적으로 강제할 수 있는 국가는 합동에 따른 위대한 성취이다. 그러나 세계는 불행하게도 부정적인 예들로 가득하다. 그러나 만약 개인적인 권리가 필연적으로 공적 자원에 의존한다면 "정부"와 "자유시장" 사이에는 근본적인 모순이, 정치적으로 편성된 사회적 협동과 자유로운 개인의 자유 간에는 대립이 있을 수 없다.

재산 소유자들은 스스로 꾸려나가는 것과는 거리가 멀다. 그들은 정부 공무원에 의해 편성된 사회적 협력에 의존한다. 땅을 빼앗고자 하는 외국의 침입자들에 대한 방위는 자유주의적 개인주의가 효율적인 집단 행동에 의존하는 하나의 예에 불과하다. 재산권에 관한 등기는 또 다른 예이다. 미국의 납세자들은 일반적인 재산권과 등기제도의 운영을 위하여 1997년에 2억 300만 달러를 사용했다.5 미국의 등기제도에 투입된 비용은 훨씬 크다. 부동산 시장이 효과적으로 작동하기 위해서는 믿을 만한 토지 재산의 소유권, 권리증서, 토지 조사의 체계가 적절하게 작동해야 한다. 토지 등기와 등기 사무소는 숙련되고 정직한 공무원을 필요로 한다. "자유시장" 스스로는 부동산 혹은 개인 재산의 소유권을 등기할 책임이 있는 공무원이 뇌물을 받는 것을 예방하기 위한 형벌을 확립하거나 기록이 저장되는 공공 건물을 지으려고 하지는 않을 것이다. 조사자 또한 급여를 지급받고 감독되어야 한다. 잠재적 구매자가 소문에 들리는 소유자가 자신(그리고 단독으로)이 실제로 소유한 무언가를 팔고 있다는 일종의 보장을 얻지 않는다면 개인 재산을 사고파는 자유는 상호 이익이 되는 교환의 폭발적인 증가를 유발하지는 못할 것이다. 명확히 규명되고, 모호하지 않게 할당되고 법적으로 강제 가능한 재산권 없이는 소유권은 재산에 대한 관리를 촉진하지 못한다. 소유자들은 만약 공적인 권력에 의해 자신들의 권리가 믿을 만하게 보호되지 않는다면 자신의 임야를 경작하지도 않을 것이고 집을 수리하지도 않을 것이다.

사적 재산 소유자들을 위한 정부 지출의 또 다른 예는 군대이다. 군대가 재산권을 보호하는 기본 양식을 파악하기 위하여 전부 혹은 대부분의 재산권의 보호를 고려할 필요는 없다. 미국의 납세자는 1996년에 미국 농부의 사적 재산권의 가치를 높이기 위해 고안된 농업 보조금으로 대략 100억 달러가량을 지출했다.6 미국 공병대는 1996년에 범람원 관리와 다른 형태의 홍수 통제에 대략 15억 달러를 지출했다.7 해안 경비대(Coast Guard)는 같은 해에 미국 화주와 선주들의 사적 재산을 보호하기 위해 수색과 구조 임무, 항해 지원, 해양 안전(바다에 있는 위험한 난파선 잔해나 버려진 배를 치우는 것을 포함하여), 쇄빙 등에 12억 6,000만 달러를 지출했다.8 재산권의 한 형태인 저작권 역시 공적 지출을 수반한다. 저작권 사무소와 저작권 사용료 심판원은 합산하여 1996년에 2,800만 달러를 지출했다. 이 중 1,800만 달러는 사용자 수수료로 충당되었으나, 나머지 1,000만 달러는 세금에 의해 충당되었다.9

미국에서의 상대적으로 높은 자가(自家) 보유율은 정부에 의해 수여된 권리의 산물일 뿐만 아니라 미국의 담보제도, 보험제도 그리고 세법의 산물이기도 하다. 그것은 정부의 불간섭이나 자유방임의 산물은 아니다. 일부 재산 소유자들은 자산 가치의 감소의 소득공제가 허용되지 않는다면 자신들의 소유물을 처분해야만 할 것이다. 그리고 소득공제는 공적 보조의 한 형태이다. 이것은 사적 소유권이 공적 보조에 의해 적극적으로 지원 받는 방법의 또 다른 예이다.

사적 재산은 소방서 같은 정부 기구에 의해서만 보호되는 것이 아니다. 그것은 더 일반적으로 말해서 국가 행위의 산물이다. 입법자와 법관들은 우리의 모든 기본권을 규율하는 규정을 만들고 해석하는 것처럼 소유권의 규칙을 규정한다. 물건을 우연히 발견한 자가 사법적 보호를 받을 권리를 가지는가? 구매자가 도둑으로부터 선의로 제값을 주고 물건을 산 경우 소유권을 취득하는가? 부동산의 소유권을 취득하고자 하는 자에게 현재의 점유자에 대항하는 어떠한 권리가 인정되는가? 얼마나 긴 기간의 점유가 원래 소유자의 소유권을 무력화 하는가? 유언 없는 상속의 경우 혼외자가 자신의 친부모로부터 상속을 받을 수 있는가? 특정 공유자가 공유물에 대한 공유지분을 팔 경우는 어떻게 되는가? 만약 이웃의 나무가 나의 땅을 침범한다면 내가 별도의 고지 없이 이웃의 나무의 가지를 자를 수 있는가? 내 앞 마당에 쓰레기 더미를 방치할 권리가 있는가? 침입자를 사망하게 할 수 있을 만큼의 높은 전압을 가진 전기 방벽을 내 땅 주변에 설치할 수 있는가? 내

이웃의 조망권을 침해하는 건물을 세울 수 있는가? 내 집 창문에다가 포르노 비디오 무료 시청을 광고할 수 있는가? 이웃의 담에 포스터를 붙일 수 있는가? 어떠한 조건에서 저작권이 생기는가? 계약에 따라 맡겨진 담보물에 대하여 전당포 주인은 어떤 권리를 보유하는가?

이러한 종류의 매우 많은 질문들이 끊임없이 재산권을 가진 자들에 의해 제기되고, 입법자와 법원, 즉 국가 기관으로부터 답변을 얻는다. 이러한 의문들에 대한 답은 시간에 따라 변하기도 한다. 미국에서 특정 사법 관할과 다른 관할 간에 답이 다양하기도 하다. 예를 들면 아이다호, 루이지애나, 텍사스, 위스콘신의 경우 배우자가 상대방의 재산에서 수입을 얻을 권리가 있다. 다른 주 대부분에서는 이러한 권리가 인정되지 않는다. 특정한 입법과 법원에 의해 특정한 시대에 부과된 정확한 조건하에서만 소유자가 소유권을 보유하기 때문에 국가는 "소유자를 방임할" 수 없는 것이다.

우리의 재산권을 보호하기 위해서, 미국 법원은 기술적으로 복잡하고 변화하는 규정을 관리해야 한다. 이러한 규정들은 둘 혹은 그 이상의 개인들이 재산의 같은 부분에 대하여 중복되는 주장을 할 때 특히 절대적으로 필요하다. 사적 재산은 우리가 알 듯이 입법과 판결이 각각의 경쟁적인 주장을 하는 자들(예를 들면 책에 대한 작가와 출판자의 재산권 혹은 근로자의 발명품에 대한 사용자와 근로자의 재산권과 같은)의 권리를 구체화하기 때문에만 존재한다. 부동산 공유자가 사망한 경우 법률은 소유권이 생존한 공유자에게 이전할지 죽은 공유자의 상속인에게 이전할지 결정해야 한다. 법률은 경쟁적인 권리 주장자들 사이의 분쟁을 권위 있게 조정할 규칙을 제정하고 강제함으로써 재산권을 할당한다. 이러한 기능을 수행하기 위하여, 법관은 훈련받고 준비가 되고 급여를 받고 위협으로부터 보호받아야 하고, 기술이 있는 사무직원을 제공받아야 한다. 이것이 재산권을 개인적으로 향유하는 공공 서비스라고 부르는 것의 의미이다.

같은 선상에서 과실이든 고의든 나의 재산을 손상한 사람에 대하여 배상을 요구할 권리와 같은 불법행위법의 기본 요소는 재산권이 미국에서의 공연한 수사학이 보통 인정하는 것과 달리 자유보다는 권리 부여에 가깝다는 것을 강하게 시사한다. 법률의 규정을 통한 것이든 그렇지 않든 공공 "수용"에 대하여 더 큰 보상을 요구하는 이들은 실제로는 권리의 부여를 요구하고 있는 것이다. 그들은 법을 통하여 공적으로 보호받기를 원한다. 이러한 논의가 그들의 권리 주장에 대하여 반대를 하는 것은 아니다. 예를 들면, 정부가 새로운 환경 규제가 개발을 방해할 때마다 땅의 가치 하락에 대하여 재산 소유자들에 대하여 보상을 해야만 한다면 규제적인 국가는 더 잘 기능할 수도 있지만 자율적으로 유지되는 권리에 대한 공공의 침해에 대한 차별 금지 요구 조항을 근거로 이러한 보상이 제공될 수는 없다.

많은 정치적 보수주의자뿐만 아니라 다수의 사람들은 정부가 시장에 개입하지 말 것을 촉구한다. 일부 진보주의자들은 약자인 미국인이 위험에 처하는 때마다 정부가 완전히 합법적으로 개입할 수 있어야 한다고 반박한다. 그러나 이 친숙한 논쟁은 사상누각에 불과하다. 시장과 정부 사이에는 어떠한 첨예한 구분선도 존재하지 않는다. 시장과 정부는 서로 분리된 채로 존재할 수 없다. 시장은 법의 "보호 범위"를 넘어서는 번영을 이루어내지 못하고, 시장은 믿을 만한 입법, 사법의 지원이 있을 때에만 잘 작동한다.10

물론 서투른 정부는 경제적 실책을 범할 수도 있고, 실제 경제적 실책을 범하기도 한다. 잘못 고안되고 시의 적절하지 못한 정책은 의심의 여지없이 시장이 잘 기능하지 못하게 하기도 하고, 그렇게 할 수도 있다. 문제는 자유시장이냐 정부냐가 아니고 어떤 종류의 시장과 어떤 종류의 정부인지이다. 정부는 시장 경제의 작동을 위하여 필수적인 입법적·행정적 기반을 제공해야 하고, 정부는 또한 시장체계를 더 생산적으로 만들 수도 있다. 예를 들면 정부는 국내 통화의 환율을 조정함으로써, 반경쟁적인 독점을 해체함으로써, 교량과 철도를 건설함으로써, 미래 노동력을 위한 직업 훈련 재원을 조달함으로써 그렇게 하기도 한다. 사회주의에 대한 위대한 비판자인 하이예크(Friedrich Hayek)조차도 "국가가 '행동'하거나 '개입'을 해야 하는가 하지 말아야 하는가 하는 질문은 완전히 잘못된 대안을 제시하고 '자유방임'이라는 용어는 자유주의 정책이 기반하는 원리에 대한 매우 모호하고 잘못된 설명이다"라고 언급했다.[11]

자유주의 경제는 사람들이 서로의 약속을 신뢰하지 않을 경우 작동할 수 없다. 지역적인 범위를 넘어 전국적인 시장이 형성되기 위해서는 신뢰가 상호 지인 관계의 좁은 범위를 넘어서 확장되어야 한다. 그러한 체계에서 상대적으로 낯선 이의 약속에 대한 신뢰는 공정함에 대한 개인적 평판만으로는 발생할 수 없다. 그러한 범위의 신뢰는 공적 기구에 의해 양성되고 강화되어야 한다. 먼저, 정부는 계약을 강제하기 위한 법원 등의 조직을 만들어야 한다. 공적인 권위는 재산을 압류하고 담보권을 실행함으로써 "신뢰에 따른 이익(reliance interest)"을 양성한다. 법관은 개인이 합법적으로 맺은 계약을 이행하라는 명령을 준수하지 않는 경우 그를 법정 모독죄로 수감할 수 있다. 이와 유사하게, 사업과 재정적 명성의 보호를 위해 마련된 명예훼손에 대한 금지는 경제적으로 유익한 사회적 신뢰를 증가시키는 것을 돕는다. 계약이 신뢰할 만하게 강제되지 않는다면 신용이나 할부로 물건을 사는 것은 매우 어렵거나 불가능해질 것이다. 법원 영장에 의해 권위를 부여받은 보안관의 활발한 도움 없이는 판매자는 채무를 불이행하는 할부 구매자로부터 물품을 회수하지 못할 것이다. 더 일반적으로 경제 전체에 이로운 할부 계획에 의한 변제는 계약이 신뢰할 만하게 강제되지 않는 한, 이루어지지 못할 것이다.

정부가 영향력을 미치지 못하는 진정으로 자율적인 영역에서 재산은 잘 보호되지 못한다. 당신이 지갑을 잃어버린 도시의 끝자락에 있는 버려진 창고에서 당신의 재산권은 가치가 없다. 공적인 힘이 효과적으로 개입하지 못하는 곳에서는, 갈취가 만연하고 채무자들은 장기 대여를 할 수 없다. 왜냐하면 자유로운 정부의 한 기능이 공개되고 안정적인 규정을 강제함으로써 사적 행위자들이 장기적인 시간에 걸쳐 행위할 수 있도록 하는 것이기 때문이다. 잠재적 구매자와 당신이 미래를 믿지 않는다면, 재산은 거의 가치가 없게 된다. 장기간의 안정에 대한 신뢰는 부분적으로는 신뢰할 만한 법적 강제, 즉, 강력하고 단호한 국가 행위의 산물이다.

그러나 시장체계가 작동하도록 하기 위해 정부가 수행해야 하는 첫 번째는 힘에 의한 강압과 위협이라는 오래된 규칙을 극복하는 것이다. 이익 추구자(profit-seeker)가 아무런 방해 없이 범죄 행위에 개입할 경우 자유시장은 적절하게 작동할 수 없다. 자유주의자들은 이것을 알고 있으나, 그러한 사실이 자신들의 정부, 조세 및 재정 지출에 대한 과장된 반대의 오류를 드러내는 범위에 대하여는 이해하지 못한다. 일자리를 창출하는 생산적인 설비를 위한 장기간의 투자는 자산이 사적인 공갈로부터 방어 받지 못하는 곳에서는 이루어질 수 없다. 신고전주의 경제학자들은 사적인 경쟁행위자들이 이익을 쫓는 범죄 행위에는 의존하지 않을 것이라고 가정한다. 그것의 이론체계 내에서 자유방임이론은 이익을 추구하는 개인과 집단에 의한 폭력의 일반적인 포기라는 문명의 기초를 설명하지 못한다. 대부분의 미국 기업가가 경쟁자를 협박하고 죽이는 것을 왜 주저하는가? 미국의 대학에서 현재 가르치고 있는 자유시장이론은 전략적으로, 자연상태를 특징 짓는 단기간의 전망(short time horizon)과 폭력적인 경쟁의 문제는 이미 해소되었다고 전제한다. 달리 표현하면, 대부분의 경우 경제학은 인류학과 달리 전략적으로, 활발하고 신뢰할 만한 형사 사법의 체계의 존재를 전제한다.

    그들 자체의 용어에 의할지라도, 교조주의적 자유주의자는 개인을 무도한 포식자에 무력하게 상처받도록 남겨두지 않는 경우 정부가 경제를 방임할 수 없다는 점을 인지해야 한다. 재화와 용역의 상대적으로 평화로운 교환은, 우리가 아는 것처럼 문명화된 자제의 산물이고 그로 인해 역사적으로 성취된, 당연한 것이 아닌, 다시 상실할 수도 있는 약한 성취라고 인식되어야 한다. 자연 상태에서, 치명적 무력을 사용하는 과감한 시도로 목숨을 무릅쓰고자 하는 몇몇 살인자와 도둑은 다수의 시민을 위협할 수 있다. 그들은 예를 들면, 반경쟁적인 독점을 만들 수 있고 자발적인 교환 영역을 극적으로 줄어들게 할 수 있다. 신뢰할 만한 공공 권력만이 이러한 공포와 법적 불확실성의 무정부주의적 상태를 종결할 수 있다. 국가만이 역동적인 시장을 창출할 수 있다. 더욱이, 오직 전국적인 정부만이 연결되지 않은 지역 시장들을 하나의 전국 시장으로 통합할 수 있다. 만약 계약이 주 외부에서 신뢰할 만하게 강제되지 않는다면 뉴저지에 있는 도매상인이 캘리포니아에 있는 소매상에게 무슨 이유로 물건을 팔겠는가?

정부가 완전히 경제로부터 분리된다면, 경제는 우리가 숭배하는 관점에서 자유롭지 않을 것이고, 많은 미국인들이 익숙하게 된 역사적으로 전례없는 번영을 창출하지 못할 것이라는 점은 확실하다. 가장 가난한 나라들에서 그러한 것처럼 자발적 교환은 일어날 것이고, 우리는 잘 작동하는 시장의 맹아를 볼 수 있을지도 모른다. 그러나 정부의 불간섭은 폭력에 의해 괴롭힘을 당하는 경제 체제, 독점, 협박, 협소한 지역주의 등을 발생시킬 것이다. 강도와 도둑으로부터 "그의 혼자 남겨질 권리" 같은 개인의 자유는 국가 원조를 받을 권리, 정부로부터의 일정 범위의 공공 서비스(기본적인 법적 급부와 보호)에 대한 그의 요구와 분리될 수 없다. 폭력과 폭력에 의한 위협을 억압할 수 있는 "작은" 정부를 만드는 것에 소요되는 사회적 협동의 노력은 진실로 거대한 것이고, 이러한 노력이 당연한 것으로 취급되어서는 안 된다.

자본가는 확실히 이러한 점을 알고 신생 동유럽 민주 국가들 몇 군데와 같은 정치적 위험이 과도한 곳에는 투자하지 않는 경향이 있다. 그들의 문제는 너무 큰 정부가 아니고 너무 작은 정부이다. 정부가 응집성이 없고, 무능하고, 정부의 행위를 예측할 수 없을 때 경제적 행위자들은 미래에 대하여 깊이 생각하지 않는다. 법과 질서가 없는 경우 자유기업이 번영하는 것이 아니고 폭력과 부도덕이 지배하는 강도자본주의가 번영한다.

사기는 폭력만큼이나 자유시장에 큰 위협이고 강제 가능한 사기방지법(antifraud law)은 잘 조직되고 효과적인 통치체계를 전제로 한다. 일정 범위에서는 시장이 스스로 사기를 방지할 것이다. 거짓말하고 속이는 사람들은 기회가 제공되어도 잘 경쟁하지 못하는 경향이 있다. 그러나 효과적인 사기방지법 없이는 양측이 사기방지법이 없는 경우에도 상호 이익이 될 자발적 교환을 약속하는 것도 망설이게 될 것이다. 사기방지법을 집행하기 위해서는 납세자에게 비용을 부과해야 한다. 연방거래위원회(Federal Trade Commission)는 불공정하고 사기적인 관행과 시장 행위에 대한 다른 방해를 제거하는 데 1996년에 3,100만 달러를 지출했다.[12] 아마도 이러한 지출은 너무 많거나, 적은 것일 수도 있다. 그러나 모든 시장이 사기를 방지하기 위해 정부의 보조를 필요로 하고 그러한 보조에는 비용이 들 것이다.

증권거래위원회(the securities and exchange commission)는 '완전

공시' 프로그램(납세자에게 1996년에 5,800만 달러를 부담하도록 했다)은 투자자들이 정보를 갖고 결정을 할 수 있도록 공개시장에서 주식이 거래되는 회사에 경영, 재정, 사업 정보를 정기적으로 제공하도록 요구한다. 증권거래위원회는 1996년에 주식시장에서의 사기 예방과 억제를 위하여 추가로 1억 100만 달러를 지출했다.[13] 주식시장과 상품선물시장에 대한 감독을 위하여 1996년에 3억 5,500만 달러의 조세 예산이 사용되었다.[14]

허위 공시와 사기 거래를 식별하여 교정할 능력이 있는 정부 기구가 없다면 자유로운 교환은 현재보다 훨씬 더 위험한 사업이 될 것이다. 매매거래는 소비자와 판매자의 정보 불균형을 교정할 만한 믿을 만한 수단이 없다면 우려스러운 일이 될 것이다. 판매자는 빈번하게 구매자가 알아야 하는 무언가를 알고 있다. 그것이 위험을 회피하는 사람들이 상업적 교환을 사기가 아닐지 불안해 하는 한 이유이고, 그들이 시장을 둘러보며 물건을 사는 것보다는 개인적으로 알고 있는 공급자로부터 공급을 받고자 하는 이유이다. 공무원들은 판매자와 구매자 간의 정보 불균형으로부터 발생하는 모든 손해에 대해 보장을 함으로써 거래의 범위가 좁아지는 것을 방지하고, 시장 주문을 활성화하고, 사기적 행위를 예방할 수 있다. 예를 들면 어디서 대출을 받을지에 대해 소비자들이 합리적 선택을 하도록 돕기 위해 소비자신용보호법률은 대출을 실행하는 기구로 하여금 그것의 금융 비용과 연 이자율을 공개하도록 강제한다. 같은 방식으로 소비자들은 경쟁적인 음식점 시장에서 이익을 얻는다. 왜냐하면 투표자와 납세자로서 그들은 위생위원회를 창설하고 자금을 조달했고, 그것은 그들로 하여금 개인적으로 아는 시설들의 제한된 범위를 넘어 모르는 식당까지 마음 놓고 돌아다닐 수 있도록 하였기 때문이다. 공시 규정 또는 사기방지법률의 집행은 식품업자들에 대한 정부 검사와 마찬가지로 납세자에 의해 재원을 조달받는 시장 행위를 촉진하는 것이다.

연방 지출과 정부 감독의 적정한 수준은 여전히 논쟁적인 것이다. 위에 언급한 어떤 내용도 특정한 프로그램을 옹호하고자 했던 것은 아니다. 몇몇의 현존하는 프로그램들은 의심의 여지없이 규모가 축소되어야 한다. 부정할 수 없는 것은 성경의 단순한 도덕원리(약속을 지켜라, 사실을 말하라, 속이는 것은 나쁜 것이다)를 구체화하는 강제 가능한 사기방지법률이 공공재라는 것이다. 더욱이, 사기방지법률의 이익은 소수만 향유하는 것이 아니고 사회 전체를 통하여 널리 확산된다. 그것은 공적인 서비스이고, 집단적으로 제공되고, 거래 비용을 줄이고 판매와 구매의 자유로운 순환을 촉진하는 데 기여한다. 만약 구매자가 거래에 따른 모든 위험을 부담해야 했다면 위와 같은 것들을 촉진하지 못했을 것이다.

시인컨대, 현대 중국의 경제 부흥은 세계 경제에 적절하게 통합될 때, 강력한 법원 시스템이 없는 사회는 재산권에 대한 믿을 만한 사법적 강제가 없어도 신뢰할 만한 약속을 촉진하기 위해 혈연관계나 다른 비공식적 조직을 이용할 수도 있다는 점을 시사한다. 그러나, 대부분의 산업화된 사회에서의 일반적 규칙에 의하면 자유시장은 강제할 수 있는 계약법과 자유주의 통치에 의존한다. 사기를 방지하기 위해 정부는 사기행위에 개입하여야 하고 재원이 잘 조달되어야 한다. 미국의 납세자는 부분적으로는 정치적으로 책임이 있는 공무원들에 의한 사적 교환의 감시의 명백한 이점 때문에 세금을 내고 있다는 점이 입증되었다.

정부는 폭력과 사기를 억압해야 하고, 사회간접자본과 기술에 투자해야 하고, 주주의 권리를 보장해야 하고, 증권 거래를 감독하고 특허권 및 상표권을 보호해야 한다. 정부는 담보의 지위도 법적으로 명확히 해야 한다. 그리고 피라미드 구조를 예방하기 위해 은행 부분과 신용 시장을 규율하고 연줄보다는 사업에 꾸준한 신용이 유입되도록 보장해야 한다. 반독점법률의 강제력 또한 중요하다. 이러한 공적인 서비스를 믿을 만하게 수행하기 위해서 시장은 정부를 필요로 한다. 납세자의 비용에 의해 국가는 혁신을 육성하고, 투자를 촉진하고 근로자의 생산성을 높이고 생산 기준을 향상시키고 희소한 자원의 효율적인 사용을 자극해야 한다. 정부는 재산권과 계약권을 명백히 규정하고 그것들을 명확히 할당하고, 공정하고 믿을 만하게 그것들을 보호함으로써 위와 같은 목적을 달성할 수 있다. 위와 같은 목적을 달성하는 일은 쉽지 않고 상당한 비용도 소요된다.

    이 모든 것을 하기 위해 정부는 먼저 과세를 통해 자금을 조달하고, 다음으로 해당 자금을 현명하고 책임감 있게 일정한 방향으로 사용해야 한다. 잘 작동하고 있는 시장이 전제하는 권리의 강제는 항상 "과세와 지출"을 수반한다. 법, 관료제, 공공 정책에 대한 시장의 불가피한 의존성이 정부 주도가 항상 현명하거나 이롭다는 것을 내포하는 것은 아니라는 점은 말할 필요가 없다. 정치적 공동체로서 우리는, 비록 경쟁하는 규제 체제들 사이에서이기는 하지만, 선택권을 가지고 있다.

CHAPTER 4

감시인들은 급여를 받아야 한다

1992년에 미국 법무부는 집행, 소송, 판결, 교정을 포함하여 납세자에게 대략 940억 달러를 부담하게 했다.[1] 이러한 자금에는 용의자와 재소자의 기본권 보호를 위해 할당된 자금이 포함되어 있었다. 기본권의 보호는 항상 권위 있는 기관의 창설과 유지를 전제로 하므로, 개인의 권리의 보호는 절대 아무런 비용 없이 이루어질 수 없다. 이러한 사실은 재산권과 계약에 관한 권리에 관해서 뿐만 아니라 우리의 형사 사법체계 내에서 보호되는 실제 범인이 아닌 사람들의 권리에도 적용된다. 이러한 영역에서도 권리 강제를 위해서는 잠재적 침해자들에게 무엇을 하고 무엇을 하면 안 되는지 말해줄 수 있어야 한다. 사전구속영장의 역사는 권력의 남용은 다른 권력에 의해서만 성공적으로 제어될 수 있다는 명제의 타당성을 보여 준다. 전통적인 자유권은 필수적으로, 창설하고 유지하는 데 비용이 많이 소요되는 명령과 복종의 관계에 의존한다. 이러한 점은 재소자의 경우에 명백하게 드러난다. 재소자의 권리는 교도관이 상부로부터 감독되고 권한 남용에 대하여 처벌받지 않는 한 최소한으로조차 보호 받을 수 없을 것이다. 비록 때때로 법집행에 대한 방해물로 비난받기도 하지만, 재소자의 권리를 보호하는 것은 교정 공무원들이 법을 준수하도록 강제하는 것 이상의 아무것도 아니다. 이러한 권리는 때때로 논쟁적이지만, 강제력을 행사하는 공무원을 감독할 필요라는 기본적인 점은 보편적이고, 다른 형태로 법을 준수하는 사람들의 권리뿐만 아니라 범죄로 인한 수형자들의 권리에 대하여도 적용된다.

　　재소자의 권리를 다소나마 보호하는 것은 비용이 소요된다. 재소자에 대한 처우를 악화하는 것을 피하기 위해 교도소의 방은 환기가 되고, 난방이 되고, 불이 켜지고 청소가 되어야 한다. 교도소의 음식은 최소한의 영양을 제공해야만 한다. 8차 수정 헌법은 교도소장과 교도관이 수감에 관한 최소한의 인간적인 조건을 제공해야 한다고 요구한다. 교도소의 공무원은 침해를 받았다는 자가 주장하는 침해가 객관적으로 "충분히 심각하고"[2] 만약 그가 수감자의 건강과 안전에 대해 "고의적인 무관심"으로 행동할 때 헌법적 권리를 침해하는 것이다. 연방 교도소체계에서만, 1996년에 의료보장 비용이 5,300만 달러나 소요되었다.[3] 교도관들은 공정한 절차를 거치지 않고서는 일반 수용자 집단으로부터 수용자를 분리할 수 없다. 고문이나 살인 같은 제도적으로 악독한 권한 남용을 벌할 위치에 있는 공무원들은 반드시 "감독자들을 감시해야 한다." 상소권을 보장하기 위해, 교도관들은 재소자들에게 "적절한 법률 서적들과 법적으로 훈련된 사람들에 대한 적절한 지원을 제공해야 한다.[4]

달리 말하면, 형사 사법 내에서 경찰, 검사, 판사, 교도관, 보호관찰 공무원으로부터 관대하게 처우 받을 권리는 하급자의 비행을 예방하고 처벌할 관료적 상급자의 권한을 전제로 한다. 이를 위한 절차가 확립되어야 하고 구금의 합법성 혹은 불법성을 판단할 권한이 할당되어야 한다. 신문을 받는 자의 보호 받는 권리는 신문자가 준수해야 하는 의무이다. 재소자의 권리는 교도소장과 교도관의 의무이다. 미국의 형사 사법 내에서 권리 보호는 법 집행 기구의 감독을 필요로 한다. 관료주의에 대한 그들의 태도가 무엇이든 간에, 권리의 보호자는 항상 관료제도를 반대할 수는 없다. 왜냐하면 경찰, 교도관이 감시 받지 않을 때보다 감시 받을 때 더 적절하게 행동하기 때문이다. 그리고 상위 감독권자는 적절한 훈련을 받고 생활할 급여를 지급 받아야 한다.

교정 공무원을 훈련하고 감독하는 비용은 납세자들이 개인의 자유 보호에 대하여 불가결하게 기여하는 확고한 예이다.[5] 사실, 우리의 형사 사법체계 내에서 보호되는 권리를 순전히 소극적이고, 국가에 대항하는 권리, 경찰과 검찰, 교정권의 남용으로부터의 보호 받을 권리 등으로 규정하는 것이 훨씬 친숙하기는 하다. 그러나 권리의 비용에 주목하는 것은 우리가 다른 면에 주의를 기울이는 것을 도울 수 있을 것이다. 즉, 용의자와 재소자의 권리가 단지 문서상의 약속이 아니라 실질적으로 보호 받을 수 있기 위하여 요구되는 국가 행동의 양식에 우리가 주의를 기울일 수 있도록 돕는다. 형사 사법체계 내에서 보호되는 권리가 오직 범죄자나 잘못 기소된 사람들만의 권리가 아니라는 점도 강조하는 것이 중요하다. 국가에 대항하는 자신들의 보호 그리고 그들의 소위 소극적 자유를 위하여 보통의 시민들도 납세자로부터 조달된 재원으로 이루어지는 경찰의 훈련과 감시에 의존한다.

연방이 우월한 권위를 보유하는 것을 수반하므로, 4차, 5차, 6차 수정 헌법에 따른 주 내에서의 용의자, 피고인, 기결수에 대한 보호의 확산은 외견상 소극적 권리로 보이는 것들도 적극적 권리의 속성을 보유한다는 면을 잘 예증한다. 정부는 미국 납세자의 대리인으로서 피고인에게 방어를 위한 무기(권리)를 제공한다. 그것은 공무원에 의한 부적절한 행동을 감소시키고 때때로 거대한 검찰권과의 불균형조차 감소시킬 것으로 기대되고 희망되는 무기이다. 그러므로, 신속하고 공정한 공개 배심 재판에 대한 권리는 납세자의 비용으로 제공하는 이익이나 서비스이다.

미국 시민(부자/가난한자 혹은 백인/흑인)의 피고인의 권리가 빈부에 따라 혹은 인종에 따라 평등하게 보호되지 않는다는 점은 말할 필요도 없다. 그러나 우리의 형사 사법체계는 공동체가 몇몇의 기본적인 보호를 제공하지 않는다면 훨씬 더 불공평했을 것이다. 1996년에 연방 재판에만 한정하더라도 미국 예산 중 8,100만 달러가 목격자를 확보하기 위한 수수료와 비용으로 쓰였다.6 피고인은 목격자로 하여금 자신을 위하여 진술하도록 하기 위하여 본인의 자원에만 의존할 필요는 없다. 피고인은 공동체 전체로부터 제공된 자원을 사용할 권리를 법적으로 보유한다. 지불능력은 유죄 판단과 아무런 합리적 관계를 갖지 않는다. 적어도 이것이 가난한 피고인이 모든 심급에서 국선 변호인의 선정을 받을 수 있는 권리에 대한 연방 대법원의 명시적인 이론적 설명이다. 평등한 보호는 국가가 일반적으로 접근 가능하게 만드는 상소의 절차에 접근할 수 있는 헌법적 권리를 내포한다.7 현행법하에서, 미국의 납세자는 친생부인의 소에서 가난한 피고의 혈액 검사를 위한 비용을 지불해야 하고 몇몇 형사 사건에서 가난한 피고인을 위해 심리학적 지원에 대한 비용을 지불해야 한다. 그리고 법원이 임명한 국선 변호인이 검사로부터 과도한 영향을 받지 않는 것을 보장하기 위해 몇몇 종류의 독립적인 감독이 명백히 요구된다.

피고인이 재판 과정에서 석방될 권리조차도 보석과 서약서에 의한 석방 행정 시스템을 창설할 수 있는 관료적 역량을 전제로 한다. 이러한 권리는 만약 국가 즉, 형사 사법 시스템이 어느 정도 정확성을 가지고 재판에 나타날 피고인을 보석 중 도망칠 것 같은 피고인으로부터 구별해 내거나 경찰이 피의자를 구속하지 않고 유능한 수사를 충분히 행할 수 있도록 경찰을 훈련시키지 못한다면 이용하지 못할 것이다.

비합리적인 수색과 체포를 하지 않아야 할 경찰의 의무는 만약 법원이 경찰로 하여금 헌법을 준수하도록 할 능력이 없다면 의미가 없다. 이러한 능력은 주로 사회적 규범 및 기대, 경찰의 훈련과 규범에 의존하나, 또한 사법부의 재정에 의존하기도 한다. 수색은 중립적이고 독립된 치안판사에 의해 개연성 있는 증거에 근거하여 발부된 영장에 의해 승인되어야 한다. 이러한 공정한 판사의 급여는 정부의 다른 부문에 있는 공무원의 특별한 목적을 위한 태도로 인해 조작되어서는 안 된다. 불법적으로 수집된 모든 증거를 재판에서 배제하는 위법수집증거배제의 법칙은 미국의 사법권이 경찰의 복종을 위하여 혹은 적어도 범죄 예방에 연관된 공무원들에게 헌법적 교훈을 제공하기 위하여 노력했던 한 방식이다. 분명 위법수집증거배제의 법칙은 예외에 의해 점차 약화되었다. 그러나 피의자와 피고인의 권리를 축소하고자 하는 이러한 경향이 왜 범죄에 대해 엄격히 대하고자 하는 자들에 의해 지지되었는가? 위법수집증거배제의 법칙이 경찰권을 옭아매고 경찰의 불법이 있는 경우 확고한 증거를 배제하는 방법을 통해 범죄와의 전쟁을 약화시키는 감독적 간섭의 유형을 대표하기 때문이다. 바람직한지 여부를 떠나서 권리를 감소시키는 것은 종종 공공에 의해 재원을 조달 받는 감독권을 손상시키는 것을 의미한다.

실제, 피고인과 재소자의 권리는 미국 법원이 법 집행 부문의 범죄에 대한 전쟁에 대하여 취하는 태도에 따라 수축하고 확장한다. 이러한 변동은 다시 우리의 자유의 범위가 권력기구의 결단에 의존한다는 것을 보여 준다. 그러나 훨씬 더 기본적인 이유로 권리는 정부의 자제에 기초할 수 없다는 것은 강조될 만한 가치가 있다. 권리는 오로지 정부 기관, 때때로 그중 법원이 "과도한(excessive)", "합리적인(reasonable)", "잔인한(cruel)"과 같은 기본 용어를 정의하려는 노력을 한 후에야 비로소 존재하게 된다. 우리 권리의 정확한 범위는 법원의 결정, 시간의 경과에 따라 변한다. 법원의 일은 행정부가 남용적으로(이 용어를 헌법의 금지에 관한 대강의 기준으로 삼을 수 있다) 행동하는 것을 막는 역할만 하는 것이 아니다. 법원은 남용적인 행동을 판단할 기준을 제시하기도 해야 한다. 이것은 법원이 반드시 수행해야 하는 적극적인 업무이다. 언제 수색과 압수가 비합리적인가? 피의자는 언제 변호사의 조력을 받을 권리를 갖는가? 범인 판정을 위한 일렬로 줄 세우기 단계에서 혹은 예비 청문 단계에서? 어떤 조건에서 공무원이 신문을 시작할 수 있는가? 형사 사법체계에서 권리는 적어도 한 가지 형태의 국가 행위를 전제로 한다. 왜냐하면 권리는 항상 법원이 권리를 위한 것인지 여부를 떠나 위와 같은 질문 및 유사한 질문에 대하여 해답을 제공해 왔다는 것을 전제하기 때문이다. 사법적 부작위, 즉 법원이 답변을 거부하는 것은 선택 사항이 아니다.

랭퀴스트(Rehnquist) 대법원장의 연방 대법원은 워렌(Warren) 대법원장의 연방 대법원에 의해 확립된 형사 절차에서의 권리의 많은 부분을 재해석하여 감축하였다. 랭퀴스트(Rehnquist) 대법원은 단순한 금지로서가 아니라 해석을 통하여, 즉, 필수적인 용어 몇 가지의 정의를 새로이 하고 구분을 도입함으로써 이러한 목적을 달성했다. 워렌(Warren) 시대의 규정 아래에서도 검찰은 영장 없이 경찰이 "일견 보는 것만으로(in plain view)" 찾아낸 증거를 재판에 제출할 수 있었다. 그러나 랭퀴스트(Rehnquist) 대법원은 예를 들면, 복잡한 카메라를 이용하는 항공 감시에 의해 추적된 증거를 수용함으로써 이러한 범위를 넓혔다. 단순한 "정지"와 진실한 "체포"에 대한 구별을 통하여 현재의 연방 대법원은 경찰의 소지품 검사에 의해 노출된 무기나 금제품 같은 증거의 이용 또한 허용해 왔다. 그것은 또한 유사한 맥락에서 사생활에 대한 합리적인 기대는 대형쓰레기장에 버려진 봉인된 쓰레기 봉투에 대하여까지 미치지는 않는다고 선언했다. 6차 수정 헌법은 피고인에게 증인에 대하여 대면할 권리를 인정한다. 그러나 법원은 그들의 가해자로 추정되는 사람과 대면하고 앉아야 함으로써 심리적으로 상처를 받을지도 모르는 아동에 대한 성적 학대를 포함하는 사건에 대하여는 예외라고 인정하였다.

항상 그러한 것은 아니지만 법원의 이러한 새로운 구분은 매우 합리적인 경우도 있다. 그러나 이것이 주요 주제가 아니다. 여기서 문제가 되는 것은 미국인의 권리가 국가 행위의 산물이라는 것이다. 경찰, 검찰, 교도권 남용에 대한 우리 권리의 범위는 사법적 해석, 즉, 정부의 역할에 의해 확립된다. 사법적 권위를 통해 행정부 공무원에 대한 이러한 법적인 강제는 개인의 자유가 국가 행위에 의존한다는 점에 관한 이차적인 설명에 불과하다. 공공 재원을 조달 받은 권위가 자유에 영향을 미치는 일차적이고 가장 기초적인 방식은 권리를 정하는 것이다. 공동체는 어떠한 가상적인 자유도 보호하지 않는다. 어떤 주어진 역사적 순간에 주로 사법권을 통하여 정부가 강제할 만한 권리라고 판단하는, 즉, 정부가 그 권리의 보호를 위하여 비용을 지출할 의지가 있는 권리를 보호하는 것이다.

미국의 형사 사법 시스템은 비용이 많이 소요된다. 부분적으로는 그것이 피고인에 대하여 오판으로 유죄를 선고하는 것을 피하고 치명적으로 무장한 경찰관과 교도관이 유죄라고 선고된 자들이라도 함부로 다루는 것을 막기 위해서 고안되었기 때문이다. 이러한 제도의 비용이 기본권의 보장을 위하여 반드시 공적 자원으로 조달되어야 한다는 것은 이론적으로 뿐만 아니라 재정적으로 중요한 의미가 있다. 이러한 비용은 개인의 권리가 반드시 국가의 행위와 사회적 협동에 의존한다는 점을 명확하게 보여 준다.

PART 2

"권리가
절대적일 수
없는

이유"

THE COST OF RIGHTS

CHAPTER 5

자원의 희소성은 어떻게 자유에 영향을 미치는가?

조슈아 드샤이니(Joshua DeShaney)는 1979년에 태어났다. 그의 부모는 1년 뒤에 이혼했고, 그의 아버지 랜디 드샤이니(Randy DeShaney)는 조슈아(Joshua)에 대한 법적 양육권을 받은 뒤 바로 재혼했다. 1982년 1월, 랜디 드샤이니(Randy DeShaney)의 두 번째 부인은 남편을 아동학대 혐의로 고소하고 위스콘신 주의 위너베이고 카운티(Winnebago County)의 사회복지국(Department of Social Services)에 조슈아(Joshua)의 아버지가 아이를 때린다고 신고하였다. 사회복지국의 공무원들은 조슈아(Joshua)의 아버지와 면담을 했고, 조슈아(Joshua)의 아버지는 혐의를 부인했다. 1983년 1월 조슈아(Joshua)는 다수의 타박상과 찰과상을 입고 지역 병원으로 후송되었다. 담당 의사는 아동학대를 의심하고 사회복지국에 이를 알렸다. 조슈아(Joshua)는 병원의 임시 보호 시설로 옮겨졌다.

   3일 후 조사를 마치고, 사회복지국 공무원들은 학대의 증거만으로 조슈아(Joshua)를 공공 보호 시설에 둘 수는 없다고 결론 내렸다. 한달 후, 조슈아(Joshua)는 상처로 인해 다시 치료를 받았다. 사회복지국의 사회복지사는 매월 가정방문을 실시했고, 그동안 머리에 있던 더 많은 상처를 발견했다. 1984년 3월 랜디 드샤이니(Randy DeShaney)는 그의 네 살배기 아들인 조슈아(Joshua)를 매우 잔인하게 때려 아이는 혼수상태에 빠졌다. 응급 수술 과정에서 머리에 반복되는 타격으로 인한 출혈이 드러났다. 조슈아(Joshua)는 생명에는 지장이 없었지만, 심각한 뇌손상을 입었고, 그는 남은 여생을 심각한 지체 장애인을 위한 시설에서 지낼 것으로 보였다.

   조슈아(Joshua)의 어머니는 조슈아(Joshua)를 대리하여 정도가 심해지는 잔인함에 대한 적절한 보호를 제공하는 데 실패해서 헌법에서 보장되는 조슈아(Joshua)의 기본권을 침해하였다고 주장하며 사회복지국을 상대로 소를 제기했다. 연방 대법원은 비록 조슈아(Joshua)의 사건이 의문의 여지없이 비극적이지만, 그는 어떠한 헌법적 부당행위도 당하지 않았다면서 조슈아(Joshua)의 어머니의 청구를 기각했다.[1]

DeShaney 판결은 광범위하게 비판을 받기도 하였지만, 미국 법조계에서 강력한 옹호자들도 있었다. 이러한 옹호자들은 두 집단으로 나뉜다. 한 집단은 조슈아(Joshua)는 국가에 대하여 보호를 청구할 헌법적 권리를 가지고 있지 않다고 주장하면서 연방 대법원과 같은 입장을 취한다. 조슈아(Joshua)의 헌법적 권리는 그러한 권리가 국가로부터만 개인을 보호하기 때문에 침해되지 않았다. 헌법에 따른 기본권은 국가 또는 동료 시민으로부터 보호를 받을 권리를 부여하지 않는다. 헌법은 정부가 어느 정도 특정한 행위를 승인하거나, 촉진하거나, 후원하거나 그 행위를 수행하는 데 중요하게 관여하는 경우에만 사적인 행위로부터 개인을 보호한다. 정부에 대하여 적극적인 지원을 요구할 권리는 없고, 사회복지국의 아동 보호 사건에 대한 감독은 심각한 학대 행위에 국가를 관여시키지 않았으므로 어떠한 헌법적 보호도 작동하지 않는다.

이 논쟁적인 판결에 대한 다른 옹호자 집단은 위와 다른 관점을 취하여 더 실용적으로 주장하고 소극적 권리와 적극적 권리의 엄밀한 구분에 의존하지 않는다. 조슈아(Joshua)의 운명에 대한 헌법의 냉정한 무관심 대신, 그들은 미국 법원이 다양한 이유로 인해 희소한 자원을 효율적으로 운영할 수 없다고 주장한다. 국가로부터의 적극적인 지원을 받을 권리가 인정되지 않는다고 주장하거나 "국가의 행위"가 개입되지 않았다고 주장하는 대신에, 그들은 법원이 행정부가 예산과 시간을 어떻게 할당해야 하는지에 대하여 합리적인 결정을 하기에는 부족한 지위에 있다고 주장한다. 논쟁적인 DeShaney 판결에 대한 이러한 두 가지 완전히 구별되는 논리 사이에 있는 차이에 집중함으로써, 우리는 권리에 수반되는 예산상 비용에 관하여 제기되는 주제들에 대한 이해를 확대할 수 있다.

헌법은 사인의 행위로부터 개인을 보호하는가?

연방 대법원이 명시한 논리는 비용에 관한 문제를 고려하지 않았다. 적법절차조항은 개인의 안전의 특정한 하한선을 보장하는 것이 아니고 국가의 권력에 대한 제한으로서 기능한다고 연방 대법원은 판단했다. 연방 대법원은 "적법절차조항은 (국민의) 이익이 손해를 받지 않도록 보호할 국가의 적극적인 책무를 부과하는 것으로 확장될 수는 없다 … 그것의 목적은 국민들을 국가로부터 보호하는 것이지, 국민들을 다른 국민들로부터 국가가 보호한다는 것을 보장하는 것이 아니다"라고 덧붙인다. 이러한 짧은 판단은 여러 의미를 포함한다. 이러한 저명한 판결의 배후에는 실제로 소극적인 입헌주의의 종합적인 이론이 놓여 있고, 다음의 것들을 내포한다. 헌법은 원칙적으로 연방 정부에 의한 행위를 방지하기 위해 고안된 것이다. 헌법은 정부에 대해 시민이 부과하는 행위의 제한 명령이다. 제1차 및 제14차 수정 헌법뿐만이 아니라, 헌법 전체가 전제적인 통치권력으로부터 국민을 보호하기 위하여 공무원의 행위를 제한하는 것이다. 그것이 헌법의 최우선의 목적일 뿐만 아니라 거의 유일한 목적이다.

널리 받아들여지는 위 견해에 의하면 헌법적 권리가 공무원들의 권한을 제한하지만, 공적 영역 외의 악행의 경우 무엇이든 그것을 제한하지 않는다. 결국 헌법은 공무원들이 사적인 폭력과 사기로부터 개인들을 보호할 의무를 부과하지 않는 것이다. 그리고 정부가 사적인 비행을 예방하지 못한 것과 관련하여 공무원들은 법적인 책임을 부담하지 않는다.[2]

그러나 헌법의 문언은 위 주제에 관하여 아무런 해결책을 제시하지 않는다. 사실, 적법절차조항은 국가가 국민의 생명, 자유, 재산을 "빼앗는" 것을 금지한다. 그러나 국가가 누군가로부터 무엇을 "빼앗았는지" 알기 위해서는 우리는 국민들이 무엇을 가질 권리가 부여되었는지 알아야 한다. 만약 "자유"가 경찰의 보호를 받을 권리를 포함한다면, 경찰이 보호를 제공하지 않을 때 국가는 사람들로부터 "자유"를 빼앗는 것이다. 만약 "자유"가 사적인 잔악함과 침입으로부터의 자유를 포함한다면, 국가가 사람들로 하여금 사적인 잔악함이나 침입을 당하도록 내버려 둘 때 국가는 사람들의 "자유"를 빼앗게 된다. 따라서 헌법의 문언은 결정적인 것이 아니다. 헌법이 사적인 행동으로부터 국민들을 보호하지 않기로 했다고 가정해 보자. 이것으로부터 얼마나 많은 것이 나오는가? 헌법이 사적 행위로부터 사람들을 보호하지 않는다고 할지라도 헌법은 국가에 대하여 사적인 침입으로부터 국민을 보호하라는 의무를 부과할 수도 있다. 헌법이 주로 혹은 오로지 "국가"에만 적용된다 하더라도 이러한 가능성이 없어지지는 않는다.[3]

사실, 사적으로 유발된 손해로부터 개인을 보호할 의무를 국가에 부과하는 헌법적 권리를 생각하는 것은 어려운 일이 아니다. 국가가 사적인 침입자로부터 당신의 재산을 보호하지 않기로 정했다면 — 다른 말로, 국가가 침입 금지에 관한 법률(the trespass law) 일부 혹은 전부를 폐지했다면 — 국가가 사적인 침입자로부터 당신을 보호하는 것에 실패함으로써 당신의 재산을 "수용"한 것이 아닌가 하는 심각한 의문이 발생할 것이다. 재산을 "소유"하는 것은 다른 사람의 방해를 배제할 권리를 갖는 것이고, 만약 국가가 당신이 다른 사람의 방해를 배제하는 것을 적극적으로 돕지 않는다면, 그것은 현행법하에서 당신의 재산을 빼앗은 것이라고 볼 수도 있다. 따라서, 사적 소유권은 침해 금지에 관한 법률을 통하여 국가의 보호를 받을 권리를 포함한다. 혹은 계약 자유에 관한 권리를 생각해 보자. 헌법은 계약 의무에 대한 국가의 침해로부터 국민을 보호한다. 만약 국가가 법원이 특정한 계약을 강제할 수 있도록 하는 것을 거부한다면, 그것은 아마도 계약권을 침해하는 것으로 여겨질 것이다. 따라서 계약법도 계약의 보장을 보호하기 위해 법원(그리고 정부의 자원)을 사용할 적극적인 권리를 보장하는 한에서는 적극적인 측면 또한 갖고 있다.

헌법적 권리가 국민들을 다른 국민들로부터 보호하지는 않고, 오로지 국가로부터만 국민들을 보호하는 것이라고 주장하는 사람들조차도 제13차 수정 헌법이 이에 대한 명백한 예외라는 것을 인정할 것이다. "노예제와 비자발적인 노예 상태가. … 미국에서는 존재해서는 안 된다"는 전통적으로 사적인 특정 방식의 개인 행위를 금지한다. 어떤 면에서 노예제 금지는 사적인 노예화에 대한 직접적인 금지로 해석될 수 있다. 그것은 정부에 대한 명령, 즉, 정부는 비자발적인 노예 상태를 허용하지 않는다는 것을 보장하는 것으로 해석될 수도 있다.

이런 의무의 다른 예는 많다. 만약 갑이 을의 위협적인 공격으로 인해 을을 상대로 소를 제기하고, 을이 판사에게 뇌물을 제공한다면 누가 을을 규제할 것인가? 이 경우 현행법에서 갑의 권리는 공무원이 그를 보호하는 것을 실패했기 때문에 침해된 것이다. 그리고 이것은 시작에 불과하다. 많은 사건에서 사적인 행위에 대한 정부의 관여는 그것이 다른 개인에 대항하여 국가의 도움을 개인이 요청하는 것으로 보일지라도 헌법적 통제를 유발하기에 충분한 것으로 간주된다.

사적인 구매자와 판매자 간의 인종 차별적인 계약은 평

등 보호 조항 아래에서 그 효력이 부정될 수 있다. 왜냐하면 사적인 계약은 정부가 그것을 강제하기 위해 필요한 완전히 강제적인 권력을 만들지 않는다면 허상에 불과하기 때문이다.4 이러한 강제력의 사용은 명목적으로 사적인 부동산 거래에서 조차 심각한 헌법적 문제를 야기한다. 14차 수정 헌법은 변호사가 인종에 따라 배심원을 기피하기 위한 전단적 이의권(peremptory challenge)을 인정하지 않는다. 사법체계의 관여는 헌법을 등장시킨다.5 국가 기구가 아닌 시민사회에 속하는 정당은 인종 차별적으로 예비 선거를 하는 것이 금지된다.6 명목적으로는 민영 기업이지만 정부가 그것의 기능에 직접적으로 관련되어 있으므로, 1차 수정 헌법은 전국 철도 여객 수송공사(Amtrak)가 Penn Station에서의 예술적 표현을 억압할 자유를 제한한다.7 14차 수정 헌법은 지방자치단체의 주차장 차고를 임차한 민영 식당이 인종 차별을 하는 것을 금지한다.8 교도관들이 수용자의 안전에 대하여 심각할 정도로 관심을 가지지 않는 경우 교도관들은 다른 수용자로부터 당한 상처를 이유로 현행 헌법 아래에서 피해를 받은 수용자에 의하여 고소를 당할 수 있다.9

헌법적 맥락 밖에서, 다른 시민으로부터 특정 시민을 보호할 정부의 적극적인 의무는 일반적인 권리 강제의 논리적인 결과이다. 노조원은 노조 간부의 부도덕한 행위를 알릴 권리가 있다. 그러나 이 권리는 정부가 내부 고발자(whistle-blowers)

를 보복으로부터 분명하게 보호하지 않는 한 의미가 없다. 사실, 권리의 보호는 항상 "손실을 입는 자(losers)"를 발생시키므로, 정부가 "이익을 얻는 자(winners)"를 사적 보복 행위로부터 보호할 적극적인 의무는 모든 권리의 필수적인 전제이다. 가정폭력을 당하는 아내(battered wife)는 학대를 신고할 법적인 권리를 보유하고 있다. 그러나 남편이 총을 들이댄다면 어떤가? 그 경우, 그녀의 권리는 정부가 가정 폭력을 당하는 아내를 위한 쉼터 같은 보호 수단에 대하여 세금을 지출하지 않는다면 끔찍한 위선에 불과하다. 정부가 보복으로부터 증인을 보호할 (비용이 소요되는) 의무를 스스로 맡지 않는다면 증언할 권리는 마찬가지로 허상에 불과하다. 법무부가 1996년에 증인 보호 프로그램을 위해 지출한 2,300만 달러는 이러한 관점에서 이해될 수 있다.[10] 지속적으로 권리를 강제하기 위해 공무원은 또한 권리를 행사한다는 미명하에 다른 개인에게 물리적 해를 가하고자 하는 개인들에 대하여 완전한 강제력을 부과해야 한다. 이것은 개인의 자유가 적극적인 국가 행위를 요구하는 다른 방식이고, 그리고 권리에 비용이 소요되는 다른 이유이다.

그러므로, 총괄적인 방식으로 미국 정부는, 연방이건 주건, 미국 시민을 보호할 "적극적인 의무"가 없다고 단언하는 것은 충분하지 않다. 헌법은 정부가 책임을 면하기 위해 제정된 것이 아니고, 정부의 책임을 면하게 하는 것은 연방 대법원의 적당한 역할도 아니다. 일단 복지공무원이 조슈아(Joshua) 아버지의 학대를 알았다면 그들이 그것에 대하여 무언가를 할 법적인 의무가 있다고 말하는 것이 합리적으로 보인다. 그런 의무가 존재한다면, 소년의 권리는 국가의 작위와 부작위에 의해 침해된 것이다. 최소한, 이런 종류의 결정이 미국 정부는 미국 시민을 보호할 어떤 법적인 의무도 없다는 흥미로운 주장에 의해 원천적으로 배제되어서는 안 된다. 연방 대법원의 판결은 특정 사건에 대한 결정만이 아니고, 미국 사회계약(social contract)의 기본 목적과 의미에 대하여 대중에게 메시지를 전파하기도 한다. 이러한 관점에서 평가한다면 DeShaney 판결의 논리는 매우 잘못되었다.

사건의 이론적 중요성은 그러나 권리의 "절대성"에 대한 교훈에 있다. 연방 대법원은 자신들이 예산적 제약에 놓여 있어, Joshua의 권리가 절대적인 것은 아니라고 한정된 범위의 판단을 할 수는 없었을까?

희소성에 따른 주장

두 번째, 더 실용적인 주장은 조슈아(Joshua)가 국가의 보호를 요구할 일정한 권리를 가졌다는 것을 부정하지는 않지만, 상품의 경쟁이라는 관점에서 비용을 고려하여 판단한다.[11] 이러한 논리가 DeShaney 판결에서의 다수 의견에서 강조되지는 않았지만 그것은 거의 확실하게 사건의 결과에 영향을 미쳤다. 왜냐하면 그것은 해당 판결의 결과에 대한 가장 단순하고 확실한 경로를 제공하기 때문이다. 권리 강제는 종종 법원에만 의존하는 것은 아니다. 과거의 권리 침해를 교정하고 미래의 권리 침해를 예방하기 위해, 법원은 정부 기구들의 자발적인 협력이 필요하다. 그것은 필수적으로 엄격한 재정과 다른 제약 내에서 작동한다. 사회 서비스의 관점에서 문제는 명쾌하다. 무궁무진한 문제를 다루기 위해, 사회 서비스 부문은 당황스러울 정도로 제한된 자원만을 제공 받는다. 그리고 사회 서비스 부문은 가장 효과적이라고 판단한 근거와 상황에 대한 상세한 지식을 활용하여 자신들의 처분에 따라 희소한 자원을 할당해야 한다. 예산의 제약으로 인해 일부 아동 학대의 잠재적 피해자가 실제 피해자가 될 수 있고, 국가는 그것에 대하여 아무런 혹은 거의 아무런 조치도 취하지 않게 될 수도 있다. 이것은 개탄할 만하지만, 희소성이 지배하는 불완전한 세상에서 불가피한 현상이다. 권리에 대하여 진지하게 생각하는 것은 자원의 희소성을 진지하게 생각하는 것을 의미한다.

    법원은 일정한 기술을 가지고, 집행기관에 의해 수행된 효율적인 자원의 할당의 복잡한 과정을 잘 감독할 수 있는 위치에 있지 않고 과거의 잘못된 할당을 즉시 교정할 수도 없다. 법관들은 이러한 기능을 하도록 적절히 훈련받지 않았고,

그들은 어쩔 수 없이 부족하고 어느 정도 편향된 원천으로부터 획득한 정보에 의해 업무를 수행한다. 이것이 미국법하에서 연방 항공국(federal aviation administration) 공무원들을 상대로 어떤 순서로 어떤 비행기를 검사할지에 대한 불행한 선택을 이유로 일반적으로 소를 제기할 수 없는 이유이다. 왜냐하면 법원은 명백하게 스스로 정부 관리의 일정표를 계획할 책임을 맡을 수 없기 때문이다. 특별히 긴급한 문제를 마주한 상태에서, 정부의 관심을 촉구하는 다른 사회적 문제의 긴급성에 비하여 문제된 사안의 긴급성을 어떻게 판단할 것인가? 그리고 실제로 법관은 그러한 문제에 대하여 아무것도 모를 수도 있다. 특정 사건에 대해 판결을 하면서 법관이 어떻게 매년 정부 예산의 한도를 참작할 수 있는가? 입법부와 달리 법원은 특정한 시간에 특정한 사건에 집중을 한다. 그들이 경쟁하는 사회적 요구의 넓은 범위를 조사하여 각자에게 얼마를 할당할지 결정할 수 없기 때문에 법관들은 그들의 결정으로 인해 발생할 수 있는 중요한 분배의 결과를 고려하는 것으로부터 제도적으로 차단된다. 그리고 사실 앞에서 국가의 희소한 자원이 D 사건보다 A, B, C 사건에 대부분 효율적으로 쓰여졌다고 결론내릴 때 — D 사건이 Joshua DeShaney 사건과 같은 비극이 포함되어 있는 것으로 밝혀지더라도(아마도 A, B, C 사건도 역시 재난이었을 것이다) — 국가가 실수를 했는지에 대해 쉽게 결정할 수 없다.

법관들이 완전한 권리의 침해를 파악하고 자원의 명백한 잘못된 할당을 무효로 할 수 있는 완전한 능력이 있다 하더라도, 그들은 대부분의 그런 사건에서 상정할 수 있는 구제책이 다른 절박한 필요로 전용되는 것이 타당한지에 관하여 현명하게 결정할 수 없다. 이러한 관점에서 DeShaney 사건을 선해하면 미국 정부는 미국 시민을 보호할 어떠한 의무도 없다는 극적인 선언이 아닌, 권리는 비용을 수반하고, 모든 법적 권리의 보호를 위한 재원은 불가피하게 한정된 동일한 예산에서 지출되어야 한다는 냉철한 인식으로 이해된다. 이러한 종류의 사건에 있어서, 법원은 행정 기관의 판단을 그들의 판단으로 대체하는 것에 대해 매우 주의하여야 한다. 법원은 DeShaney 사건의 원고가 법원에게 요구한, 우선순위를 설정하고 희소한 자원의 최적의 분배라는 과업에 쉽게 관여할 수 없다.

이것은 비록 특정한 결과에 대한 확신을 주는 정당화는 아니지만, DeShaney 사건에서의 일반적인 접근에 대한 공정하게 그럴듯한 옹호이다. 행정부의 판단을 어디서나 자신의 판단으로 대체하기 쉬운 매우 강력한 사법권이 없더라도, 국가 권력이 사전에 알았다는 증거는 그들을 학대행위에 관련시키기에 충분하고, 학대는 매우 심각하고 가능성이 높아서 그것을 방지하기 위해 요구되었던 다소간의 지출은 헌법적으로 강제될 수 있었다. 그러나 그 사건의 진정한 중요성은 헌법이 오직 소극적인 권리만 창설한다는 (잘못된) 주장과 법원은 자원 할당을 포함하는 주장을 평가할 만한 위치에 있지 않다는 (옳은) 주장 사이에서 그 사건이 제시하는 차이에 있다.

판결에 대한 대립하는 두 주장이 제시하는 것은 기본권에 대한 이해 및 그로 인한 정부의 다른 부분에 대한 사법권의 관계는 비용을 무시할 것인지 그것을 고려할 것인지에 대한 사전의 선택에 의존한다는 것이다. 법원은 자신의 견해에서 희소한 공공 자원의 문제에 대하여 아무런 주의를 기울이지 않았다. 법원은 법적으로 용인하고자 했던 국가의 "부작위"를 오직 다음과 같은 선언을 통해서만 정당화할 수 있었다. 법원의 결정에 따라 잔인한 아버지의 감독권에 놓여진 후에 그리고 정부의 양육 감독 아래에 있는 동안 참혹하게 구타당한 어린이는 그 어떠한 기본권의 침해를 겪지 않았다는 선언이다. 그 결과는 현대 연방 대법원 역사에서 가장 충격적으로 가혹하고 완전히 불필요한 의견들 중의 하나였다. 더 좁고 더 합리적인 정당화를 위해, 부분적으로는 비용에 기초한, 정부 지출에 의존하는 권리의 상대적 성격을 통하여 설명할 수도 있었다. DeShaney 판결은 따라서 재정적 한계가 사법적 판단의 적절한 영역에 대하여 반드시 부과하고 부과해야 하는 제한을 더 깊이 탐구할 강한 자극을 제공한다.

수사(Rhetoric)와 실제(Reality)

권리는 자주 침해될 수 없고, 선험적이고, 결정적인 것으로 묘사된다. 그러나 이것은 평범한 수사학적 장식에 불과하다. 비용이 소요되는 것은 어떤 것도 절대적일 수 없다. 강제를 위하여 세금의 선별적인 지출을 전제하는 어떠한 권리도, 결국, 정부의 다른 부분이 최종적 책임을 부담하는 예산의 결과에 대한 고려 없이 사법권에 의해 일방적으로 보호될 수는 없다. 사적인 폭력에 대한 보호에 비용이 소요되고 필수적으로 희소한 자원을 끌어와야 하기 때문에 그러한 보호에 대한 권리는, 존재한다고 가정한다면, 다른 권리에 대하여 양보될 수 있고, 완전하지도 않다. 개념적으로 더 친숙한 정부의 권력 남용에 대한 개인의 권리에 대하여도 마찬가지이다. 예를 들면, 국가 권력 아래에서 나의 재산에 대한 수용에 대하여 보상을 받을 권리는 국고가 바닥나서 지불할 수 없을 때에는 가치가 없다. 만약 권리에 비용이 든다면, 권리의 강제는 돈을 아끼고자 하는 납세자의 이익에 항상 민감할 것이다. 공공자원이 확장할 때 권리가 늘어나기 쉬운 것과 마찬가지로 가용한 자원이 고갈되었을 때 권리는 그에 따라 감축될 것이다.

권리는 상대적인 것이지, 절대적인 것이 아니다. 비용에 주의를 기울이는 방법은 헌법적 권리를 포함한 모든 권리의 속성에 대하여 더 깊게 이해할 수 있도록 해주는 단순한 다른 경로이다. 무엇보다도 비용을 고려하지 않는 기존의 권리 이론은 권리의 사회적 기능과 목적에 대한 널리 퍼진 오해를 강화하였기 때문에 비용에 주의를 기울이는 것은 우리에게 친숙한 기존의 권리 이론에 대한 유용한 보완이 될 것이 틀림없다. 권리의 비용에 대한 주의는 미국(혹은 다른 곳)에서 실제로 이루어진 권리의 강제가 금전적 거래를 포함한 교환(tradeoffs)을 통하여 행해졌다는 것을 드러낸다. 이것은 결정이 회계사에 의해 이뤄져야 한다는 것을 의미하는 것이 아니고, 공무원과 시민이 예산의 비용을 염두에 두어야 한다는 것을 의미한다.

공공 재정은 우리로 하여금 더 중요한 목적을 추구하는 과정에서 포기하도록 하는 것을 설명하기 위해 우리가 공동체로서 하고자 하는 희생에 대한 공적인 설명을 제공하도록 요구받기 때문에 윤리적 속성을 갖는 과학이다. 권리 이론은, 권리 지배가 실제 행동을 구조화하고 지배하는 방식을 파악하고자 한다면 이러한 실제를 염두에 두어야 한다. 특정한 사건에서 권리의 강제 가능성에 대하여 결정하는 법원은 그들이 솔직하게 비용이 권리의 범위 및 강도, 권리 강제의 일관성에 대하여 영향을 미치는 방식에 대하여 인식한다면 더 현명하고 투명하게 판단할 수 있을 것이다. 그리고 법 이론은 다양한 기본권들 사이에 그리고 기본권과 다른 사회적 가치 사이에 필수적으로 발생하는 희소한 자원에 대한 경쟁에 대하여 공개적으로 연구한다면 더 현실적이 될 것이다.

CHAPTER 6

권리는 이익과 어떻게 다른가?

　　권리는 때때로 도덕적으로 부과되거나 거의 논박이 불가능한 요구로 묘사되어 일상적인 이익의 주장과 명확하게 구분된다. 이익은 항상 많은지 적은지의 문제로 거래와 협상을 함축하는 반면 권리는 원리의 문제이고, 완결되고 분명한 비타협성을 요구한다. 최소한 그것이 많은 법 이론가와 인권 운동가들이 말하는 방식이다. 미국의 선도적인 인권 이론가인 로널드 드워킨(Ronald Dworkin)은 권리를 공무원에 대항하여 법

원에서 행사할 수 있는 "최고의 패"로 묘사하여 이러한 관점을 두드러지게 발표하였다.[1]

이러한 비유는 미국법 현실의 중요한 측면을 보여 준다. 비록 어떠한 권리도 단번에 다른 모든 고려를 번복할 수는 없지만, 그럼에도 불구하고 권리는 제한적인 면에서는 "절대적인" 특징을 가질 수 있다. 기본권이 문제가 될 때, 정부는 권리를 강제하지 않는 것을 정당화하기위해 별다른 고려 없이 세속적인 고려에 호소할 수는 없다. 법 이론가들이 권리를 단순한 이익의 주장과 질적으로 구분되는 주장으로 개념화할 때 대중적인 선입견과 보통의 언어를 추종하고 있을 뿐이다. 과도한 비용이나 부족한 행정 능력과 같은 변명이 될 만한 정황은 정부의 단순한 이익 보호 실패에 대한 변명의 구실이 쉽게 될 수 있을 것이다. 그러나 권리 보호에 관해서는 위와 같은 사유들이 오직 특별하고 매우 제한된 조건하에서만 권리 보호의 실패에 대한 변명이 될 것이다.

드워킨(Dworkin)은 빈번하게 한 권리에 대하여 다른 권리를 비교 형량할 필요성에 대하여 인식했고, 또한 때로는 충분히 긴급한 경쟁하는 사회적 가치의 이름으로 다른 중요한 권리를 감축할 필요성에 대해서도 인식을 했다. 드워킨(Dworkin)은 권리는 일반적 유용성을 근거로 무효화할 수 없지만, "국가는 다른 근거를 바탕으로 정당하게 권리를 무효화하거나 제한할 수도 있고", "이러한 근거들 중 가장 중요한 것은 문제되는 권리가 제한되지 않는다면 위험에 처할 경쟁 관계에 있는 권리다"라고 주장한다.2 언론의 자유는 악의적인 명예훼손으로부터의 사생활 또는 자유권에 의해 제한될 수 있다. 반대로, 언론의 자유는 명예훼손에 대해 제소할 권리를 제한함으로써 확장될 수 있다. 단체교섭을 할 권리는 황견계약(yellow-dog contracts)(그에 의하여 근로자들이 "자발적으로" 노조에 가입하지 않기로 동의하는 계약)을 체결할 권리를 법적으로 폐지하는 것을 필요로 한다.

테러에 대한 전쟁을 위해 국민의 권리를 감축하는 것은 의문의 여지없이 유감스러운 일이나, 그러한 교섭은 과거에도 있었고 의심의 여지없이 다시 발생할 것이다. "엄격한 심사(strict scrutiny)"는 사실 2차 대전 기간의 일본계 미국인들에 대한 악명 높은 차별적 구금을 법원이 인정하는 것을 막지 못했지만 법원이 그러한 차별적 구금을 인정하지 않도록 했어야 했다.3 그리고 다시 법관들에게 확신을 주는 것처럼 보이는 적절한 논리가 생길 때 비슷한 침해가 발생하지 않으리라는 보장은 거의 없다.

신속한 정부 행동의 필요성은 중요한 권리를 무효화하기 위하여 보통 수용되는 논리이다. 예를 들면, 선적된 약품의 품질이 위험할 정도로 저하되었거나, 밀수품 운반선이 경찰의 체포를 막 벗어나려 한다면 재산은 사전 고지 없이 압수(이는 보통 적법절차조항을 위배하는 행동으로 평가된다)될 수 있다. 국가안보뿐만 아니라 정부 인사에 관한 민감한 정보를 보호를 근거로 하여서도 알 권리는 제한되거나 제한된 방식으로 규정될 수 있다. 이동의 자유는 긴급 상황에서 매우 감염성이 높은 치명적 질병의 확산을 막기 위해 법적으로 제한될 수 있다. 헬멧 없이 오토바이를 탈 권리는 부분적으로는 치료와 재활 같은 활동이 공동체 전체에 부담시키는 비용 때문에 폐지될 수 있다.

법률자문(lawyering)의 많은 부분은 그것이 없다면 불법적이거나 수용될 수 없는 것으로 여겨질 행동이나 부작위에 대한 법적으로 수용될 수 있는 설명을 발견하는 것을 포함한다. "용서 받을 수 있는 살인"이라는 항목이 제시하듯이, 사회적으로 가장 수용될 수 없는 행동들조차도 법적인 문제에서는 정당방위와 같은 특별한 조건에서는 정당화될 수 있다. 위법성 감경요소는 정부의 행위뿐만 아니라 개인의 행위를 정당화하기 위해서도 이용될 수 있다. 권리를 최고의 패로 보는 관점이 함축하는 것은 정부가 국민의 자유를 줄이고자 하는 경우 설득력 있게 다른 공익에 호소해야 한다는 것뿐이다. 핵심적인 헌법적 가치를 위반하기 위하여는 국가는 자신의 편에 훨씬 더 중대한 가치를 가지고 있어야 한다.

그러나 권리가 최고의 패라는 관점은 권리가 때때로 다른 권리 및 이익과 충돌하여 사법적 형량이 종종 요구된다는 관점과는 매우 잘 조화를 이루는 반면에, 권리의 강제는 권리강제의 임무를 부담하는 관리들에게 제한된 공적 자금이 적시적으로 조달되는 것에 의존하기 때문에 권리가 절대적일 수 없다는 생각을 간과한다. 권리 사이의 충돌은 모든 권리가 한정된 예산에 공통적으로 의존한다는 점에서 기인한다. 재정적 한계만으로도 모든 권리가 동시에 최대로 보장될 수는 없다. 권리는 언제나 재정적인 교섭을 요구하거나 수반한다. 그리고 지출 형태는 어느 정도는 정치적으로 결정될 것이다. 비용에 주의를 기울이는 것은 재산권이 다른 재산권과 충돌하는 이유, 예를 들면 지역 경찰서가 유일한 잠복팀으로 하여금 스미스(Smith)의 호화로운 부동산을 지키도록 명령하면 존(Jone)의 황폐한 집을 적절히 보호할 수 없는 이유를 설명하는 데 도움을 준다.

확실히, 언론의 자유나 투표권과 같은 몇몇 기본권은 공개시장에서 사고팔 수 없다. 정치적 권리의 교환 금지는 부분적으로는 정치 권력이 특정 개인이나 그룹에 집중되는 것을 막기 위해 고안되었다. 그래서 권리가 상품이 아니라는 점은 명백하다. 그러나 더 많은 비용이 소요될 때, 권리의 강제는 필수적으로 더 선별적이 된다. 우리는 가치 있는 다른 무언가를 포기함으로써 비싼 상품이나 용역을 얻을 수 있다. 가치의 세계는 복잡하고, 가능성의 범위는 함께 가능한 범위보다 넓다. 이러한 패턴이 보통의 상품만이 아니라 기본권에도 적용된다고 인정하거나 인식한다고 하여 냉소적이거나 권리의 품격을 떨어뜨리는 것은 아니다. 물론, 그것이 권리가 경제학자들에 의해 창조되고 운영되는 거대한 비용−편익 계산기에서 다른 모든 것들과 함께 취급되어야 한다는 것으로 연결되지는 않는다.

비록 권리를 절대적인 것으로 묘사하는 것은 이론적으로 잘못되었지만, 이러한 묘사는 심리학적으로 수사학적으로 유용하다고 옹호될 수 있다. 시민적 자유주의자들은 정치인들, 중고차 판매인, 광고회사 관리직과 마찬가지로 과장법이 기억을 돕는 기능이 있다는 것을 예리하게 알고 있고, 그들은 경험상 그들의 비타협적인 표현이 종종 득이 된다는 것을 알고 있다. 과장법은 그들이 절실히 필요하다고 보는 것들에 특별한 주의를 끌어올 수 있고, 그로 인해 시민과 대표들이 특정 이익을 특별히 민감하고 진지하게 다루도록 할 수 있다. 아마도 언론의 자유의 절대적 성격에 대한 (오도된) 과장은 (정당화 되지 않은) 검열을 위한 압력이 특히 클 때 시민과 대표들을 더 반대하도록 만들 것이다. 그러나 과장된 표현은 또한 문제를 발생시킬 수도 있다. 권리가 절대적이라는 주장은 더 큰 요구를 가지는 다른 권리들이 손상되는 것을 바탕으로 다른 권리에 대해 과보호로 이끌 수 있다. 그리고 정치적 주의 또한 희소한 자원이므로 공무원이 한 주장에 대하여 시간을 많이 쓰면 쓸수록 다른 주장에 대하여는 시간이 부족할 수밖에 없다.

폐지 가능성은 헌법적 권리를 포함한 모든 법적 권리의 피할 수 없는 특성이다. 비용의 문제를 제외하고 법적 권리가 항상 삭감이나 제한을 당하는 다른 중요한 이유 또한 다시 살

퍼볼 가치가 있다. 실제로 권리는 다른 사람을 대상으로 행사할 수 있는 법적 권한이고, 권한은 항상 오용될 수 있다. 권리는 잘못된 목적을 위하여 이용되는 것을 방지하기 위하여 제한에 순응해야 한다. 예를 들면, 자기 방어권은 미국법에서 잘 확립되어 있지만, 그것은 오로지 법원이 그것의 남용에 대한 감시를 유지하는 한도에서 혹은 법원이 감시를 유지하기 때문에 정당화될 수 있다. 예를 들면, 당신이 심각하게 위험에 빠진 상태가 아니었다면, 당신은 자기방어 안에서 행동하였다고 주장할 수 없다. 유사하게, 회사 경영진을 상대로 소를 제기할 주주의 권리는 경영진을 괴롭히고 최종적으로는 소를 취하하는 대가로 상당한 뒷돈을 받기 위해 사용될 수도 있다. 남용적인 소송의 가능성은 소를 제기할 권리가 인정되지 않는 조건을 결정하는 입법자와 법관들이 반드시 고려해야 한다. 미국법체계는 정부가 개인에게 공공 권력을 행사하고 국고를 사용할 수 있는 재량권을 부여할 때마다 필수적으로 나타나는 의도치 않은 부작용을 다루기 위해 지속적으로 구제적이고 보상적인 조정을 만들어 낸다.

그러나 인간의 몇몇 이익은 본질적이고 단지 도구적 상품은 아니지 않은가 하는 의문이 제기될 것이다. 일부 가치들은 단지 수단으로서 가치가 있지만, 다른 가치들은 그것들이 종국적으로 만들어 내는 좋은 것들 때문에 그 자체로 가치가 있는 것 아닌가? 실제로 언론의 자유는 공공의 정책 결정의 질을 높이는 데 기여하고 정부의 부패의 수준을 낮추는 데 기여한다. 그러나 검열은 인간의 자치에 대한 무례이자 모욕이기 때문에 언론의 자유는 그 자체로 가치가 있는 것 아닌가? 답은 그렇다이다. 몇몇 이익은 본질적 가치를 가진다. 그러나 본질적 가치를 갖는 권리조차 권리의 강제를 위해서는 비용이 소요된다. 그것들은 공공의 노력과 상당한 자원의 이용 없이는 존재할 수 없다. 그 자체로 가치가 있는 권리를 보호하는 것도 위험, 단점, 의도치 않은 부작용, 기회 비용 그리고 다른 문제들을 수반할 것이다. 왜냐하면 그에 수반하는 손실 없는 이익은 거의 없기 때문이다. 그러므로 청문을 받을 권리는 고귀한 기능에 봉사하는 것이고, 단지 정확한 사실 파악을 위해 고안된 것이 아니다. 그러나, 정교한 청문회를 개최하는 것이 매우 많은 비용이 소요된다면, 정부는 정교한 청문회를 열도록 요구받지 않을 수도 있다. 그리고 양육권이 없는 측의 조부모의 면접교섭권은 일면 "신성하게" 보일지도 모르고, 확실히 이런 권리는 단지 도구적 가치가 있는 것은 아니다. 그러나 이러한 권리는 미국 사법 관할 내에서 입양의 경우에는 아동의 상쇄되는 이익을 고려하여 인정되지 않기도 한다.

 사실, 미국인의 권리는 항상 입법과 판결 행위의 영향 아래에서 늘어나고 줄어들고 있다. 권리는 정치적으로 사법적으로 그 당시 높게 평가 받는 이익이지만, 이것이 전부는 아니다. 미국법 문화 내에서 권리는 특별한 종류의 이익이다. 권리의 비용에 대한 주의는 이익과 권리간의 기본적인 자유주의적 구별을 부정하는 것은 아니다. "권리 논쟁"은 필수적이다. 왜냐하면 그것은 특별히 중요한 것으로 간주되는 이익에 대한 개입을 위한 정당화의 한계라는 문제를 유발하기 때문이다.

  권리가 문제가 되었을 때, 일부 주장들은 중요하지 않을 뿐만 아니라 완전히 허용될 수 없기도 하다. 이것은 헌법뿐만 아니라 사법(private law)에서도 마찬가지이다. 채무자는 만약 그가 받은 물건이 결함이 있는 것으로 입증되었다면 비록 특정한 조건 아래에서 그가 지불하는 것을 거부할 수 있지만 그의 채권자가 신앙을 버렸다고 하여 법적으로 채무를 갚는 것을 거부할 수 없다. 유사하게, 우리의 종교 자유체계는 비록 국가가 특정한 맥락에서의 환각제의 투약을 금지할 수는 있지만, 정부가 소수 종교의 신이 진짜가 아니라는 이유로 소수 종교 관습을 억압하는 것을 허용하지 않는다. 우리의 정치 자유의 체계는 현직자들이 사람들이 어떻게 투표할까 두려워한다는 이유로 사람들로부터 투표권을 박탈하지 않는다. 우리의 자유로운 표현의 체계는 정부가 공무원이나 시민이 특정 사상이 잘못되었고 위험하다고 여긴다는 이유만으로 해당 사상을 규제하는 것을 허락하지 않는다. 그러나 정부는 다른 이유로 특정 사상을 제한할 수는 있다. 그리고 일단 우리가 특정한 체계에서의 행동에 대한 허용 혹은 그렇지 않는 이유를 분류하면, 우리는 특별한 유형의 이익으로서의 권리가 실제에서 무엇을 의미하는지에 대해 이해하는 방향으로 나갈 수 있다.

예를 들면, 위너베이고 카운티(Winnebago County) 사회복지국은 인종이나 종교적 고려에 호소함으로써 아버지의 잔인함으로부터 어린이를 보호하지 못한 것을 정당화할 수는 없었다. 사회복지국은 "우리는 백인 어린이를 보호하지만, 흑인 어린이는 보호하지 않는다"라고 말할 수 없었다. 헌법이 정부로 하여금 사적인 위해로부터 개인을 보호할 의무를 부과하였는지 여부에 관계없이 그러한 정당화가 이용될 수 없다는 점은 의문의 여지없이 명백하다. 비슷하게, 법원은 이혼한 백인 여자가 현재는 흑인 남자와 동거를 하고 있다는 것만으로 그녀에게 자녀에 대한 양육권을 부인할 수는 없다. 국가 행동에 대한 그러한 정당화는 허용되지 않는다. 미국의 권리 보호 체계는 이러한 면에서 본다면 "절대적"이다. 그것은 오직 일정한 조건하에서 작위와 부작위를 명하는 반면에 특정한 정당화 사유를 무조건적으로 배제하는 것이다.

다른 방식으로 공식화하면, 권리는 규정하는 것이고, 금지하는 것이 아니다. 미국 법원은 보통 단순히 정부 행위를 불법적인 것으로 금지함으로써 헌법적 권리를 옹호하는 것이 아니다. 오히려 법원이 하는 것은 관련된 정부 기능이 부과한 제한과 담당하거나 생략하는 행위에 대한 합법적이고 실질적인 근거를 제공하도록 요구하는 것이다. 이것은 미국의 사법권이 민주적 책임성(democratic accountability)에 기여하는 한 방식이다. 입법이나 행정 권력이 권리라고 현재 불리는 이익을 침해할 때마다 입법이나 행정 권력으로 하여금 그들이 추구하는 목적의 중요성과 그들이 선택하는 수단의 적절성을 공식적으로 발표하도록 강제하는 것이다. 권리는 작위와 부작위에 대한 특정한 정당화 사유를 허용되지 않는 것으로 규정한다.[4]

권리를 정책의 경로를 막는 절대적인 거부권으로 오해하는 것을 막기 위해 우리는 경쟁하는 이익들간의 지속적인 형량의 필요성을 강조하는 것을 선택할 수 있다. 그러나 "형량" 비유는 권리가 절대적이라는 모호한 관념만큼이나 오해하기 쉬운 것이다. 모든 경쟁하는 권리가 서로에 대하여 형량 되어야 한다면, 권리의 주장은 필연적으로 이익의 주장과 다르지 않게 된다. 그러나 이것은 지나친 단순화이다. 왜냐하면 권리가 문제가 되었을 때 정부는 식별할 수 있는 다른 이익이 있었다는 주장만으로는 해당 권리를 강제하지 않는 것을 정당화할 수는 없기 때문이다.

이것은 일상에서 친숙한 현상이다. 한 친구가 당신에게 비밀로 무언가를 말한다면 친구의 생명을 지키기 위해 약속을 깨는 것이 필요하다면 당신은 약속을 깨도 된다. 당신은 친구의 문제에 대하여 수군거리는 것이 재미있다는 이유만으로는 비밀을 누설하지 않을 것이다.

친구가 결혼을 할 때 만약 당신의 아이가 아프고 아이를 대신 돌봐줄 사람을 찾지 못하면 당신은 유감스럽게도 친구의 결혼식에 참석하지 않기로 결정할 수 있다. 그러나 예식 시간에 TV에서 유명 시트콤이 방송된다는 이유만으로 친구의 결혼식에 불참하지는 않을 것이다. 우리의 보통의 결정은 대개 단지 사소하다기보다는 완전히 부적절한 특정 이유를 배제하는 것에 근거한다. 그래서 법률 외부에서의 결정은 이러한 관점에서 "절대성"에 의해 영향을 받는 것이고, 단지 형량만의 문제는 아니다.

법적인 측면에서 행해지는 결정도 마찬가지이다. 특정한 이익의 부분집합을 법적으로 강제할 수 있는 권리로 법이 인정할 경우, 그것에 간섭하는 것에 대한 받아들일 수 있는 이유들 중에서 특정한 정당화 사유를 배제하게 된다. 특정한 정당화 사유가 받아들여질 수 없는 범위에서 권리는 제한된 목적을 위하여 절대적인 방식으로 작동한다. 그러나 더 설득력 있는 정당화가 항상 수용할 수 있도록 남아있기 때문에 권리를 침해하고자 하는 자가 그것을 무시하는 것에 대한 합법적이고 충분히 무게감 있는 근거를 제공할 때 권리는 협상의 대상이 될 수도 있다. 자원의 희소성은 비록 유감스럽지만 권리를 보호하지 못하는 것에 대한 합법적인 이유이다. Deshaney 판결에 대한 두 가지 이론은 어떤 것도 결국에는 확신을 주지는 않지만, 이 강력한 진실에 대한 유용한 예증을 제공한다.

헌법적 권리 중에서 표현의 자유는 가장 소중한 것들 중

하나이다. 표현의 자유가 다른 권리가 침해될 것을 알릴 가능성을 높이기 때문에 표현의 자유는 극단적인 상황에서조차 또는 오히려 극단적인 상황에서 특히 보호할 가치가 있다. 표현의 자유의 많은 심리학적, 도덕적, 예술적, 종교적, 그리고, 경제적 기능과 같이 표현의 자유는 민주적 자치를 위한 필수적인 전제조건이다. 표현의 자유는 일반 국민으로부터 뿐만 아니라 정부 외부의 전문가들로부터 제안과 비판을 받음으로써 정치적 책임성을 보장하고 정부의 부패를 없애고 권력의 공공연한 남용을 억제하고 정책 결정의 질을 높이도록 해준다. 후진국에서 표현의 자유는 기근을 예방하는 것을 도울 수 있기도 하다.[5] 이러한 이유로 인해 표현과 소통의 자유가 때때로 다른 모든 권리가 의존하는 자유로 묘사된다. 표현의 자유가 미국법 문화 내에서 특별한 지위를 갖고 빈번하게 침해될 수 없는 것으로 불리는 것은 전혀 놀라운 일이 아니다.

그럼에도 불구하고, 사인과 사적 집단들 사이에서 상호적인 해악을 끼칠 위험을 항상 수반하는 공공 행위의 다른 형태와 마찬가지로 표현은 상당한 이유에 따라 항상 규제된다. 권리는 권력이고, 이는 남용될 수 있는 권력이다. 미국인들은 정부가 표현의 자유를 제한할 수 없는 것처럼 다룰 때 지금보다 확실히 불행하게 될 것이다. 위증, 뇌물공여 시도, 가격 조작, 사기적이고 오해를 일으키는 상업 광고, 아동 포르노, 음모 이론, 대통령을 암살하겠다는 위협, 그리고 다른 많은 표현의 형태들을 제한하는 (합리적인) 성문법이 있다. 근본주의적인 언론 자유 주창자(free-speech purist)들조차도 개인의 자유와 자치라는 미명하에 이러한 모든 제한을 폐지하는 것을 선호하지는 않는다. 이 영역의 교조적인 극단주의자들도 실제로는 정치적 사법적 권력이 소통과 표현을 규정한 선을 대개 상대적으로 약간 이동하기 위해서만 노력하고 있는 것이다. "표현의 자유의 절대적 신봉자(free-speech absolutists)"라고 주장하는 이들도 실제로 절대적인 표현의 자유를 의도하지는 않는다. 표현에 대한 일부 제한은 표현의 자유를 강하게 보호하는 나라에서 조차도 상식적이다. 만약 표현의 자유가 다른 중요한 이익이나 권리가 위험에 있을 때조차 규제로부터 자유로운 선험적인 요구로 다뤄질 때 오히려 우리의 자유는 감축될 것이다.

그러나 어떠한 원리가 우리가 헌법적으로 보호되지 않는 표현으로부터 헌법적으로 보호되는 표현을 구분하도록 도와주는가? 헌법 이론가들은 이러한 원리를 고안해 내는 데 있어 매우 창조적이었다. 그러나 미국에서 표현의 자유가 사회적으로 수용할 수 없는 결과(위증의 바람직하지 않는 사회적 비용과 위에서 열거된 불법적인 표현 행위를 포함하여)를 가지는 것으로 널리 인식될 때, 이 권리는 별다른 저항 없이 축소된다. 표현의 자유의 제한되지 않는 행사의 부작용이 예외적으로 해로울 때 표현의 자유는 협상의 대상이 될 수 있다. 이러한 몇몇 제한은 도덕적으로 바람직하지 않지만, 그러한 제한을 정치적으로 피할 수 없는 상황하에서 이루어지는 제한은 그렇지 않다. 사법부의 눈에 표현의 자유를 제한하는 것에 대한 이유가 충분한 합법성과 무게를 갖고 제한성이 더 낮은 수단이 더 적은 비용을 들여 바로 사용할 수 없을 때 표현의 자유는 제한될 수 있다. 반대로, 그것을 제한하는 공적 사법적으로 수용할 수 있는 정당화가 발견되지 않을 때는 헌법적 권리가 우선할 것이다.

국기 태우기라는 논쟁적인 주제는 이러한 요점을 잘 예증한다. 정부는 공무원들이 시위대들을 싫어한다는 이유나 이것이 특별히 악의적이고 비애국적인 행위라고 믿는다는 이유, 또는 많은 사람들이 국가의 존엄의 상징인 국기에 대한 분노의 표현에 의해 화가 날지도 모른다는 이유로 국기 태우기를 규제할 수는 없다. 그러나 정부는 사적 재산을 파괴로부터 보호하기 위한 중립적인 근거에서는 국기 태우기를 규제할 수는 있다. 표현의 자유는 그것이 매우 엄격하게 제한된 조건에서만 협상의 대상이 될 수 있기 때문에 보통의 이익보다는 소중한 권리로 분류된다.

1차 수정 헌법이 도입될 당시, 그것의 기초자들은 표현의 자유에 대해 특히 급진적인 생각을 거의 갖고 있지 않았다. 그들 대부분은 질서 있는 정부는 잠재적으로 비방하는 유력한 표현으로부터 특정한 상황에서 보호 받아야 하는 본래 약하고 상처 받기 쉬운 존재라는 점에 대해 동의하고 있었다.

확실히 1차 수정 헌법의 기초자들은 입이나 펜에서 나올 수 있는 어떤 것에 대한 제한도 금지할 의도를 하지는 않았다. 1차 수정 헌법의 기초자들이 특히 의도하였던 바에 대하여는 많은 논쟁이 있다. 그러나 어느 누구도 표현의 자유에 대한 현재의 관념이 1차 수정 헌법의 기초자들이 생각했던 것보다 훨씬 넓다는 것은 부정하지 못한다.6 미국에서 표현의 자유의 의미는 1790년대에 발전하기 시작했고 그 이후 계속 발전해왔다. 특정한 시기의 표현의 자유의 범위는 항상 법원의 해석의 변화에 의존했다. 오늘날 후보자를 선출하는 데 돈을 쓰는 것은 헌법적으로 보호되는 표현의 자유의 한 형태이다. 반면에 개인의 징병 카드(draft card)를 태우는 것은 그렇지 않다. 이러한 차이는 불가피한 것이라기보다는 옳건, 그르건 그것은 해석의 문제이다.

오늘날 정부는 일반적으로 사람들이 그것이 포함하는 사상에 의해 기분이 상하기 때문에 해당 사상의 표현을 처벌하지는 않는다. 몇몇 개인과 집단은 공산주의자들의 팸플릿에 포함된 생각에 의해 중대하게 기분이 상할 수도 있다. 그러나 기분을 상하게 하는 사상에 대한 지속적인 노출로 인해 도덕적 상처가 커서 자살할 정도로 절망에 빠지더라도, 적어도 미국에서는 기분을 상하게 한다는 것은 보통 공적 행위를 위한 합법적인 근거가 되지는 않는다. 표현의 맥락에서, 표현된 사상의 내용의 난폭함은 정부의 규제를 위한 근거로서 절대적으로 배제된다. 결과가 무엇이든, 기분을 상하게 한다는 것은 종종 표현을 제한하는 것에 관한 수용할 수 없는 근거이다. 직장 내 성희롱에 대한 논쟁적인 제한조차도 고용 차별을 예방하기 위한 방법으로 정당화되는 것이지 기분을 상하게 하는 것을 예방하기 위한 것으로 정당화되는 것은 아니다.

표현의 자유는 선호하지 않는 사상에 대한 직접적인 검열에 대항하는 것보다 훨씬 많은 것을 포함한다. 모든 독재자들은 명시적으로 그러한 표현을 금지하는 것 없이도, 단지 시위나 집회가 열릴 것 같은 장소의 교통을 통제함으로써 자신이 귀찮게 생각하는 대중의 저항을 효과적으로 제압할 수 있다는 것을 알고 있다. 그러므로 미국법에서 보호되는 표현의 자유는 공공장소로의 접근권을 포함하고, 논리적 결과로 공로나 공원과 같은 특정의 공공장소가 공개되고 표현 활동을 위해 이용될 수 있을 것을 보장할 권리를 포함한다.

이러한 특별한 방법으로서의 표현의 자유는 단지 정부가 불간섭주의를 취할 것을 요구하는 것은 아니다. 왜냐하면 공개된 공공의 장소를 유지하는 것은 보통 많은 공적 비용을 수반하고, 일정 정도의 강제적인 과세와 지출을 필요조건으로 하기 때문이다. 연단을 세우고 청중들이 모이고 지지자들이 행진을 할 수 있는 공적으로 지원되는 공간에 들어갈 권리는 특정 국민들의 이익을 위해 국민들에게 비용을 부담시킨다. 실제로 연방 대법원은 정부가 표현과 관련된 활동의 비용을 공공 공원에서의 시위자들과 같은 표현의 자유의 직접적 행사들에게 부과할 수 없다는 것을 강하게 시사했다.7 특히 언론의 자유를 행사하거나 시위에 관심이 있지 않은 사람들을 포함한 모든 납세자는 비용을 부담해야 한다. 산책하는 사람들은 대부분의 공공 공원에서 산책하기 위해 티켓을 구매할 필요가 없다. 유사하게, 법적인 권리는 공동체 전체에 부과되는 세금에 의해 보조를 받는 것이지 일정 시간에 권리를 행사하게 된 개인들이 부담하는 수수료에 의해 보조를 받는 것이 아니다. 이것은 우연한 조정이 아닌 필요한 것이므로 권리 보호 영역에서의 자원의 재분배는 불가피한 것으로 보인다.

이에 관련된 함의는 심오하다. DeShaney 사건에서의 논리와는 완전히 대조적으로, 법원은 표현의 자유라는 맥락에서 정부의 보조는 헌법적으로 요구될 수 있다고 지적했다. 법원은 어떻게 그 사건들을 구분할 수 있었을까? 아마도 법원이 말하고자 한 것을 선해한다면, 표현의 자유는 공적으로 보조받는 표현을 위한 공간이 공동체의 자원을 요청하는 다른 주장에 비하여 높은 예산상의 우선순위가 할당되어야 한다는 것이다. 이러한 점은 표현의 자유를 미국 시민의 이익에 불과한 것이 아니고 권리로 분류하는 것에 의하여 암시된다.

그러나 이것이 법원의 관점이라면, 법원이 비용을 고려하지 않는 논리는 법원으로 하여금 건설적인 비판을 유발할 정도로 충분히 명확한 용어로 결론을 명확하게 말하는 것을 막거나, 또는 법원의 깊은 전제를 명확히 하는 것과 법원의 접근방법의 더 넓은 함의를 공표하는 것을 막는다.

CHAPTER 7

권리를 강제하는 것은 자원을 분배하는 것을 의미한다

투표권은 다른 권리들보다도 절대 비용이 적게 소요되는 것이 아니다. 선거 운동을 위한 개인적인 지출은 논외로 하더라도, 1996년의 선거는 아마도 미국의 납세자들로 하여금 3억 달러에서 4억 달러 사이의 비용이 들도록 했을 것이다.[1] 물론 정확한 전국적인 통계는 얻기 어렵다. 이것은 부분적으로는 선거를 운영하는 대부분의 공공의 비용이 주와 자치체(municipalities)에 의해 조달되기 때문이다. 연방의 지출은 많지 않다. 주의 납세자들은 투표용지를 인쇄하는 데 드는 비용, 기표 용품을 위한 비용, 투표자들을 위한 안내서를 위한 비용을 지불한다. 자치체의 납세자들은 투표소의 직원의 급여와 운영 비용을 부담한다. 투표장은 질서가 유지되어야 하고, 투표장 주변에서의 광고는 금지되어야 하며 투표 사기는 예방되고 탐지되어야 한다. 시장 선거를 하는 것은 상원의원 선거나 대통령 선거를 하는 것과 같은 정도의 비용을 시에 부담시킨다는 점이 주목되어야 한다. 일단 선거를 개최하는 초기 투자가 이루어지면, 더 많은 후보자와 투표용지를 위한 추가 비용은 미미하다.

법철학자 한스 켈젠(Hans Kelsen)이 말했던 것처럼, "선거 공무원의 의무는 시민의 투표권에 대응한다."[2] 그리고 선거 공무원은 보통 급여를 받을 것이라는 점을 그도 인정했을 것이다. 지리적으로 모든 투표권자에게 거의 동등하게 접근권을 주도록 투표소는 다양한 장소에 설치되어야 한다. 특정한 조건하에서 국가는 재판을 기다리는 수용자나 범죄로 인한 기결수들이 이용할 수 있는 부재자 투표 절차를 만들 헌법적인 의무를 부담하기도 한다.[3] 그리고 지역과 주 정부는 공정한 선거를 위한 전제조건이 갖추어지도록 일반적인 세금 예산을 이용해야 한다. 왜냐하면 그들은 개별적인 투표세나 수수료를 바탕으로 투표권을 조건부로 부여할 수는 없기 때문이다. 이렇게 정부에 의해 운영되는 지원은 필수적으로 재분배적 성격을 갖는다.

아마도 선거의 비용이 도시마다 매우 다르기 때문에 주의 공무원들은 완전한 계산을 하는 것에 대하여 이례적인 정도로 소극적임에도 불구하고 입수 가능한 수치들이 어느 정도 선거의 비용을 암시한다. 매사추세츠(Massachusetts)에서, 1996년 대통령 선거 전에 통과된 주법은 투표소가 더 장시간 동안 운영되도록 했다. 이러한 사소한 법 개정은 매사추세츠(Massachusetts) 납세자들로 하여금 약 80만 달러를 더 부담하도록 했다.[4] 주 정부에 의해 선거 비용에 대한 연구가 수행된 캘리포니아(California)에서는 모든 주 단위의 선거(대통령 선거, 상원의원 선거, 주지사 선거 등)는 4,500만 달러에서 5,000만 달러 가량의 비용이 소요되었다. 이것은 또한 별도의 투표용지를 요하는 모든 국민투표에 대해서도 마찬가지이다. 영어뿐만 아니라 스페인어로도 인쇄되는 것을 포함한 투표자 안내를 위한 인쇄 및 송달 비용만으로도 300만 달러에서 1,200만 달러까지 이를 수 있다. 캘리포니아(California)에서 투표자당 비용은 각 자치체의 투표 시스템에 따라 2~5달러 정도에 이를 것으로 추정된다.[5]

오늘날, 만약 법원이 허용할 수 없는 인종적 게리맨더링을 불법이라고 선언할 수 없었다면, 투표권은 헌법에 반하여 침해되었을 것이다. 이러한 구제활동을 위한 비용, 더 일반적으로는, 별도의 비용을 내지 않는 공정한 선거를 조직화하고 수행하기 위한 비용은 원하는 납세자와 원하지 않는 납세자 모두로부터 투표 여부에 관계 없이 같게 추출된다. 모든 납세자들이 비용을 내는 대신에 투표자들만 선거 수행을 위한 공공의 비용을 지출하기 위한 수수료를 내야 한다면 투표는 매우 다른 행동이 될 것이고 매우 다른 사회적 의미를 가질 것이다.

강제적 재분배의 온건한 형태가 포함되어 있다는 점이 투표권에 대한 반대 주장이 아니라는 점은 명백하다. 사실, 우리는 대의제 정부가 전제하는 과세와 지출에 대해 너무나 익숙해서 그것을 당연하게 여긴다.

표현의 자유에 대한 권리와 투표권이 모두 공공의 지출을 요구하고, 재분배적 결정을 전제하고, 절대적인 것보다는 상대적인 것이라 할 때, 다른 권리에 대하여도 이것은 마찬가지이다. 4차 수정 헌법은 비합리적인 수색과 압수를 당하지 않을 권리를 부여한다. 그러한 권리는 정부로 하여금 어떤 조건에서는 매우 비싼 서비스, 즉, 경찰의 행동을 면밀히 감독하고, 공정하면서도 신속하고 믿을 만한 처벌 체계에 의해 비행을 예방하도록 강제한다. 그리고 시민들이 경찰 공무원의 행동에 대하여 책임을 부과하고자 한다면, 그들은 고소된 공무원 또한 누릴 권리가 있는 절차적 보호에 대한 재원을 조달해야 한다. 실질적인 문제로서 납세자로부터 추출된 자원은 치명적인 무기로 무장한 경찰 공무원이 불법적으로 행동하지도 않고 불법적으로 행동한 것으로 잘못된 형을 선고받지 않는 것을 보장하기 위해 쓰여져야 한다. 사적인 자유는 공적 기관의 질에 의존한다. 권리를 최고의 패로 보는 주장에 찬성하는 사람들 또한 권리를 억압적이고 간섭하기 좋아하는 공동체에 대항하는 가장 소중한 개인적 이익을 보호하는 장벽이라고 해석한다. 개인들은 다수결을 피하기 위하여 그들의 권리에 호소한다. 권리는 개인들을 대중에 의한 지배로부터 보호한다. 이러한 반다수결주의에는 일정한 진실이 있다. 우리 모두는 다수의 편협과 불관용에도 불구하고 비순응적인 발언이나 자신의 종교를 실행하고자 하는 종교적 국외자들의 자유를 위한 외로운 비타협적 투쟁에 익숙하다. 그러나 권리가 자신이 태어나고 양육된 공동체에 대항하여 고독한 개인이 주장하는 것으로 적절하게 묘사될 수 있는가? 권리가 공동체에 대항하여 정립된다는 생각은 명백히도 매우 단순한 것이다. 왜냐하면 권리는 우리가 공동체로서 특별한 보호를 수여한 이익이고, 대개 그것들이 "공공의 이익"과 관련되기 때문이다. 왜냐하면 권리는 전체로서의 집단의 이익이나 공동체의 다양한 구성원의 정당한 처우와 관련되기 때문이다. 권리를 인식하고, 보호하고, 재원을 조달함으로써 집단은 그 구성원들에게 더 많이 이익이 될 것으로 추정되는 것을 고양한다.

　재산권은 소유자가 개량의 이익을 가지는 것을 허용함으로써 그들이 재산을 개량하는 것을 촉진한다. 이러한 제도는 사회적 목적을 위해 창설된 것이다. 그것은 국가의 부동산과 자본시장에 대하여 통찰력 있으며 이는 긍정적인 효과를 가진다. 외견상 개인적인 다른 권리도 마찬가지로 집단적 이익으로 널리 인식되는 것을 촉진하기 위해 집단적으로 부여되고, 고안되고, 재조형되고, 해석되고, 조정되며 강제된다. 그것들은 집단적 이익을 위하여 입법부와 법원을 포함한 공공 기관에 의해 보호된다. 시인컨대, 그리고 중요하게도, 권리는 일단 개인에게 부여되면 어떤 면에서는 집단에 "대항하여" 작동하기도 한다. 집단은 구성원 개인으로부터 분리된 존재가 아니므로, 집단은 그것이 정치적으로 잘 조직화되고 책임 있는 정부의 기구를 통한 일관된 방법으로 행동할 수 있을 때에만 권리를 정의하고 수여하고 해석하고 보호할 수 있다.

권리가 집단적인 목적에 기여한다는 주장과 관련하여 철학자 조셉 라즈(Joseph Raz)는 "내가 만약 내 스스로의 권리는 없지만 표현의 자유를 향유하는 사회에서 살 것인지, 표현의 자유가 없는 사회에서 그 권리를 향유할 것인지 중에 선택을 한다면 나는 주저 없이 내 개인적 이익이 첫 번째 선택지에 의해 더 잘 보호된다고 판단할 것이다"[6]라고 언급한다. 표현의 자유는 주로 부적절한 정부 행동의 위험을 줄이고, 과학적 진보를 촉진하고, 지식의 전달을 격려하고, 정부의 억압이나 남용이 강력한 저항에 맞닥뜨릴 것을 보증하는 것과 같은 사회적 결과 때문에 개인에게 이익이 된다. 표현의 자유가 없는 사회의 개인은 자유의 부족이 그 사회에 가하는 것으로부터 가장 고통을 받을 것이다. 그래서, 공정한 재판을 받을 권리, 비합리적인 압수와 수색으로부터의 자유, 종교의 자유에 의해 촉진되는 개인적 사회적 복지 모두 마찬가지일 것이다. 이 모든 경우에서 적절한 권리는 개인적으로 그 시점에 그것을 주장하는 사람들을 넘어 많은 사람들의 이익을 보장하는 것을 돕는다. 이것이 대부분의 권리가 좁은 범위의 사용자 수수료에 의해서보다는 일반 예산에서 재원을 조달받는 한 이유이다.

CHAPTER 8

교환(tradeoffs)을
피할 수 없는
이유

　　루즈벨트 전 대통령은 1944년에 제 2 차 권리장전을 다음과 같이 제안했다.

　　말하자면, 우리는 지위, 인종, 신조에 관계없이 모두를 위한 안전과 번영의 새로운 기초가 될 수 있는 2차 권리장전을 수용했다.
　　이 나라에 있는 사업 또는 상점, 농장, 또는 광산에서 유용하고 보수가 있는 일자리를 얻을 권리

적절한 음식, 의복, 여가를 제공하기에 충분한 돈을 벌
권리
모든 농부가 생산물을 기르고 팔아서 자신과 가족의 적절
한 생계를 꾸릴 대가를 받을 권리; …
모든 가족이 적절한 집에서 살 권리
적절한 의료 보장을 받을 권리와 양질의 보건을 얻고 향
유할 기회
고령, 질병, 사고, 실직의 경제적 공포에 대항하는 적절한
보호를 받을 권리
양질의 교육을 받을 권리[1]

반세기 후, 전 세계의 사람들이 여전히 어떤 권리가 헌법적인 것인지에 대하여 논쟁하고 있다. 예를 들면 헌법은 사회보장을 받을 권리를 보호해야 하는가? 주택, 복지, 음식에 대한 권리는 어떻게 이해해야 하는가? 근로에 관한 헌법적인 권리가 있는가? 루즈벨트의 비난자들은 그러한 "권리"를 정부 개입으로부터의 전통적인 자유와 같은 지위에 놓으려는 그의 시도를 비웃는다. 1966년에 UN이 수용하고 많은 새로운 공산주의 이후의 헌법에 말 그대로 복사된 경제적, 사회적, 문화적 권리에 관한 국제협약이 최소한의 사회적 경제적 보장을 그것들이 시민의 자유와 정치적 권리인 것처럼 다룰지라도, 그들은 이런 권리들을 헌법화 하는 생각에 대하여 열렬히 반대한다.[2]

복지권 및 다른 사회, 경제적 보장이 국가의 행위를 촉구

CHAPTER 8 교환(tradeoffs)을 피할 수 없는 이유 147

하는 것이고 개방적으로 규정된 것이라는 점은 익숙하게 언급된다. 그러한 권리들은 완전히 보호된 적이 없었다. 이러한 묘사는 정확하지만 비합리적인 수색과 압수, 경찰의 잔인함으로부터의 자유와 같은 종래의 권리는 완전히 강제될 수 있다는 전제와 함께 설명되어서는 안 된다. 복지권의 보장을 위하여 비용이 소요되기 때문에 복지권에 반대하는 사람들은 재산권이 완전히 보장될 수 있다고 가정해서는 안 된다. 왜냐하면 국가 행위를 촉구하는 복지권과 한정된 재산권 사이의 관습적인 대조는 엄밀히 살펴보면 타당하지 않기 때문이다. 정부의 개입으로부터의 우리의 자유는 우리가 공적 부조를 받을 권리만큼이나 정부의 예산에 의존한다. 양 자유 모두 해석을 필요로 한다. 양 자유 모두 공공 재원으로부터 급여를 받으며 권리를 해석하고 보호하는 데 있어서 상당한 재량을 갖는 공무원들에 의해 이행되어야 한다.

가난한 국가는 1세대 권리를 보호할 능력은 있지만 2세대 권리를 보호할 능력이 없다는 주장은 완전히 잘못된 주장은 아니지만, 이미 언급한 것처럼 그것은 매우 단순화된 주장이다. 1세대 권리를 진지하게 고려하고, 그리고 1세대 권리를 보호하는 데 상당한 비용이 드는 것으로 판명되었다면, 가난한 국가들은 그러한 권리조차도 보호할 수 없다. 미국의 역사적으로 전례 없는 부에도 불구하고 미국의 가난한 지역에서 공정한 재판을 받을 권리가 항상 보장되지는 않는 것처럼 가난한 국가들은 공정한 재판을 받을 권리가 실제에서 항상 존중된다고 보장할 수 없다. 모든 권리는 그 보호에 비용이 소요되고 그로 인해 완벽하고 완전하게 보호될 수는 없다는 단순한 이유 때문에 개방적으로 규정된 것이다. 모든 권리는 국가의 행동을 촉구하는 것이다.

가난하건 부유하건, 국가는 사회적·경제적 보장을 헌법화해야 하는가? 이것은 그러한 권리의 본질적 성격에 관한 철학적 질문일 뿐만 아니라 매우 실용적인 질문이기도 하다. 제도적 능력에 관한 쟁점을 유발하고 가용한 자원, 예상 가능한 부작용, 경쟁하는 목표들을 고려함으로써 결정되어야 하는 공공 재정에 관한 쟁점도 유발한다. 철학적 주장은 최소한의 보장이 기본적 인간의 이익으로 분류될 가치가 있다고 설명할 수도 있다.3 사람이 최소한의 음식, 쉼터, 건강 관리 없이는 번듯한 삶을 영위할 수 없다는 것은 분명하다. 그러나 공공 부조에 대한 절박한 필요를 "기본적"이라고 칭하는 것이 우리를 멀리까지 이끌지는 못한다. 공정한 사회는 그 시민들이 음식과 쉼터를 가질 것을 보장할 것이고, 적당한 의료 보장을 위해 노력할 것이며, 양질의 교육, 좋은 일자리, 깨끗한 환경을 제공하기 위해 노력할 것이다. 그러나 공정한 사회가 이러한 목적들 중 어떤 것을 법적이든 헌법적이든 권리를 창설함으로써 추구해야 하는가? 이것은 추상적인 이론만으로는 답변할 수 없는 문제이고, 모든 것은 맥락에 의존한다.

복지권을 헌법화 하는 것에 반대하는 사람들은 대개 다음과 같이 주장한다. 헌법은 제한된 임무를 수행하는 법적 규범이다. 국가가 일정 수준의 사회가 요구하는 모든 것을 법적으로 구속력 있고 강제 가능한 것으로 만들고자 한다면, 그 헌법은 일관성을 상실하는 위험을 감수해야 한다. 만약 미국인들이 주거, 보건에 관한 비용이 소요되는 헌법적 권리를 창설했다면, 그것은 국가의 경제에 의존하는데, 우리는 우리의 권리장전에 너무 큰 부담을 지우게 된다. 사실, 우리가 때때로 수행할 수 없는 가치 있는 서비스를 "헌법적 권리"라고 명명함으로써 국민들의 눈에 전통적인 미국식 자유의 가치가 떨어져 보일 수도 있다. 국민들은 헌법적 권리가 그 당시 가용한 자원에 따라 존중 받는지 여부가 달라지는 것이므로 보기 시작할 것이다.

이러한 관점은 어느 정도 설득력을 가지고 있다. 그러나 모든 권리가 국가 경제와 공공 재정에 의존하는 것이기 때문에 복지권을 헌법화 할 것인지 여부는 그러한 근거만으로는 결정될 수 없다. 국가 재정이 없다면, 미국인이 존중하는 어떠한 권리도 믿을 만하게 강제될 수 없다. 모든 권리는 일정 정도에서만 보호되고 그 정도는 부분적으로는 희소한 공적 자원을 어떻게 할당할 것인지에 관한 예산적 결정에 의존한다. 만약 권리에 비용이 소요된다면, 좋건 싫건 간에(like it or not), 정치학자 피터스(B. Guy Peters)의 공공 예산의 창설에 있어 정치적 선택의 불가피한 역할에 관한 경구를 원용한다면, "정치가 최고의 패"4이다.

독일과 같은 몇몇 국가들은 언론의 자유나 절차적 보장의 가치를 두드러지게 격하시키지 않으면서 특정한 종류의 복지권을 헌법화 했다. 이와 달리 미국의 국가 복지는 헌법이 아니라 거의 대부분 법률에 의존한다. 그러나 위 2가지 방법에는 눈에 보이는 것보다 차이가 적다. 복지권에 대한 주장은 현대 경제와 사회로부터 강하게 발생한다. 대부분, 복지권이 받는 보호의 수준은 공식적으로 헌법화 되었건 아니건 간에 사법권에 의해서가 아니라 정치적으로 결정된다.

개발도상국에서는 최소한의 복지 보장에 관한 2세대 헌법적 권리는 바람직하지 않다고 생각할지도 모른다. 왜냐하면 그러한 권리들은 정도에 있어 친숙한 자유에 관한 1세대 자유에 비해 훨씬 더 많은 비용이 소요되고, 그러한 권리들은 적절한 사회적 기여를 하지 않고, 또는 그러한 권리들은 정부의 기본 목적에 대하여 잘못된 신호를 보낼 수도 있기 때문이다. 이것들은 실제적인 쟁점들이다. 그러나 1세대 권리는 "매우 귀중하고" 2세대 권리는 "값이 비싸"다고 여기는 것은 정확하지 않을 뿐만 아니라 법원이 입법부와 행정부의 지원 여부에 관계없이 그들 스스로가 권력을 발생시키고 그들 자신이 해결책을 부과할 수 있다는 환상을 유발한다. 미국의 사법권은 기본 원리들의 심판정일 수도 있고 아닐 수도 있지만,

그것은 확실히 공적 자원을 추출하는 정부부문에 의해 형성되고 유지된다. 그 부문은 사법부가 유지되고 기능할 수 있도록 사법부에 장소와 자금을 제공한다. 그러므로 권리의 비용에 대해 집중하는 것은 미국의 권력 분립의 중요하고 잘못 이해되는 측면을 조명하는 것이다.

많은 권리들이 미국 헌법에 나타나지만, 그들의 구체적인 내용이 견고한 헌법의 체계에 반영되어 있다고 생각하는 것은 실수이다. 우리의 헌법적 기본권의 견고한 의미가 30년 중 어떤 기간 동안에도 그대로 유지되지는 않을 것이다. 오래된 사회적 문제가 퇴장하고, 새로운 사회적 문제들이 나타나면서 권리가 해석되는 방식은 자연스럽게 진화한다. 미국인의 권리가 어떻게 끊임없이 변하는지에 대하여 주의를 기울이는 것은 상대주의를 옹호하는 것, 기본적 인권이 문화에 따라 매우 다르다는 것, 또는 정부는 그들이 원하는 대로 권리를 규정해야 한다는 것을 의미하는 것은 아니다. 그러나 설명에 관한 문제로서 권리는 중요한 면에서 맥락에 의존한다. 권리가 해석되고 적용되는 방법은 변화하는 환경과 지식의 발전 혹은 퇴보에 따라 변화한다. 표현의 자유는 그러한 점을 드러내는 예이다. 현대 미국 헌법 이론에서 표현의 자유가 의미하는 것은 그것이 50년 전이나 100년 전에 의미했던 것과 다르다. 1차 수정 헌법 권리의 의미와 함의는 과거에 변화하지 않은 적이 없었고, 확실히 미래에도 계속해서 변할 것이다.

이러한 끊임없고 예견 불가능한 진화에 대한 많은 이유가 존재한다. 가치, 사실, 그리고 손해의 쟁점에 관한 판단이 시시때때로 변한다. 그러나 변화의 다른 근원은 더 세속적인 것이다. 왜냐하면 권리는 모든 정치적 토양 중에서도 가장 가변적 예산 결정 과정에 뿌리를 두고 있고, 예산 결정 과정은 특히 정치적 협상으로 가득 차 있기 때문이다. 이러한 변화하는 토양 위에 세워졌기 때문에, 권리는 우리의 법적 확실성에 대한 열망에 비하여 불확실한 것이 될 수밖에 없다. 이러한 불안정한 실체를 고려하기 위해 우리는 권리를 시공을 초월한 것이나 그 성격상 절대적인 것으로 이해해서는 안 된다. 권리를 정치적 공동체에 대한 소속이나 관계로부터 파생되는 개인의 권력과 공동의 목적을 달성하고 일반적으로 긴급한 공동의 문제로 인식되는 것을 해결하기 위한 희소한 집단적 자원의 선택적인 투자라고 정의하는 것이 더 현실적이고 더 생산적이다.

　　독일, 멕시코, 브라질, 헝가리, 러시아 헌법은 다양한 형태로 안전하고 건강한 환경에 대한 권리를 포함한다. 이러한 권리들이 각 나라들의 법원 체계를 통해 강제될 수 있는 범위는 논쟁이 가능하나, 최선의 경우조차도 그 보호는 매우 약하다. 미국에서도 역시 국민들은 국가 단위에서 이렇게 법적으로 강제된 3세대 권리에 대하여 열정적으로 주장해 왔다. 그들은 환경 보호에 대한 이익이 보통의 정치적 과정에서는 구조적으로 저평가되고 있으며, 근시안적이고 이기적이어서 모두 신의 없는 수탁자처럼 행동할 것 같은 현대 세대에 의해 범해지는 환경 오염으로부터 미래세대가 보호를 받을 권리가 있다고 주장한다. 이론적 주장으로서 이러한 주장은 상당한 힘을 갖고 있다.

그러나 환경 보호에 대한 이익이 사법적으로 강제 가능한 권리의 지위까지 올랐다 할지라도 그것은 일정한 정도까지만 보호될 것이고, 그것에 소요되는 공공 비용은 정부가 부여하는 보호의 정도에 직접 비례하여 증가할 것이다. 환경 보호는 매우 비용이 많이 소요되는 일이다. 독성 폐기물의 제거를 보장하기 위해 고안된 기금(Superfund)조차도 한정되어 있다. 멸종 위기에 이를 정도로 밀렵되고 독살되는 위험에 처한 종을 구하기 위해서는 많은 비용이 소요된다. 이것들은 단지 두 개의 예에 불과하다. 미국에서 5,000만 명 이상의 사람들이 국가 대기 환경 오염 기준을 충족하지 못하는 지역에서 계속 살고 있다. 국가는 이미 환경 규제에 매해 1,300억 달러 이상을 쓰고 있지만, 우리의 환경 규제가 현재 제한된 자원을 가장 현명하게 사용하는 것인지는 확실하지 않다.

환경 보호에서 증가하는 관심이 "건강 대 건강 협상"이라는 현상에 쏠리고 있다. 그것은 한 위험에 대한 규제가 동시에 다른 위험을 증가시킬 때 생겨난다.[5] 절대주의적이고 단 하나의 목적을 염두에 두는 특정한 목적에 대한 접근은 전체적인 위험을 증가시킬 수도 있다. 분명 중요하지만, 아황산가스로부터 자유롭고 싶은 개인의 이익이 절대적인 권리로 다루어진다면, 새로운 환경적 문제를 포함하는 일정한 범위의 부가적인 사회적 문제가 발생할 수 있다. 아마도 아황산가스의 배제는 더 위험한 대체물로 이끌 수도 있고 혹은 심각한 폐기물 처리 문제를 유발할 수도 있다. 불가피하게, 몇몇 문제에 투입된 자원은 다른 문제에 사용될 자원을 박탈할 것이다. 환경적 자원으로부터 최대의 몫을 위험한 폐기물을 청소하기 위해 전용하는 정부는 깨끗한 공기나 물을 보호할 돈이 없게 될 수 있다. 매우 두드러진 환경적 위험에 대한 한 문제만을 생각하는 보호는 더 크고 더 오래 지속되는 환경적 이익을 협상의 대상이 되도록 할 수도 있다. 원자력 발전 사고로부터의 위험에 대항하는 적극적인 보호는 원자력 발전의 가격을 증가시키고 공급을 줄여 화석 연료에 대한 의존을 증가시켜 그 자체로 환경적 문제를 발생시킨다. 비타협적인 자세는 혼돈과 독단을 유발하고, 그에 상응하여 그것이 촉진하고자 하는 바로 그 권리에도 기여하지 못할 수 있다.

분별 있게 입법화되고 수행되기 위하여, 안전하고 건강한 환경에 대한 강제 가능한 권리는 가장 우선적인 문제에 한정된 자원을 사용해야 할 것이다. 연방 대법관 스테판 브레이어(Stephen Breyer)는 미숙한 우선순위 책정은 좋은 규제에 대한 핵심적인 방해물이라고 적극적으로 주장했다.[6] 이것은 환경권을 보호하도록 위임 받은 사람이 어떠한 문제와 어떤 집단이 집단적 자원에 대한 우선적인 주장을 하고 있는지에 대한 어려운 결정을 해야 한다는 것을 의미한다. 법률 체계의 핵심 목표는 참여자들이 다른 요소를 배제한 채 한 쟁점만 집중할 때마다 발생하는 일반적인 문제인 선별적인 주의의 문제를 극복하는 것이어야 한다. 권리의 비용에 대한 강조는 선별적 주의의 문제에 대한 해답으로서 이해될 수 있다. 깨끗한 공기의 보호가 고체 폐기물 처리 문제를 증가시킬 때처럼 "건강 대 건강" 협상은 "환경 대 환경" 협상과 동일한 선에 있고, 예를 들면, 환경의 질을 보호하기 위한 법적 체계의 이용이 예를 들면 폭력 범죄에 대항하여 보호하는 데 가용한 자원을 거의 없도록 할 때와 같이 "권리 대 권리" 협상이 발생하기도 한다.

환경은 대부분 집단적으로 향유되는 것이다. 만약 공기가 상당히 깨끗해지거나 덜 깨끗해진다면, 우리의 많은 사람 또는 대부분의 사람들은 긍정적으로나 부정적으로 영향을 받을 것이다. 이러한 점은 중요하다. 왜냐하면 모든 일반적인 환경의 질에 대한 "권리"는 수천 수백만의 사람을 위해 물과 공기의 질에 관한 적어도 최소한의 수준을 대변할 수 있는 개인 원고의 능력을 수반할 수 있기 때문이다. 사법적으로 강제 가능한 권리로 고양된 환경적 이익은 비용과 편익 측면 모두에 진지한 집단적 결과를 유발할 수 있었다. 그것들은 확실히 과세의 형태를 통한 일정 사람들로부터 다른 사람들에 대한 자원의 재분배를 포함하고 지출의 단계에서 부가적인 재분배를 수반한다.

따라서 미국에서 환경 보호에 대한 헌법적 권리를 창설하는 것은 어떠한 효과가 있을까? 몇몇 환경주의자들은 안전한 환경이 절대적인 선이고 "어떤 비용이 소요되더라도(whatever it takes)" 제공되어야 한다고 주장한다. 그러나 안전은 상대적인 것이지 절대적인 개념이 아니다. 문제는 "안전하냐 그렇지 않느냐"보다는 "얼마나 안전한지"이다. 더 높은 수준의 안전을 달성하는 것은 개인적이고 공적인 지출 모두를 필요로 한다. 그리고 아마도 이러한 지출들은 다른 곳에서 더 잘 이루어질 것이다. 만약 그것이 법원에서 강제 가능하다면 안전한 환경에 대한 헌법적 권리는 판사에게 그러한 권리가 적절히 존중 받는 지점을 인식하는 일을 위임할 수 있다. 법원은 이러한 일을 수행할 준비가 위너베이고 카운티(Winnebago County) 사회복지국 사건의 세세한 부분을 조정하기 위해 준비된 것보다 더 잘 되어 있는가? 일단, 그들은 그들이 특정한 할당의 결정을 만드는 것을 정당화할 환경이라는 주제에 관한 사실확인 능력이 부족하다. 다른 면에서 그들은 정치적으로 책임을 부담하지 않는다. 동등하게 중요하게도, 법원은 어떤 정책을 다른 대안에 우선해서 선정하도록 합리적으로 결정하기 위해서라도 최소한 필요한 복잡한 경제와 환경 주제에 관한 개관이 부족하다.

환경에 관한 법관들의 위와 같은 능력 부족은 그 자체로는 국민들의 환경에 대한 매우 뚜렷한 이익이 헌법에 들어설 자리가 없다는 점을 확고히 하는 것은 아니다. 아마도 그러한 "권리"는 법원에 대한 지시가 아닌 입법자에 대한 지시로서 창설된 것이고 단순하게 해석되어야 한다. 아마도 그러한 "권리"는 사법적으로는 전혀 강제가 가능하지 않으나 대신에 정치적인 논쟁에서의 무기로서 유용할 것이다. 아마도 그러한 유사 권리나 상징적 권리는 어떤 특정한 결과를 보장하기 위해서가 아니라 대신에 중요성을 표시하고 환경적 이익에 대한 정부의 무관심을 비판하기 위하여 고안된 것일 수 있다. 아마도 연방 대법원이 DeShaney 사건에서 그랬던 것처럼 법원은 정치적 행위자들이 눈에 띄게 자신의 책임을 해태한 사건에 대중의 관심을 끌어들임으로써 온건하고 적절한 역할을 수행할 수 있다.

특정 국가가 자신의 헌법에 환경의 질에 대한 권리를 정식으로 기술해야 하는지는 여전히 논쟁으로 남는다. 현재의 조건하에서 활동적이고 열정적이고 자주 성공적인 환경 운동이 존재하는 미국에서는 이러한 종류의 헌법 수정은 아마도 타당하지 않을 것이다. 그러나 만약 3세대 권리가 사법적으로 강제가 가능하게 된다면, 그것들은 비평가나 옹호자가 기대하는 것보다 덜 두드러질 것이다. 공공 재정의 관점에서 보면 3세대 권리는 기존의 권리와 극적으로 구분되는 종류의 권리라기보다는 또 다른 연속적인 것에 불과할 것이다. 브레이어 판사의 직관을 확장한다면 우리는 조악한 우선순위 설정이 권리 강제의 전 영역에 영향을 미친다고까지 말할 수 있다. 문제는 항상 "보호되느냐 않느냐"보다는 "얼마나 잘 보호되느냐"이다. 법적 권리를 강제할 위임을 받은 사람은 특정한 상황에서 어떤 문제, 어떤 그룹이 집단 자원에 대한 우선적인 주장을 가지고 있는지에 대하여 어려운 결정을 해야만 할 것이다.

아동 양육을 감시할 책임을 부여 받은 이들은 이러한 책임을 부담해야 하는 유일한 사람들이 아니다. 경찰력 남용을 당한 시민들은 조슈아 드샤이니(Joshua DeShaney)가 있었던 상황과 완전히 다른 상황에 놓여 있는가? 비합리적인 수색과 압수로부터 자유로울 그들의 권리를 생각해 보자. 비록 헌법적으로 포함되고 의심의 여지없는 권리이지만 이 권리는 협상의 대상이 되지 않는다는 관점에서는 절대적일 수 없다. 만약 그것의 범위가 "비합리적인"과 같이 모호하고 불확정적인 단어에 관한 변화하는 사법적 해석에 달려있는 한 어떠한 권리도 절대적일 수 없다. 훨씬 더 중요한 점으로 4차 수정 헌법의 원리는 공공이 그것이 실제에서 거의 위반되지 않도록 하기 위해 필요한 거대한 자원을 투입하려 하지 않는다면 절대적일 수 없다. 4차 수정 헌법이 매우 규칙적으로 위반되었다는 사실은 공공이 위와 같은 정도의 투자는 하고자 하지 않는다는 점을 보여 준다.

　한 경찰은 저자들 중 한 명에게 4차 수정 헌법이 그에게 "많은 문제가 되지는 않는다"고 말했다. 왜냐하면 "내가 4차 수정 헌법을 위반했다고 말하지 않는다면 나는 4차 수정 헌법을 위반하지 않는 것이고, 나는 결코 4차 수정 헌법을 위반했다고 말하지 않기" 때문이다. 감시 공무원들은 남용을 한 것으로 의심 받는 공무원들로부터 독립된 원천에서 나온 비행에 대한 믿을 만한 정보를 얻을 수 없다면 그들은 일을 효율적으로 할 수 없다. 감시 임무를 맡은 공무원들은 사법부 또는 상급 공무원들을 위한 보고서를 만들 때 사실을 주무르고 윤색하고 싶은 뚜렷한 동기를 갖는다. 터무니없는 정보료는 때때로 가장 소중한 권리들을 보호하는 비용을 엄청나게 비싸게 만들기도 한다. 비록 비합리적인 수색과 압수로부터 자유로울 권리는 헌법적으로 보장되었지만, 현실에서 그것은 항상 위반된다. 예산 결정의 정치학이 그러한 위반의 하나의 원인이다.

　재산권은 공동체의 의해 재원을 조달받을 뿐만 아니라, 논쟁의 여지가 없는 재산권의 비절대적인 속성은 재산권이 다른 요소들 중에서도 특히 비용에 의한 기능이기 때문이다. 소유자의 권리가 결코 침해 받지 않는다는 것을 보장하기 위해 얼마나 많은 비용이 소요될 것인가? 재산권이 실제로 강제되는 정도는 역사적 상황, 정치적 결단, 국가의 능력, 조세 예산의 규모 등에 따라 달라진다. 사적 재산을 보호하는 데 있어서, 부패와 인종적 편견으로부터 자유로운 정부를 비롯한 자유주의적 정부는 필수적으로 경쟁하는 다른 사회적 목적을 염두에 두고 정부의 희소한 자원을 아끼고자 한다. 예를 들면 재정의 일부는 거꾸로 다른 종류의 권리의 강화와 보호를 위해 유지되어야 한다. 권리를 공정하게 강제하기 위해 정부는 회계연도의 초기 몇 개월 동안 몇몇 개인들의 재산권을 보호하는 데 한해 예산 전체를 사용할 수는 없다. 어떠한 재산 소유자들도 자기 재산에 대한 100% 완전한 경찰 보호를 받기 위해 자신의 수입과 부의 100%를 세금으로 건네고자 하지는 않을 것이다(만약 이렇게 될 경우 재산권은 상실되는 것이다).

얼마나 재산권을 완전하게 보호할지에 대한 결정은 경찰, 행정 기관, 법원의 사실 조사와 계산 능력에 과도한 부담을 준다. 실제로 재산권은 다른 바람직하지 않은 이유로 공정하게 보호되기보다는 차별적으로 보호된다. 공적으로 급여를 받는 공무원이 가난한 흑인 또는 라틴인 거주 지역보다 부유한 백인 거주 지역에서의 탐욕스런 범죄를 예방하고 처벌하는 데 더 많은 시간을 투자한다면 재산권은 법적으로 위장된 강자의 이익과 닮게 된다. 그러한 불균형적인 권리의 강제는 분명히 법 앞의 평등에 대한 위반이다. 그러나 법을 강제하는 공무원이 다른 그룹에 비해 특정 그룹을 더 선호하지 않는다 할지라도 그들은 폭행이나 절도로부터의 보호를 제공하는 데 있어 여전히 선별적이다.

권리는 그것이 항상 완전하게 강제되지는 않는다 하더라도 또는 가능한 범위에서 완전히 자원이 풍부하지 않거나 납세자들이 인색하더라도 권리이다. 권리의 강제에서의 협상은 이루어져야 하고 또한 이루어질 것이다. 희소한 자원은 경찰을 감독하는 것과 경찰에 급여를 지급하는 것과 훈련을 시키는 것 사이에서, 경찰을 감독하는 것과 선거 공무원을 감독하는 것 사이에서, 경찰을 감독하는 것과 가난한 사람들에게 법률 구조를 제공하는 것, 가난한 사람들에게 식량카드를 나눠 주는 것과 청년들을 교육하는 것과, 노인을 요양하는 것과 국가안보에 재원을 조달하는 것과 또는 환경을 보호하는 것 사이에서 할당될 것이다.

도덕적으로 말해서 재산권의 불완전한 보호는 스스로를 구할 수 없는 사람들을 구타나 살인으로부터 미흡하게 보호하는 것보다도 훨씬 받아들이기가 쉽다. 우리는 재산권을 특별히 보호하지만 가장 크게 가능한 보호하는 것은 아니다. 그러나 가혹 행위나 살인을 당하지 않는 것에 관한 몇몇 미국인들의 이익에 대하여 재산권의 보호에 관한 다른 미국인들의 이익과 같은 수준의 관심이 부여 되는 것인가? 조슈아 드샤이니(Joshua DeShaney)가 보통의 두뇌 기능을 보유할 명백한 이익은 가장 높게 상상할 수 있는 수준의 정부의 보호를 받았는가? 그것은 웨스트햄프턴(Westhampton)의 주택 소유자가 받은 것보다 더 크거나 더 작은 수준의 보호를 받았는가? 바로 그 비교에는 그런 질문들이 유도해 내는 답변을 언급하지 않더라도 무언가 불편한 것이 있다. 그러나 실제에서 그 질문들은 모든 권리가 협상의 대상이 될 수 있다고 제시한다. 왜냐하면 비용이 소요되는 다른 것들과 마찬가지로 권리의 강제는 불가피하게 불완전하기 때문이다.

권리를 절대적인 것으로 설명하는 사람들은 중요한 사실적인 질문을 제기하는 것을 불가능하게 한다. 누가 누구를 위한 어떤 기본권의 집합에 어느 정도 수준의 자원을 조달할지를 결정하는가? 희소한 자원을 헌법적 권리를 포함한 경쟁하는 권리들 사이에 배분하는 우리의 현재 체계는 얼마나 공정하고 신중한가? 그리고 누가 정확히 그러한 할당의 결정을 만들 권력을 보유하는가? 권리의 비용에 대한 주의는 우리를 예산 계산의 문제뿐만 아니라 결과적으로 분배적 정의와 민주적 책임성이라는 기본적이고 철학적인 주제로 이끌어 간다. 실제로 그것은 우리를 아마도 미국 정치 이론에서 해결되지 않은 철학적 딜레마의 첨예한 부분으로 이끌어갈 것이다. 민주주의와 정의 간의 관계, 즉, 모든 중요한 선택에 적용 가능한 집단적인 결정 과정의 원리(민주주의)와 우리가 신중한 결정이나 다수의 뜻에 관계없이 유효하다고 생각하는 공정성(정의)의 개념의 관계는 무엇인가?

DeShaney 사건에서 연방 대법원은 헌법적 권리는 결코 국가로부터 도움을 받을 권리를 포함하지 않는다고 결론을 내려 명백히 오류를 범하였다. 그러나 법원은 암시적으로 심각한 문제를 인식하는 범위까지는 옳았다. 왜냐하면 사람의 생명에 대한 보호는 항상 할당의 결정을 포함하고 법관들이 항상 어떠한 할당의 설정이 현존하는 대안보다 더 좋거나 더 나쁠지를 결정할 만한 적절한 위치에 있지는 않기 때문이다. 권리의 비용 자체는 DeShaney 판결에서의 법원의 결정을 정당화하는 것은 아니다. 그러나, 더 일반적으로 자원의 희소성은 권리를 절대적으로 보호하지 못하는 정부의 실패에 대한 완전히 합법적인 이유이다. 이러한 직관은 1세대, 2세대, 3세대 권리 사이의 공통성을 보여 준다. 모든 권리는 국민들의 집단적인 기여에 의존한다. 모든 것은 희소한 자원의 선별적인 투자로 보일 수 있다. 모든 것은 중요한 면에서 정부의 행위를 촉구하는 것이다. 왜냐하면 어떤 것도 완벽하고 완전하게 강제될 수는 없기 때문이다. 물론, 차이도 있지만, 이러한 권리들의 공통성은 보다 최근에 제안되고 소개된 권리들이 미국 헌법의 기본정신에 위반한다는 관점을 반박하기에는 충분하다.

PART 3

권리가 **책임을** 수반하는 이유

THE COST OF RIGHTS

CHAPTER 9

권리가 너무 많이 나아갔는가?

 미성년자였던 위스콘신(Wisconsin)의 존 레드해일(John Redhail)은 고등학생 때 아버지가 되었다. 아이의 엄마는 그를 상대로 친자확인소송을 제기하여 승소하였고, 법원은 레드해일(Redhail)에게 아이가 18살이 될 때까지 매월 109달러를 지급하도록 명령했다. 가난하고 실업자인 레드해일(Redhail)은 법원이 명령한 부양료를 지급하지 않았다. 2년 후 그는 매리 자블로키(Mary Zablocki)와 사이에 혼인 신고를 하였으나, 자녀의 부양 의무를 다하지 않는 사람들을 결혼할 권리가 박탈될 수 있다는 당시의 위스콘신(Wisconsin)법에 근거하여 그가 아이 부양료를 지급하지 않았다는 이유로 받아들여지지 않았다.

연방 대법원은 문제된 위스콘신(Wisconsin)법이 위헌이라고 선언했다.[1] 연방 대법원이 설명하듯이 결혼할 권리는 "기본적인 것"이고 위스콘신(Wisconsin) 주는 혼인 신고를 거부하는 것과 같은 비전형적인 수단을 통해 부양 의무를 강제할 수는 없다. 혼인 신고를 기각한다고 하여 아이에게 부양료가 지급되는 것도 아니고 다른 가용한 부양료 추심 방법이 헌법적으로 보호되는 권리를 침해하는 것도 아니다. 게으른 아버지의 결혼할 권리가 자녀에 대한 도덕적 책임보다 우선되어야 하는가? 이러한 기본적 자유는 명백히 정부에 의해 창설되고 유지되는 과정이 없이는 존재할 수 없다. 혼인할 권리의 현재의 형태는 정부의 산물이지, 자연의 산물이 아니다. 혼인할 권리를 제한함으로써 "메시지를 보내고", 아마도 그 사람으로 하여금 자신의 가장 기본적인 사회적 의무를 이행하도록 보장하는 것에 기여할 때에도 혼인할 권리는 제한될 수 없는가? 공동체는 어린이의 양육이 공공의 의무가 될 때마다 비용을 지출한다는 것을 근거로 공동체가 도덕적으로 법적으로 부양 의무가 있는 자의 자유를 제한할 수 없는 것인가? 개인의 권리가 선험적인 주장으로 해석될 때 도덕적 의무 회피에 대한 변명으로 작용하는가? 가족과 공동체에 대한 우리의 책임은 우리의 개인적 자유의 지배가 확장함에 따라 감축되어야 하는가?

이러한 법적 질문 아래에는 더 깊은 고민이 놓여 있다. 미국에서는 최근에 전통적인 도덕적 의무의 희생을 바탕으로 권리가 폭발적으로 증가하였는가? 우리의 정치적 문화는 현재 개인으로 하여금 결과, 특히 다른 사람들에 대한 결과를 염두에 두지 않고, 자신들이 원하는 대로 행동하도록 유도하는가? 존 레드해일(John Redhail)과 비슷한 위치에 있는 미국인들이 그들의 덧없고 이기적인 욕망을 버리고 분발하여 책임 있게 행동해야 할 의무가 있는가? 그리고 존 레드해일(John Redhail)이 주장한 것과 같은 개인적인 권리가 공공에 비용을 부담 시킨다는 사실은 어떤 면에서 적절한가?

책임이 줄어드는 것에 상응하여 권리가 "너무 많이 나아갔다"는 생각은 진부한 것이 되었다. 친숙한 이야기에 따르면 1950년대에 미국인들은 더 적은 권리를 향유했고 개인적 자유를 훨씬 덜 주장했고, 그에 따라 자신과 타인에 대한 자신의 책임을 매우 열정적으로 맡았다. 매우 대조적으로 1960년대 이래 방종이 온 나라를 휩쓸었다. 미국인들은 이제 그들이 할 권리를 가진 것은 무엇이든 한다는 것이 명예로운 것이라고 생각한다. 일하기를 거부하면서 급여를 받는 것, 마약과 알코올을 남용하는 것, 문란한 성관계를 하는 것, 또는 혼인 외의 자녀를 출생하는 것 등이 그러하다. 이러한 이야기가 문화적 부패를 부추기는 정부의 악명 높은 역할도 빠뜨리지 않는다. 워렌 대법원장 재임 시절의 연방 대법원과 다른 정부 기관들은 일반적인 사회 규범을 따르지 않는 사람들에 대하여 권리를 부여하기 시작했고, 보통의 국민들은 그들의 전통적인 의무를 경시하기 시작했다. 정부의 무책임한 권리의 과보호는 국민들이 의무를 무책임하게 방기하는 것을 조장하였다.

클린턴(Clinton) 대통령, 로버트 돌(Robert Dole), 클라렌스 토마스(Clarence Thomas) 연방 대법관, 콜린 파웰(Colin Powell) 장군, 조지 윌(George Will), 많은 미국 상원의원들, 매리 앤 글렌든(Mary Ann Glendon), 아미타이 에치오니(Amitai Etzioni), 윌리엄 갤스톤(William Galston), 거트루드 히멜파브(Gertrude Himmelfarb) 등을 포함하는 많은 학자들과 같은 매우 다양한 사람들이 이러한 효과를 주장한다. 글렌든(Glendon)은 "권리에 대한 논의"가 미국인들을 더 큰 이기주의와 개인주의로 이끌어 갔고 권리의 문화가 정치적으로 이타주의, 상호 관심, 서로에 대한 도움의 가치를 떨어뜨렸다고 우려한다.[2] 윌(Will), 갤스톤(Galston), 그리고 파웰(Powell)은 자제(sobriety)와 규율(discipline)을 가르치는 도구로서 "수치심"의 부활을 호소한다. 히멜파브(Himmelfarb)는 타락한 미국의 현재와 도덕적 가치에 대한 널리 퍼진 존중이 사회적 책임을 위한 큰 역할을 보장했다고 알려진 빅토리아(Victoria) 시대의 영국과의 적나라한 비교를 끌어들이면서 우리 사회의 대규모의 도덕적 퇴보를 의미하기 위해 "사회의 부도덕화(demoralization of society)"라는 용어를 사용한다. 많은 비평가들은 1960년대와 1970년대에 연방 대법원이 문란한 대항문화에 포섭되었다고 불평한다. 그 이래, 연방 대법원은 절제 없이 반항하는 사람들, 신뢰할 만하지 않은 사람들, 이상 성격자들에게 권리를 부여했다. 그들은 이것이 미국의 현재의 쇠퇴가 시작된 방식이라고 이야기한다.

권리가 본질적으로 의무를 무력화 한다는 관념은 특히 빈곤층을 돕기 위해 고안된 사회복지 프로그램에 대한 보수주의적 비평가들에게 호소한다. 그러나 그러한 우려는 진보주의자들도 공유한다. 현재의 정치적 스펙트럼의 양 극단은 비록 도덕적 느슨함에 대하여는 내심에 다른 생각을 갖고 있지만, 모두 권리를 무책임과 감축된 의무 의식과 연관 지어 인식한다. 좌파가 부유층의 방탕함에 대해 개탄하는 반면에, 우파는 빈곤층의 방탕함을 맹렬히 비난한다. 보수주의자들은 전형적으로 공공 부조에 의지하는 젊고 교육받지 못한 흑인 엄마들의 무분별한 행동에 대해 비난한다. 그들은 복지 수급권이 아침에 일어나서 옷을 입고 직장에 정시에 출근하기를 거부하는 사람들에게 급여를 지급함으로써 책임감을 약화시킨다고 주장한다. 진보주의자들은 그들의 입장에서, 정크본드 딜러의 무분별한 행위, 과도한 임금을 지급 받는 최고경영자들, 산업적 공해 배출자들, 공장 폐쇄가 늙어가는 노동력이나 버려진 공동체에 어떠한 영향을 미치는지에 대한 고려 없이 작은 이익을 위해 공장을 이전하는 회사들에 대하여 개탄한다. 그들은 특권층이 그들의 재산과 특권에 대하여 자기 것만 신경 쓰면 된다는 맹신을 드러내는 것을 비난한다. 한쪽은 스스로에 대한 책임감의 결여에 사로잡혀 있고, 다른 쪽은 다른 사람들에 대한 무책임에 대하여 자신의 비난을 집중한다. 그러나 양쪽 모두 기본적인 도덕 규칙을 충족하지 못하는 사람들에 대한 자유를 제한하고 싶어 한다. 이러한 면에서, 은밀하게 자신의 책임을 회피하면서 뻔뻔스럽게 자신의 권리를 주장하는 존 레드해일(John Redhail)은 양 진영이 미국이 실패하였다고 생각하는 것들을 요약적으로 보여 준다.

그러나 오늘날 미국이 실제로 '뭐든지 된다'는 문화에 의해 고통을 받고 있는가? 대부분의 미국인들이 사회적 결과에 대하여 거의 생각하지 않고 사려 깊지 않게 즉석의 이익이나 충동을 쫓고 있는가? 그리고 만약 그런 것이 있다고 가정한다면 이러한 부주의에 대한 숭배가 별 생각 없이 "권리의 폭발"로부터 기인하는가? 만약 그렇다면, 어떤 면에서 복지 수급의식이 가족의 파괴, 성적인 방종, 그리고 근로 윤리의 상실을 유발했는가? 우리는 전국의 개인들이 탐욕적으로 그들의 권리를 위해 다투는 동안 책임감을 버렸고, 윤리의식은 법에서 배제되었다고 믿도록 빈번하게 요구 받는다. 권리는 결국 통제로부터의 자유나 면제이므로, 무책임한 행동은 미국의 권리에 기반한 통치의 규칙 안에 계획되어 있다는 주장이 있다. 이러한 관점에서는 이혼할 권리와 국가 복지에 의존하여 살 권리가 미국에서 당혹감 없이 수용된 뒤에, 미국 국민들은 해당 행위가 얼마나 이기적이거나 자기 파괴적이거나 반사회적인지 불문하고 그들이 할 수 없는 것은 없다고 생각하기 시작했다. 지속되는 사회적 부패를 잡기 위해 모든 계층의 미국인은 그들의 개인적 자유에 대한 병적 집착에서 벗어나야 한다.

책임에 관한 이야기

우리는 책임에 관하여 좀 더 책임감 있게 생각해야 한다. 범죄의 증가가 권리의 증가로부터 기인하는가, 아니면 권리와는 다른 즉, 인구통계학적, 기술적, 경제적, 교육적, 문화적 변화로부터 기인하는가? 결국 몇몇 권리가 몇몇 영역에서 무책임을 증가시켰다고 하더라도 별 생각 없이 이를 일반화하는 것은 의심해 보아야 한다. "책임 있는 행동"은 자기와 타인 모두에게 해악을 줄이는 행동이라고 정의될 수 있다. 책임으로부터 권리로의 미국 사회에 대한 일반적인 방향 전환이 있었다고 그럴듯하게 주장할 수 있는가?

오늘날 사회생활의 많은 부분에서, 사람들은 자신의 의무를 회피하고 부주의하게 행동하고 다른 사람들의 심각한 문제를 무시하고 일반적으로는 더 즉각 반응하여 행동해야 한다. 그러나 이것은 지난 30년간의 급격한 변화가 아니다. 어떤 형태로든지 그것이 언제나 실정이었다. 이러한 점은 개인의 권리가 균일하게 존중되지 않거나 완전히 알려지지 않은 나라들에서조차도 오늘날 그러하다. 그렇다면 권리의 문화는 인류의 지속적인 무분별함, 무감각함, 그리고 단기적 생각의 경향에 무엇을 더하였는가?

두 가지 가능성이 이미 논의되었다. 권리가 정부의 영향으로부터의 소극적인 면제나 비타협적인 주장으로 해석될 때, 권리는 정말로 무책임에 대한 공식이 될지도 모른다. 만약 재산 소유자가 정부가 사라졌을 때 그들의 소유권이 완전히 보호될 것이라고 설득된다면, 그들은 아마도 자신의 개인적 자유가 공동체의 기여에 얼마나 완전히 의존하는지에 대하여 평가 절하할 수도 있다. 시민적 자유주의자가 소수의 권리를 절대적인 것으로 칭할 때, 그들은 자신들이 가장 긴급한 사회적 이익으로 인정하는 제한된 집합에 희소한 자원을 지출하는 것의 분배적 결과를 무시할지도 모른다. 특정한 행동을 할 권리가 있다고 믿는 사람들은 그들이 할 권리가 있는 것을 하는 것이 반드시 옳은 것은 아니라는 것을 이해하지 못할지도 모른다. 권리는 잘못 이해될 경우 무책임한 행동을 촉진할 수 있다.

그럼에도 불구하고 권리와 책임은 거의 분리될 수 없고, 권리와 책임은 상관적이다. 권리와 책임의 상호의존성 및 필수적인 얽힘은 권리가 "너무 갔기 때문에" 책임이 "무시되고" 있다고 말하는 것을 수용하기 어렵게 만든다. 이것에 권리들은 매우 이질적이라는 사실을 더해 보자. 단체교섭을 할 권리가 책임을 약화시키는가? 사전구속영장(habeas corpus), 공정한 재판을 받을 권리, 자기방어의 권리, 투표권은 어떠한가? 적법절차에 대한 권리와 평등권은 정부 공무원들에게 적어도 "뭐든지 된다"라고는 말하지 않는다.

보통의 계약법은 미국 법원이 도박자들간에 계약된 것과 같은, 책임이 없는 채무의 이행을 강제하는 것을 금지한다. 전체로서의 계약법은 사회적 책임을 강제하는 체계이기 때문에, 이러한 금지는 자연스럽다. 승낙자가 계약 위반을 이유로 청약자를 제소할 권리는 권리와 의무가 상관적이라는 주제에 대한 고전적인 예증이다.[3] 그리고 이러한 형태는 일반적이다. 만약 스미스(Smith)가 자신의 재산에 대한 권리를 가진다면, 존스(Jones)는 그것을 침해하지 않을 의무가 있다. 만약 존스(Jones)가 그의 베스트셀러로부터의 수익의 일정 부분에 대한 권리가 있다면 출판사는 그에게 해당하는 몫을 송금할 의무가 있다. 비흡연자인 스미스(Smith)의 권리를 보호하기 위하여 정부는 흡연자인 존스(Jones)의 책임을 강화해야 한다. 만약 존스(Jones)의 종교의 자유가 헌법적으로 보호된다면, 공무원은 그에 대하여 관용할 의무가 있다. 만약 스미스(Smith)가 고용에서 인종 차별을 받지 않을 권리가 있다면, 고용자는 스미스(Smith)

의 피부색을 고려하지 않을 의무가 있다. 만약 존스(Jones)가 그에 대항하여 위법하게 수집된 증거를 재판에서 배제할 권리를 가지고 있다면 경찰은 존스(Jones)의 집을 수색하기 전에 유효한 영장을 얻어야 할 의무가 있다. 만약 스미스(Smith)가 명예훼손으로 신문사를 고소할 권리가 있다면 신문사는 사실을 검토할 의무가 있다.

미국은 옛날에 흑인 노예들에게 재산을 소유할 권리, 계약을 할 권리, 자신의 아이를 양육할 권리, 투표할 권리를 인정하지 않았다. 이러한 권리의 부인이 책임의 습관을 가르치지는 않았다. 낯선 이들간에 약탈적 행동이 많은 것과 같이 자유권이 약하게 보호되는 사회에서 사회적 책임이 번성하는 것이 목격되지는 않는다. 반대로 역사적 증거들은 권리의 부재가 개인과 사회의 무책임에 대한 최적의 배양지라는 것을 보여준다. 이런 사회학적인 관점에서도 또한 권리와 책임은 정반대라는 것과는 거리가 멀다.

더 많은 책임을 추구하는 비판자들과 달리, 현재 미국의 법률 체계는 무정부주의 자유주의자의 "뭐든지 된다"는 원리를 반영한다기보다는 오히려 법적으로 금지되는 것들을 공적으로 표명하고 위압적으로 이를 강제한다. 그리고 이러한 위압적 제한 중 환경 파괴에 대한 금지, 위험한 작업장에 대한 금지, 일하는 여성에 대한 성희롱의 금지를 비롯한 많은 것들은 책임감을 부정했다고 알려진 1960년대와 1970년대에 창설되었다. 무자격자가 치료과정에서 안과 의사로 자처하는 것에 대한 금지와 같은 몇몇 중요한 제한은 더 오래된 것이다. 오늘날, 정부는 만약 담배회사 상업적 표현이 보호될 경우 젊은 이들의 책임 있는 행동을 감소시킨다는 근거에서 담배회사가 광고하는 것을 금지한다(중독은 정확히 이것을 의미한다. 중독된 사람은 어떤 단순한 면에서도 담배를 피우지 않기로 "자유롭게 선택" 할 수 없다. 결과적으로 정부는 중독 물질과 관련하여서는 단순히 자유방임의 태도를 자처함으로써 개인의 자유를 신장할 수는 없다). 사회적 책임은 결코 미국법에 의해 무시되지 않고 있다는 점이 다양한 일화에 의해 충분하게 지지되는 반면에, 1960년대 이래 미국인의 사회적 책임이 일괄적으로 감소하였다는 보고는 믿을 만한 증거에 의해 거의 확증이 되지 않는다.

권리와 책임은 보통 시간이 감에 따라 다시 조형된다. 개인들은 현재 그들이 한때 무책임하고 거꾸로 행동했던 영역에서 책임감 있게 행동한다. 몇몇의 경우에 적어도 그들은 한때 향유했던 권리를 포기했다. 다음이 그러한 예들이다.

- 사회적 규범 및 법은 현재 환경적으로 파괴적인 행동을 단념 시킨다. 많은 사회에서, 환경을 오염 시키는 것은 사회적 비난을 불러일으킨다. 재활용은 일상적이고 사람들은 기꺼이 재활용한다. 회사들은 사회적 비난을 피하고 책임감 있게 행동하기 위하여 오염을 줄이기

위한 다양한 행동들에 착수한다. 가장 효과적인 환경 프로그램들 중 하나는 단순히 회사에게 그들의 독성 배출 물질에 대한 정보를 대중에게 알리도록 하라는 것이다. 공공의 압력에 응해서 회사들은 오염 물질 배출을 상당히 감소시켜 왔다. 이보다 사소하지만 두드러지는 예로 대도시에서 사람들은 자신의 애완견 배설물을 청소한다.

일반적으로 흡연은 감소해 왔다. 1978년부터 1990년까지 급격한 흡연율의 감소가 일어났다. 그 감소는 특히 젊은 흑인들 사이에서 나타났다. 그들은 한때 자유를 탐닉했던 곳에서 책임감을 행사하고 있다. 18세에서 24세 사이의 흑인들의 흡연율은 1965년의 37.1%에서, 1979년의 31.8%로, 1987년의 20.4%로, 1991년의 11.8%로, 1993년의 4.4%로 떨어졌다(그 때 이후 실망스러운 상승이 있었지만 더 이전의 기준에 의한다면 흡연율은 여전히 낮다). 감소는 부분적으로는 흡연자들이 한 때 당연한 것으로 여겼던 법적 권리를 더 이상 행사하지 않는다는 사실로부터 기인한다. 이제 많은 장소에서 흡연은 불법이다. 흡연율의 감소는 부분적으로 흡연이 자신과 타인 모두에게 해롭다는 발전하고 있는 관념을 반영한다.

고용자들은 한때 근로자를 원하는 대로 해고할 수 있었지만, 그들은 더 이상 이런 권리를 보유하지 않고,

적어도 1950년대의 형태로는 보유하지 않는다. 산업안전보건법, 시민권법, 현대적 외양의 근로자 보상법, 보통법의 발전의 결과 고용자들은 이제 근로자를 해고할 권리가 제한된다.

고용자들은 이제 안전한 근로환경을 제공해야 하는 법적 의무 아래에서 일을 하고 그들은 더 이상 차별적인 이유로 근로자를 해고할 수 없다. 사회적 규범은 또한 무책임한(즉 자의적인) 해고를 저지한다.

│ 고용자와 교사들은 한때 마음대로 성희롱을 했다. 사실, "성희롱"이라는 범죄는 최근까지 존재하지 않았다. 사회적 규범이나 법 모두 교사와 고용자들로 하여금 그들이 권력을 행사하는 사람들로부터 성적인 호의를 구할 수 있는 권위를 허용하였다. 고용자와 교사는 필연적으로 현재는 가혹 행위로 처벌되는 것을 즐길 수 있었다. 그러므로 전통적인 권리는 법적으로 소멸된 것이다. 이 영역에서의 책임 있는 행동은 부분적으로는 새로운 법 때문에, 사람들로 하여금 더 책임감 있게 행동하도록 요구하는 사회적 비난의 형태 때문에 점점 증가하고 있다.

│ 많은 주에서 남자들은 더 이상 아내를 강간할 수 없다. 새로운 입법의 결과로서 남편은 더 책임감 있게 행동해야 한다. 부부간의 성관계도 동의를 바탕으로 이루

어져야 한다.

| 최근까지 인종 차별적이고 반유대주의적인 말이 상대적으로 공적인 장소에서조차 눈에 띄었다. 그러한 언행의 많은 부분은 여전히 법에 의해 통제를 받지는 않는다. 그리고 괴팍한 사람들은 그들이 원하면 인종 차별적인 비방을 할 자유는 있다. 그러나 많은 미국인들이 그러한 무책임한 방식으로 말하는 것을 회피하거나 또는 적어도 예전보다 더 적게 하고 있다. 적어도 이러한 면에서는 도덕성이 증가했다.

사회적이고 개인적으로 책임 있는 행동이 몇몇 분야에서는 감소했을지라도, 책임이 전면적인 쇠퇴하였다는 주장은 그 정도가 지나치다. 실제로 미국에서 완전히 새로운 책임의 풍조에 대한 자화자찬적인 보고를 조작하는 것은 특히 어려운 것이 아니다. 미국인들은 자신의 이기적인 권리에 집요하게 집착하곤 했지만, 미국인들은 이제 관대한 사회적 양심, 다른 사람들에 대한 관심을 가지고 행동하는 것을 배웠다고 말할 수 있다. 그러나 왜 입증도 되지 않는 책임의 감소를 권리의 증가와 함께 대답하는가? 지난 20년간 발생한 현상은 책임과 권리가 모두 새롭게 정의 되었던 법적 진보의 통상적인 과정이다. 법은 일부 기존의 권리를 해체하는 동안 다른 몇몇 새로운 권리를 인식해 왔다.

최근의 모든 발전이 환영할 만한 것인지 여부는 완전히 요점을 벗어난 것이다. 이러한 변화는 겨우 기대로서만 존재할 수 있을 뿐이다. 적절한 기간 법과 사회적 규범은 모두 변했고, 그것들은 결코 변화를 멈추지 않았다. 지금으로부터 30년 후 새로운 법과 규범에 의해 어떤 종류의 책임과 무책임이 발생할 것인지 누가 알겠는가?

권리와 책임에 대한 이분법은 특히 오류를 범하기 쉽다. 왜냐하면 많은 권리들이 특히 정부를 더 책임감 있게 만들기 위해 창설되었기 때문이다. 구금되어 있는 동안 나온 진술을 배제할 권리는 체포하고 신문하는 공무원들이 수감자들을 폭행하여 자백을 얻어내는 것을 막기 위해 고안되었다. 대부분의 헌법적 권리는 실제로 정부 공무원들이 책임감 있게 행동하도록 하기 위해 정교하게 만들어졌다. 그것들은 자제에 대한 유인이고, 그러한 점은 온전하게는 아닐지라도 부분적으로 권리가 의무를 내포하기 때문이다. 투표권과 표현의 자유는 특히 공직에서 파면되거나 대중의 비난의 대상이 될 수 있는 공무원들이 책임을 부담하도록 하는 효과를 가질 것을 의도하고 때로는 실제로 그러한 책임을 부담하도록 한다.

미국법이 사회적 책임을 강제할 때, 그것은 대개 행동의 이상적 규범이라는 이름으로 강제하지는 않는다. 대신, 미국법은 보통 권리의 대응물이나 전제조건으로서 책임을 부과한다. 오염자의 책임은 무독성의 환경에 대한 대중의 권리를 반영한 것이다. 흡연자와 고용자는 비흡연자와 근로자가 권리를 보유하기 때문에 의무를 부담한다. 부부 강간의 범죄는 완전히 명백하게 권리라는 이름으로 의무를 부과한다. 주주의 권리는 회사 감독자나 운영자의 의무이다.

채무자는 채권자의 권리를 존중하기 위해서 책임감 있게 행동해야 한다. 자신의 사법권에 속하는 모든 당사자들의 계약상 권리를 존중하는 정부도 책임감 있게 행동해야 한다. 재산권은 절도와 공무원의 자의적인 몰수 모두를 금지한다. 그로 인해 보통의 국민과 공무원들이 다른 경우에 행동하는 경향보다 더 책임감 있게 행동하도록 만든다. 더욱이, 권리를 강제하고 보호하는 정부가 만약 부패한 공무원의 주머니보다는 공공의 용도에 희소한 세금 예산을 투입하지 않는다면 권리를 강제하고 보호할 수 없다. 공공 목적을 위해 수용된 재산에 대한 완전하고 공정한 보상은 잘 작동하는 공공 재정의 체계를 필요로 한다. 그러므로, 권리 보호에 비용이 소요된다는 단순한 사실은 이미 권리가 왜 책임을 수반하는지를 설명하는 것이다.

사실, 권리의 비용은 우리가 권리·책임 논쟁에 다른 방향에서 접근할 수 있도록 한다. 재산권은 그것을 보호하기 위해 정부가 경찰을 고용해야 하기 때문에 비용이 든다. 먼저, 납세자의 돈을 경찰의 급여로 정직하게 지급하는 것에 책임이 관여된다. 상당한 비용으로 정부가 피의자들의 권리를 존중하도록 훈련시킬 때 두 번째로 책임이 관여된다. 예를 들면 정부가 다시 납세자의 비용으로 경찰의 행동을 감독하고 공무원들이 사람들의 주거에 침입하거나, 증거를 만들어 내거나, 또는 피의자를 때려서 시민의 권리와 자유를 축소하는 것을 막도록 권한 남용을 징계할 때 책임이 세 번째로 관여된다. 다르게 말하면, 권리의 비용에 대한 주의는 상호적으로 지지하는 권리와 책임의 관계에 대한 우리의 이해를 고양한다. 그리고 이러한 점은 우리가 고전적인 권리를 넘어 최근의 규제적인 국가의 특징적인 권리를 살펴볼 때도 마찬가지이다.

"사회적 분열"이라는 좌파와 우파의 이야기는 의문의 여지없이 미국 정치 논쟁의 중심으로 남을 것이다. 왜냐하면 그것은 명백히 하위인식(subcognitive)의 필요에 봉사하기 때문이다. 적어도 이러한 종류의 개탄은 증거나 주장에 의해 쉽게 진정될 수 없다. 그러나 그러한 개탄은 권리에 대한 매우 잘못된 개념화에 근거하고, 그러한 잘못된 개념화가 여전히 유용할 수도 있다는 것을 보여주고 있다.

법 안의 도덕

시인컨대, 미국의 법은 개인들이 널리 부도덕하다고 인식하는 것을 할 권리를 개인들에게 부여하기도 한다. 이것은 우연이 아니고 모든 자유주의적 지배의 필수적인 성격이거나 모든 자유로운 국가의 실제 모습이다. 미국인들은 어느 정도 책임감 있는 미국인이라면 신중하게 회피할 행동을 할 권리가 있다. 미국법이 도덕적 근원을 가지는 반면에 미국법이 반드시 공동체의 도덕적 감수성과 동일한 것은 아니다.

그러나 법의 도덕에 대한 무관심은 과장되어서는 안 된다. 법에 영향을 주는 도덕규범은 다소 변화했고, 이것은 사실이다. 그러나 그것은 사라지지 않았고, 그것들이 결국 줄어들었는지는 명백하지 않다. 예를 들면, 미국의 불법행위법은 "부주의"와 "무모함" 같은 도덕적으로 고려되는 개념들을 여전히 포함하고 있고, 이러한 개념은 보통 국가 권력이 행사되는 방법을 안내한다. 지난 수십 년간, 도덕적 의무가 부과되는 해로운 행동에 대한 법적인 제한은 제조물책임이나 소비자 보호와 같은 영역에서 증가해 왔다. 형법에서, 피고인이 "파렴치하고 사악한 마음"이나 "비난할 만한 마음 상태"로 행동을 했다는 관념이 검사와 판사 모두의 결정에 지속적으로 영향을 미치고 있다. 그리고 미국에서 다른 서방 국가와 달리 중죄를 범하는 동안 얼마나 우연적이든 죽음을 유발하는 사람은 살인죄의 책임을 부담할 수 있다. 이것은 중범죄자들이 더 작은 범죄를 범할 때 더 책임 있게 행동하도록 만들 무익한 시도일 수도 있다.

같은 선상에서 미국에서 여전히 처벌되는 위법한 강간, 근친상간, 음란한 노출, 매춘, 아동 포르노, 그리고 추잡하고

음탕한 행동과 같은 도덕 관련 범죄의 명단은 매우 인상적이다.[4] 습관적인 음주는 대부분의 주에서 이혼의 근거가 된다. 많은 주에서 간통은 여전히 불법으로 남아 있고, 미국의 군형법에서도 그러하다. 그리고 미국법은 다른 관점에서도 도덕을 인식한다. 그가 여자를 쫓아다니거나, 추잡한 영화를 보거나, 구두쇠라거나, 잡힐 것을 두려워하지 않는다면 범죄를 범할 것이라는 것과 같이 사람들이 비도덕적이라고 하는 것들의 모든 것이 몇몇의 주에서는 특별한 손해를 입증할 고소인이 없이도 그 자체로 제소가 가능하다. 달리 말해서, 도덕은 우리의 강의실이나 거리에서 거의 사라지지 않았다.

더욱이, 책임감은 빈번하게 법에 의해 창설된다. 자동차를 운전할 권리가 무책임하게 운전할 권리를 포함하는 것은 아니다. 실제로 1960년 이래 법은 오히려 더 많은 제한을 생산자와 운전자 모두에게 부과해 왔다. 그러한 제한은 안전을 증가시키기 위해 고안되었다. 배우자는 여전히 서로의 채무에 대해 법적으로 책임이 있다. 대부분의 주에서, 배우자를 상속하지 않는 것은 매우 어렵다. 미국인들은 또한 분명하게 세법에 대해 불만이 있다(대중의 90% 이상이 완전히 동감한다). 사실, 미국인들은 개인주의와 개인의 권리가 사회적 자기 이해에서 덜 두드러지는 역할을 하는 몇몇 국가의 국민들보다 훨씬 더 불만이 많다. 러시아에서의 오늘날 대규모의 조세회피는 개인의 권리에 대한 문화적으로 뿌리 깊은 집착으로부터 발생하는 것은 아니다. 그러나 책임에서의 관찰 가능한 증가는 범죄나 공공의 형벌에 대한 두려움에서만 나오는 것이 아니다. 정부가 세금 예산을 어느 정도 책임 있게 사용하고 대부분의 사람들은 정당한 기여를 하고 특히 부유한 미국인들이 과세로부터 완전히 면제되지는 않는다는 공적인 관념에 의해 지지되는 "시민적 미덕"의 몇몇 요소 없이는 국세청을 운영하는 비용은 훨씬 더 증가할 것이다.

잠재적인 책임으로서의 권리

피고인은 (과도하지 않은) 보석금에 따라 방어권을 보장 받기 위해 교도소에서 석방될 권리가 있다. 이 경우, 권리보유자 스스로는 책임 있게 행동할 권리가 있다. 권리는 전형적으로 권리보유자로서의 다른 사람들에 대한 책임을 수반할 뿐만 아니라, 권리보유자 스스로도 때때로 자신의 권리를 행사하는 미덕에 의하여 더 책임 있게 된다. 이것은 더 적은 권리와 더 많은 책임에 대한 명쾌한 주장이 궁극적으로 사리에 맞지 않는 다른 이유이다.

아리스토텔레스는 만약 모든 사람들이 자신의 아이에 대한 양육을 책임져야 하고 만약 특정한 개인들이 "부모"로 명명되지 않는다면, 아이들은 번듯한 돌봄을 받을 수 없을 것이라는 근거에서 플라톤의 집단 육아에 대하여 반대했다. 같은 논리가 사적 재산권을 정당화한다. 모든 사람들이 모든 것을 소유한다면, 어떠한 사람도 아무것도 소유하지 못하는 것이다. 이러한 슬픈 상태에 대한 실제 문제들 중 하나는 집단 소유의 체계에서 황폐화에 따른 비용은 널리 얇게 퍼지고, 그로 인해 사회에 걸쳐 재앙적으로 퍼진다는 것이다. 재산을 유지하고 보수할 위치에 있는 개인은 재산의 퇴화에 의해 거의 잃는 것이 없고, 유지에 의해 거의 아무것도 얻지 못한다. 사적 소유권이나 강제 기구가 없는 체계에서는 유지의 이익은 널리 공유되는 반면에 유지의 비용은 개인으로부터 나온다. 그러므로 개인들은 적시적이고 지속적인 수리를 할 동기를 많이 갖지 못한다. 유지와 개선에 대한 보상을 소유자가 취할 수 없다면, 주택, 농장 그리고 공장은 유지되거나 개선되지 않을 것이다. 미래를 예상하고 행동한다면, 강제할 수 있는 재산권이 없는 개인은 거대한 집단적인 해를 끼치는 조정되지 않은 부작위나 부주의한 행동을 할 것 같다. 아리스토텔레스가 플라톤에 반대했던 것처럼, 사적인 권리는 사회적으로 이롭고 사회의 관점에서 매우 책임감 있는 행동에 대한 자극이 될 수 있다.

　　은행 대출을 갚기 위해 열심히 일하는 농부의 사례는 사적 재산권이 의무가 붙은 부담이면서 노력할 자극이 된다는 점을 설명해 준다. 재산권은 소유자로 하여금 그들 재산의 쇠퇴에 대한 비용을 지급하도록 강제할 뿐만 아니라 잘 정의되고 명확하게 할당된 재산권은 개인으로 하여금 투자에 대한 보답을 취할 수 있도록 허용함으로써 책임감을 육성한다. 그것들은 또한 소유자의 시간의 범위를 길게 하여 소유자는 그로 인해 오늘 투입한 노력으로부터 내일 수익을 얻을 것을 기대할 수 있다.

재산권은 또한 납세자가 (마지 못해) 전액 지급한 세금을 사용하는 방식을 감독할 구체적인 동기를 부여함으로써 정치적 책임의 체계에서 필수적인 역할을 수행한다. 따라서 사적 소유권과 사회적 책임 사이의 복잡한 연관은 우리가 포르노 판매에 지역적 제한을 부과하는 것, 집주인으로 하여금 자산을 보호하고 개선하도록 하기 위해 세법을 이용하는 것, 공장 소유자와 지주가 대수층을 오염시키지 못하도록 하는 것, 그리고 식당 주인이 소수 인종을 들이지 않는 것을 못하도록 하는 것과 같이 미국법체계가 소유권 위에 사회적 책임을 부여하기 위해 권리를 사용하는 방법을 관찰하기 전에도 명백하다.

권리를 경시하고 책임을 가르치라는 호소는 그 저자들이 의도했던 것보다 덜 도움이 된다. 왜냐하면 그것들은 권리-책임 논의가 제로섬 게임이라는 인상을 전달하기 때문이다. 그들은 미국의 법체계에서 권리는 정부가 책임감 있게 보통 시민에 의해 납세된 세금에 대한 교환으로 책임감 있게 수행해야 하는 공적인 서비스라는 필수적인 사실을 가린다. 이러한 상호 책임이 실패한다면 권리는 보호되지 않을 것이다. 사회적 협동을 위한 동등한 권리의 교환은 자유민주주의 정치학의 핵심이다. 권리는 책임감 있는 정부와 지식이 있는 시민들 모두에 연관된 것이다. 권리에 비용이 소요된다는 것은 우리가 또한 "시민적 미덕(civic virtue)"이라고 부른 것에 대한 권리의 의존성을 설명해 준다. 미국인들은 전체적으로 그들이 책임감 있는 시민으로 행동하는 범위에서만 권리를 갖는다.

이것들은 "더 많은 책임"을 요구하는 주장자들에 의해 언급되는 다양한 주제들의 시급성을 부인하는 것은 결코 아니다. 그러나 마약 사용, 에이즈, 이혼, 사생아 출생, 복지에 의존하는 생활, 한부모 가정, 빈곤한 아동, 폭력적 범죄 등이 별 고려 없이 "권리의 문화"라고 주장되는 것에 기인한다는 주장을 인정할 수는 없다. 우리의 공공 주택 계획에 관한 심각한 사회적 병리현상은 더 견고하고 덜 과장된 용어로 언급되어야 한다. 이러한 문제 어느 것도 미국법 문화에서 권리에 대한 존중을 줄임으로써 해결될 수는 없다. 현대성에 대한 신랄한 비판 주장을 일소하는 것으로부터도 유용한 해결책이 나올 것 같지는 않다.

CHAPTER 10

권리의 이타성

정치 이론에 의하면 책임이 없는 권리도 존재한다. 즉 철학자 홉스(Thomas Hobbes)가 제시하는, 개인들이 "다른 사람의 신체에 대한 권리까지도" 가지고 있는 "자연 상태"의 개인들의 법 이전의 권리가 그러하다.[1] 비록 우리는 아마도 그것을 권리라고 부를 수 없지만, 이러한 "권리"를 보호하기 위해서 모든 개인은 모든 것을 스스로 꾸려 나가야 하는 자유로운 입장에 있는 사람이다. 공격적인 남자들이 그런 잔인한 환경에서는 여자들보다 더 잘 지낼 것 같다. 자연 상태를 벗어나는 것은 완전히 새로운 종류의 이익을 얻는 것을 의미한다. 진지한 책임이 수반되는 법적인 권리가 바로 그것이다. 법적으로 강제 가능한 모든 권리는 사회적 협동을 촉진하고 상호 해악을 금지하기 위해 고안된 인간의 정교한 수단을 부과하는 공적 권력의 존재를 전제로 한다는 점에서는 "인공적"이다.

그러한 권리들을 향유하기 위하여, 개인은 그의 주관적 판단에 따라 자신에게 해를 가한 사람 누구나를 일방적으로 벌할 수 있는 "자연권"을 포기해야 한다. 이러한 포기는 자유주의적 책임의 기원이다. 법적으로 강제되는 권리가 책임을 수반한다는 것은, 권리 보유자 스스로도 법적인 해결책을 구하는 것과 사적 복수를 하기 위해 마피아 청부 살인업자에게 돈을 주는 것 사이의 차이에서 보더라도 명백하다. 실제로 남용될지라도 소를 제기할 권리는 자신의 이익에 심하게 해를 입은 사람들이 구제책을 "책임감 있게", 즉, 자경단 방식보다는 법적인 경로 내에서 구하도록 유도한다. 손해를 입은 쪽이 빈민굴 대신에 법원에서 구제책을 찾을 때 자신의 사건을 입증하기 위해 노력해야 한다. 가압류 명령이나 채무자의 급여의 압류 명령을 얻기 위해 채권자는 상당한 입증의 부담을 맡아야 하고, 공개된 절차에서 논박을 해야 한다. 즉, 만약 권리 보유자가 정부가 자신의 주장을 강제하도록 돕기 원한다면, 권리 보유자는 스스로 책임감 있게 행동해야 한다.

제대로 작동하는 자유권은 시민들뿐만 아니라 공무원들 사이에서도 책임감 있는 행동과 자제를 훌륭하게 유도한다.[2] 납세자에 의해 보조되는 소송의 공적 체계에 접근할 권리를 수반하는 다른 사람의 표절, 상표권 남용 혹은 상업적 사기를 고소할 권리는 고소할 수 없었을 경우보다 사람들을 결국 "더 책임감(책임감이라는 어려운 용어를 어떻게 정의하든) 있게" 행동하게 만든다. 무책임한 표현을 금지하기 위해 국가는 개인의 명예권을 보호할 법정을 제공한다. 입법자는 집주인들이 무책임하게 보도를 파괴하지 않도록 손상에 대해 책임을 추궁한다.

시인컨대, 과실을 이유로 상대방을 고소할 권리는 경솔하고 무책임하게 사용될 수 있다. 그러나 남용의 문제는 투표권이나 진정제의 경우도 마찬가지다. 법적 권리는 다른 사람들에 대한 법적인 권력을 개인의 손에 부여하는 것이므로 항상 남용될 수 있다. 고소되는 개인의 고난은 법정에서 스스로를 방어하는 비용과 유쾌하지 못한 입증의 부담에 복종해야 하는 비용 모두를 포함한다. 그러나 손해배상을 구할 권력의 남용에 대해 방어하기 위해 자유주의적 체계는 그러한 권리를 없애지는 않고(이것은 병보다 더 나쁜 치료이다), 대신에 이러한 남용을 상쇄하는 권리를 창설한다. 예를 들면, 공허하거나, 부주의하거나 사기적인 주장을 제기하는 편에 대한 재정적 부담을 부여하는 규칙을 제정하는 등의 방식이 그것이다. 이러한 규칙 자체는 사법 절차의 남용으로부터 자유로울 권리라는 권리의 형태를 취하고, 그것은 미국법에 책임 있는 행동의 표준을 반영한다.

권리의 비용은 권리의 위반에 대하여 부과하는 제재의 비용을 포함한다. 이것은 왜 권리가 체계적으로 무시되는 사회가 도덕적 책임만 존재하는 곳인지를 설명한다. 권리 강제는 정치적으로 조직화된 사회가 지속적이고 공정하게 다른 사람들의 가장 중요한 이익을 불법적으로 침해하는 사람들을 처벌하는 것을 의미한다. 권리를 침해해서 이익을 얻고자 하는 사람들의 남용적인 행동을 금지하는 것은 공적 자원이 없이는 불가능하다. 과거의 권리 침해에 대한 구제책과 미래의 권리 침해를 단념시키는 것은 그것들이 강화된 책임을 수반하기 때문에 비용이 소요된다. 채무자는 반드시 변제해야 하고, 계약의 승낙자는 반드시 이행해야 한다. 계약을 강제하고 범법자를 처벌하는 판사는 뇌물을 받아서는 안 된다.

책임감을 수반하는 자기 제한적 행동을 유도하는 동기의 체계로서, 권리는 자유방임주의가 아니고, 전제적인 것에 대비되는 자유주의적이고 규제적인 양식을 필요로 한다. 이러한 관점에서 권리는 단순한 자유나 부여가 아니라 오히려 의식적으로 고안되고 역사적으로 진화한 성실하고, 적절하며, 상호 존중적인 행동을 유도하는 기술로 묘사되어야 한다. 권리는 그것을 행사할 수 있는 사람과 스스로의 방종과 비행으로부터 발생한 해악을 타인에게 부담시키지 않기 위하여 권리를 존중해야 하는 사람들 모두를 강제한다.

몇몇 이론가들은 현대에 발명되었다고 알려진 개인적 권리와 고대와 중세(아마도 "옳은 행동"이 번성하였던)에 환영되었다고 주장되는 "정당한 질서"의 역사적 차이를 원용한다.3 그러나 이러한 대조는 오해에 불과하다. 역사적으로, 속박 받지 않은 시민적 가치와 책임의 시대는 존재하지 않았다. 그리고 자유권은 오늘날 "정당한 질서"에 대한 우리의 인식에 필수적이고, 자유권은 옳은 행위를 촉진한다. 결과는 확실히 불완전하고 때때로는 그것보다 더 나쁘기도 하지만, 미국에서의 권리는 보통 개인들이 서로를 해치는 것을 삼가고 시민들은 책임감 있게 국고에 기여하고 공무원은 이러한 기금으로 책임감 있게 권리의 비용을 지출하기 위해 사용하는 조직을 만드는데 기여했다. 이것은 아마도 매우 다양한 배경에서 오고 다양한 믿음을 가진 사람들이 공동생활에서 협동하도록 요구 받는 미국과 같은 복잡하고 큰 사회에서 가능한 유일한 질서일 것이다.

권리에는 비용이 소요되기 때문에 시민들이 평균적으로 세금을 낼 정도로 충분히 책임을 지지 않고, 공무원들이 전체적으로 사적인 부의 증진을 위하여 국고를 횡령하기보다는 공익을 위해 추출된 예산을 사용할 정도로 충분하게 책임을 부담하지 않는다면 결코 보호되거나 강제될 수 없다. 만약 국민들이 세금을 내는 것을 거부한다면, 미국의 사회적 조직과 시민적 미덕은 개탄스럽게 쇠퇴하고 실패하게 될 것이고, 미국의 상황은 더 절박해질 것이다. 국민들이 더 광범위하게 저항하지 않는 하나의 이유는 대개 그들의 권리가 강화되기 때문이다. 즉, 그들은 그들의 세금이 적어도 부분적으로는 그들이 자신의 기본권이라고 생각하는 것을 보호하는 데 쓰여진다고 보는 것이다.

복지병?

권리와 책임은 상호 배타적인 것이 아니고 상호 당연한 귀결이므로, 미국의 권리 문화의 진화를 자유사상에 의한 급격한 책임감의 쇠퇴로 묘사하는 것은 미국의 사회적 법적 현실을 엉망으로 만드는 것이다. 왜냐하면 권리 문화는 항상 책임의 문화이기 때문이다. 법적 허용은 논리적으로 법적 의무를 함축하고 권리는 특정한 행동을 허용할 때조차도 항상 동시에 그것을 제한하고 있다. 다른 식으로 공식화하면, 권리의 강제를 공공 정책의 주요한 목적의 하나로 삼기 위해, 미국은 필수적으로 의무, 금지, 책임, 자제를 강조하는 규제적인 양식을 발전시켜왔다. 잠재적 위반자에게, 모든 권리는 "안 된다"라고 명령할 뿐이다.

인식할 수 있었던 정도의 사회적 책임성의 감소가 있었던 곳에서조차 이러한 퇴락 경향의 원인을 개인의 권리에 대한 증가하는 호소에서 찾는 것은 지적으로 무책임한 것이다. 확실히, 사람들은 1955년보다 더 무책임한 성행위를 하고 있다. 그러나 이것은 그 자체로 조잡한 생각이고(새롭게 위법으로 규정된 성희롱과 배우자 강간도 이러한 결과에 대하여 책임이 있는가?), 어떤 면에서 이러한 경향이 법적 권리의 팽창에 의해 속박이 풀리고 가속화되었는가? 성적 문란의 수준은 변화하는 사회 규범과 기술의 산물로서 훨씬 더 잘 이해되지 않는가? 증거는 새로운 피임기구가 중요한 기여를 하였다는 것을 제시할 뿐만 아니라 변화하는 성적 관습이 남자와 여자 사이의 변화하는 관계를 반영하기도 한다. "성적 혁명"의 원인들 중 하나는 남자들과 다른 기준에 잡혀 있어야 하는 것에 대한 여자들의 거부였다. 미국 사회는 남자의 성적 문란함은 존경 받고, 여자의 성적 문란함은 비난받을 때 더 책임성이 있었는가? 일단 무대가 평평해지면, 전통적인 금지와 억제는 무너지기 시작한다. 그런 도덕적 규범과 사회적 기대가 변화할 때마다 변화하는 이유를 설명하는 것은 어렵다. 그러나 의심의 여지없이 다양한 우연적 요소들이 작동했을 것이고 직장으로의 여성의 대거 유입과 확대된 피임의 가능성은 그러한 요소들에 포함될 것이다. 법적 권리의 확대가 주요한 원인이었다고 전제하는 것은 확실히 무모하다.

그러나 "복지권"이 생산적인 노동의욕을 감소 시킨다는 상투적인 표현은 어떠한가? 이것은 처음에는 어느 정도 그럴듯하게 들린다. 그러나 애덤 스미스(Adam Smith)가 주장한 반대의 주장 또한 일정한 무게를 갖는다. "사람이 일반적으로 그들이 잘 먹었을 때보다는 못 먹었을 때, 그들이 기분이 좋을 때보다는 기분이 더 나쁠 때, 그들이 일반적으로 건강할 때보다는 빈번하게 아플 때 일을 더 잘할 것이라는 것은 가능해 보이지 않는다."4

우리가 스미스(Smith)의 의견을 받아들인다 할지라도, 우리는 복지 수급 의식의 증가에 대해서는 걱정해서는 안 되는가? 복지권의 과도한 확대가 의존성, 원치 않는 자녀, 또는 다른 사회적 악을 촉진하는 것은 아닌가? 우리는 공적 부조를 감축함으로써 책임감 있는 행동을 장려할 수는 없는가? 이것은 당연한 의문이고, 복지권이 의존성을 유발하고 사회적 악을 발생시켰다는 몇 가지 증거가 있다. 그러나 데이터는 혼재되어 있다.5 이것은 증가하는 범죄율이 과도한 공적 부조의 산물이라는 주장에 관하여도 특히 그러하다. 가장 중요한 (현재는 폐지된) 복지 프로그램인 아동 부양 세대 부조(Aid to Families with Dependent Children)에서 수집된 증거는 복지가 불법을 촉진한다는 것을 명확하게 설명하지 않는다. 아동 부양 세대 부조 프로그램하에서 복지율은 범죄율이 증가할 때 실제로 감소했다. 아동 부양 세대 부조 프로그램으로 인한 이익의 감소는 사생아 출생의 감소와 상관관계에 있지 않고, 아동 부양 세대 부조 프로그램 이익의 증가는 사생아의 출생의 증가와 연관이 없다. 따라서 데이터는 심각한 해석의 문제를 유발한다.

식량 카드(food stamp)는 가난한 사람들의 고통을 줄여줄 수 있고, 가난한 것이 특히 비참해질 때마다 더 적은 사람들이 가난해지도록 할 것이다. 그러나 이것이 그 자체로 식량 카드가 게으름을 유발하거나 사생아 출생을 증가시킨다는 것을 설명하지는 않는다. 많은 것들이 노동, 복지, 가족과 연관된 사회적 규범에 의존한다. 사회의 많은 부문에서, 이러한 규범은 강하게 지속적인 고용을 촉진하고, 공적 부조에 낙인을 찍고, 혼외 임신을 비난한다. 이런 규범들이 사람들의 심리에 대한 지배력을 잃을 때, 근로의욕 감퇴 및 가난한 미혼 여성들의 출산율을 증가에 있어 복지권이 행하는 보충적 역할의 정확한 범위를 산정하는 것은 어렵다. 결과적으로, 미혼모에게 재정적인 고난을 가하는 것이 실질적으로 미혼모의 빈도를 줄일 것이라는 것은 결코 명백하지 않다. 이렇게 말한다고 하여 현재의 복지 프로그램을 옹호하는 것은 아니다. 현재의 복지 프로그램의 결점이 무엇이든, 권리가 무책임을 키운다는 총론적인 주장에 대해서는 의문이 제기되어야 하고 그러한 주장은 증거에 의하여 입증되어야 한다.

이기심의 문제

권리에 관하여 저명하고 특히 공정한 비평가인 매리 앤

글렌든(Mary Ann Glendon) 교수는 권리가 책임과 정치 문화를 일반적으로 잠식하는 방식에 관한 널리 공유되는 걱정을 되풀이하고 있다. 그녀는 "우리 현재의 미국의 권리에 대한 논의는 권리 호칭을 부여함에 있어서의 낭비, 법형식주의적인 성격, 과장된 절대성, 초개인주의, 편협함, 개인적 시민적 집단적 책임의 존중에 대한 침묵" 등이 두드러진다고 주장한다.[6] 우리의 법문화에 대한 이러한 편견으로 추정되는 것을 염두에 두고, 글렌든(Glendon)은 미국법에 의해서는 인정되지 않는 의무인 "구조할 의무"에 상당한 관심을 쏟는다. 구경꾼이 익사하는 사람을 무시한다면 그 구조가 별다른 노력을 들이지 않고도 달성될 수 있었다 할지라도 그는 아무런 책임을 지지 않는다. 글렌든(Glendon)은 최소한, 법 안에, 그런 의무가 존재한다는 진술을 주장하며 이러한 결과에 대하여 개탄한다. 그러한 의무는 처음에는 개인의 권리의 법적인 세계에서 완전히 제거된 것으로 보였다. 그러나 외양은 오해를 불러일으킬 수 있다. 내재적으로 새로운 의무에 대한 글렌든(Glendon)의 주장은 새로운 권리에 대한 주장이다. 상처 받기 쉬운 사람에게 부여되고 다른 개인과 정부에 대항하여 그것을 보유하는 도움을 받을 권리가 바로 그것이다. 비슷한 논리에 따라 낙태반대 운동자들은 헌법적 생명권을 창설하고 그것을 태아에게 부여함으로써 그들이 비도덕적이고 무책임한 것이라고 생각하는 낙태를 저지하는 것을 목적으로 한다. 권리는 의무를 창설할 뿐만 아니라, 의무의 부과는 종종 권리를 창설하는 데 기여한다.

권리의 문화는 동시에 의무의 문화이고 따라서 책임의 문화이다. 그렇다면 왜 권리가 일반적으로 이기심을 부추기는 것으로 비난 받아야 하는가? 투표권은 공무원에게 그들 자신의 이익을 옆으로 두고 혹은 오히려 좋은 통치에 대한 공공의 이익과 재선이라는 자신의 개인적 이익을 동일시할 동기를 준다. 평등한 보호와 공정한 청문회에 대한 권리는 특히 비도덕적이거나 반사회적인 것으로 보이지는 않는다. 14차 수정헌법 아래에서 보호된 권리는 주 내에서 공무원에 의한 인종 차별의 비도덕적 반사회적 효과를 제거하는 것에 목적이 있었다. 그러한 권리는 전혀 반사회적이지 않고, 소수 그룹의 배제에 대항하여 소수 그룹을 보호함으로써 공동체의 품위를 높인다. 많은 권리는 대개 국민의 어느 정도의 이타주의를 반영하고, 믿을 만하게 보호될 때 대부분의 권리는 이타주의와 책임의 습관을 증가시키는 데 기여할 수 있다.

표현의 자유, 집회의 자유와 같은 핵심적인 자유권 몇 가지는 "권리 논의"에 대한 비평가들이 선호하는 것으로 보이는 습관들인 숙려와 공동체의 상호작용을 촉진하기 위해 창설되었다. 결사의 자유는 분명히 집단적 행동을 보호한다. 전도를 하거나 신문을 발행할 권리도 마찬가지이다. 이러한 자유는 사회적 소통을 자극하기 위해 의도된 것이고, 사회 이전의 질서의 고립된 개인을 보호하거나, 다른 사람에게 등을 돌리고 쾌락적인 자기 몰두를 촉진하기 위한 것이 아니다. 비록 표현의 자유가 개인에 의해 보유되고 행사되지만, 그것은 또한 분명히 민주주의적 숙려(deliberation)라는 사회적 과정의 전제조건이다. 표현의 자유는 사람들이 공공의 장소에서 자유의지에 따라 서로 소통하고 반대하고 협상할 기회인 자유주의적 사회성을 고양한다. 소통의 공개된 공적 통로를 지지하는 언론의 자유는 명백히 공적인 특성을 갖는다. 생각건대 실제로 표현의 자유를 가진 개인은 누구나 그것을 행사함으로써, 집단과 자신의 목표에 기여한다. 이것은 표현의 자유 보유자들이 개인적으로는 그것을 팔기를 원할지라도 정부가 표현의 자유를 "구매할 수" 없는 이유이다.

배심재판을 받을 권리와 (인종에 관계없이) 배심원을 할 권리는 고립적인 것과는 완전히 다른 미국의 유서 깊은 또 다른 두 가지 권리이다. 이 경우, 공동체는 판결 절차에서 보통 시민의 중요한 역할을 보장하는 권리를 구매하는 것이다. 미국인이 "절차적 공화국(procedural republic)"에서 산다고 말하는 것은 개인들이 그들 사건에 있어서의 판사가 아니고 국민들이 (다른 것들 중에서도) 자신들의 공통의 문제를 해결할 수 있는 공통의 기구를 만들고 유지한다는 것을 인식하는 것을 의미한다. 공정한 재판의 부분적인 목적은 다양한 국민이 유·무죄의 문제를 정확하게 결정하기 위해 함께 일할 수 있도록 보장하는 것이다. 계약법 또는 불법행위법에서 행동을 취할 사적인 권리와 같이 적법절차에 대한 헌법적 권리는 납세자의 비용에 따라 정부가 자신의 이익이 문제된 사람들이 접근할 수 있는 사실 조사(fact-finding) 기구를 만드는 것을 전제로 한다. 공정한 재판에 대한 권리는 명백히 사회적인 것이다. 그것은 공동체의 자치(self-governance)를 위한 중요한 기제를 제공한다.

앞서 언급한 것처럼, 계약법과 불법행위법 아래에서 창설된 권리는 법적인 권력으로 정확히 묘사될 수 있다. 계약에 대한 불이행이나 위반을 이유로 제소할 권리는 엄격한, 심신을 약화하기까지 하며, 재정적인 부담을 다른 사람에게 부과할 권력을 내포한다. 우리의 법체계가 때때로 사적인 이익을 위하여 이용될 수 있는 그러한 위험한 수단을 창설하고 유지하므로 우리의 법체계는 또한 그러한 수단이 책임감 있게 행사되도록 보장하는 노력을 해야 한다. 그것은 잘못된 책임 판단과 잘못된 회수에 대한 구제책도 제공해야 한다. 그리고 우리의 법체계는 비록 불완전하기는 하지만 그러한 역할을 수행한다. 무책임하고 경솔한 소송이 바람직하지 않다는 것은 의심의 여지가 없다. 그러나 미국의 법체계는 그럼에도 불구하고 고소권을 포함한 잘 보호되는 권리의 오용을 억제하기 위하여 상당한 노력을 한다.

블랙스톤(Blackstone)은 절차적 공화국을 다음과 같이 설명한다. "만약 개인이 사적인 손해에 대한 구제책으로 사적인 권력을 사용하도록 일단 허락된다면, 강자들은 약자들에게 법을 부과할 것이고, 모든 사람은 자연 상태로 회귀할 것이다."7 권리의 문화는 사람들로 하여금 자신들의 분쟁을 폭력이나 위협에 의존하지 않고 재판을 통해 해결하도록 법적인 통로를 통해 자신들의 불만에 대한 구제책을 찾도록 촉진한다. 이것은 평화로운 사회적 공존과 협동을 위한 권리 문화의 적지 않은 기여이다.

CHAPTER 11

도덕의 몰락에
대한
대응으로서의 권리

우리는 공격적으로, 더 나아가 매우 혐오스러운 방식으로 말할 권리가 있다. 그러나 대부분의 사람들은 이러한 권리를 자주 행사하지도 않고 행사해서도 안 된다. 변호사는 무료로 일하는 것을 거부할 권리가 있지만 일반적으로 변호사들은 무료 공익 활동을 해야 한다. 엄청나게 부유한 사람은 자신의 모든 돈(세금을 낸 후)을 축적하고 자선 단체에 기부하지 않을 권리가 있지만, 이러한 인색함은 장려되지는 않는다. 대부호는 강제할 수 있는 의지로 그가 가장 아끼는 고양이에게 사치스러운 묘지를 줄 수는 있지만 그는 더 바람직한 사회적 목적을 지원해야 한다.

일부 미국인들은 그들이 무언가를 할 권리가 있기 때문에 그들이 그것을 함으로써 비난을 받거나 비판을 받아서는 안 된다고 생각할 수도 있다. 방송인, 할리우드의 제작자들, 음악 회사의 소유자들을 비롯한 몇몇 극단주의자들은 그들의 공격적이거나 타락시키는 표현에 대한 모든 반대를 그들의 표현의 자유에 대한 부당한 침해로 인식한다. 그러나 제대로 작동하는 자유의 문화는 도덕적 검열과 법적인 제재를 구분한다.

철학자들은 "옳은 것(the right)"과 "좋은 것(the good)"을 구별한다. 즉 미국인들이 모두 법에 의해 따라야 하는 정의의 동일한 규칙과 그들이 개별적으로 받아들이기로 선택한 다양한 개인적 이상을 구별한다. 같은 맥락에서, 법적으로 잘못된 것과 개인적으로 비도덕적인 것 사이에도 구별이 있을 수 있다. 우리는 위법한 계약 위반, 불법행위를 예방하기 위하여 공공의 권력을 이용할 수 있다. 반대로 불법적이진 않지만 부도덕한 행위를 예방하기 위하여 우리는 개인적인 설득, 비난을 이용하시만 공적인 강세력을 이용하지는 않는다.

현재 미국 헌법 해석하에서, 여성은 낙태할 권리가 있다. 많은 미국인들은 이러한 권리가 개인의 자유가 개인의 무책임을 조장하는 방식을 요약적으로 보여 준다고 생각한다. 헌법에도 등장하지 않고, 어떤 경우에도 낙태를 정당화할 수 없는 "사생활"에 대한 권리에 단순히 호소함으로써 낙태를 정당화하는 것은 확실히 부적절하다. 추상적인 "생명권"을 동등하게 추상적인 "선택권"과 대비하는 것 또한 거의 도움이 되지 않는다. 추상적인 선택권을 보호하는 것보다는 우리는 아마도 젊은 여성에게 번듯한 기회와 기대를 제공하는 가장 효과적인 방법에 집중해야 할 것이다. 그러나 낙태에 이를 가능성이 높은 임신을 줄이기 위한 법적인 노력, 임신한 여성이 낙태를 하지 않도록 설득하는 것조차도 "권리"에 대한 개입으로 일괄적으로 금지되어서는 안 된다. 낙태권은 공무원들에게 그에 대응하는 책임을 부여한다. 그것들 중 낙태 시술소의 근로자들을 위한 경찰의 보호 같은 것은 세금의 지출을 필요로 한다. 매해 엄청난 수의 낙태(무시무시하게도 1,500만 건)를 감소시키기 위한 비폭력적인 노력이 적어도 거의 선택권이 없는 사람들을 위한 적극적인 지원과 함께 이루어진다면 이것은 탁월한 투자가 될 것이다.

도덕적 관점에서는 법은 도덕적 열망에 의해 형성되고 형성되어야 하고 낙태권은 오직 매우 예외적으로만 행사되어야 한다고 주장하는 것은 완전히 일관된 주장이다. 피임법에 대한 교육, 강간의 금지, 젊은 여성들을 위한 더 나은 기회제공과 같은 낙태를 줄이기 위한 조치들은 시행될 수 있다.

그러나 우리는 이 논쟁적인 주제에 관하여 개인은 무언가를 할 완전한 법적인 권리를 가질 수 있는 반면에, 타인들은 그들의 행동에 대하여 비폭력적으로 불만을 제기할 동등한 권리를 가질 수 있다는 점을 생각할 수 있다. 실제로 도덕교육의 큰 부분은 불법적이지는 않지만 해롭고 공격적인 행동을 단념시키는 규범과 가치에 대한 반복적인 교육으로 구성된다. 도덕적으로 의심스러운 행동은 비공식적인 사회적 비난에 의해 그것을 범죄나 불법행위로 전환시키지 않고도 효과적으로 단념시킬 수 있다.

일부 책임의 주창자임을 자처하는 자들은 사람들의 권리에 대한 새로운 강조는 미국인들이 전형적으로 그들의 행동이 사회나 자신들에게 가치가 있는지에 대하여 단 1초도 생각하지 않고 자신의 권리를 주장하는 도덕적 상대주의와 무기준을 생산해 왔다고 주장한다. 이러한 문화적 비평은 특히 권리의 보장이 사람들, 특히 가난한 사람들을 자기 자신을 피해자로 생각하고 정부로부터의 구제와 보호를 추구하는 데 전념하도록 하지 않을까 걱정한다. 그들은 권리에 대한 인식은 의존성, 자기 연민, 창의성의 결핍을 유발할 수 있다고 결론 내린다.

극렬한 "피해자학(victimology)"에 대한 비슷한 우려가 성평등에 관한 주장으로부터 최근에 등장했다. 페미니즘과 일부 페미니스트에 대한 일부 비판자들은 성희롱, 데이트 강간, 포르노에 대항할 권리에 대한 과도한 강조가 개인의 행위와 책임에 대한 인식을 침식했고 여성들이 자신을 피해자 집단으로 규정하고, 여성들이 평등과 자존감을 얻는 것을 더 어렵게 했다고 주장한다. 시인컨대, 자신을 피해자로 간주하는 사람들, 스스로 꾸려 나갈 능력이 없는 사람들, 세상이 자신들에의 생활비를 어느 정도 부담해야 한다고 생각하는 사람들은 궁극적으로 그들 자신이나 사회에 보상이 되는 행위를 하지 못할 수도 있다. 그러나 법적인 권리를 얻는 사람들이 동일하게 자신을 자신의 운명에 대하여 아무런 책임을 부담할 필요가 없는 소극적인 피해자로 보기 시작한다는 주장을 지지하는 역사적인 증거는 거의 없다. 모든 것은 문제가 된 특정한 법적 권리에 달려 있다. 왜냐하면 특정한 권리를 행사하는 사람들은 결과적으로 더 많은 수단을 갖기 때문이다.

규제적 복지 국가에 대한 많은 비판가들은 계약권과 재산권에 대하여 열정적이고 이러한 권리들에 주어지는 보호를, 예를 들면, 정부의 규제로 인해 토지 가격 하락의 손실을 입은 사람을 보상하도록 정부에 요구함으로써 강화하고 싶어 한다. 그러한 비판들은 실제로 새롭거나 강화된 권리를 요구하는 것이다. 그러나 더 강화된 재산권과 계약권이 수혜자들을 피해자로 격하시키거나 그러한 권리를 주장하는 사람들이 "피해자학"을 촉진한다고 주장하는 것이 과연 그럴듯한가? 재산권과 계약권이 어떤 전통적인 자조의 습관을 침식할지라도,

개인 보안이나 화재 예방 서비스를 구매하는 사람들이 그 후 그들의 전통적인 자기 방어 능력을 개선하지 않는다 하더라도 이것은 이상한 주장이다.

실제로 계약을 하고, 재산을 소유하고 차별로부터 자유롭고, 성희롱으로부터 자유로울 권리 등이 믿을 만하게 보호되는 사람들은 사회의 더 안전한 행위자가 될 것이고 그들에게 동등한 존중을 부여하는 사회에 더 적극적으로 협력할 것이다. 몇몇 권리들은 개인의 힘을 위한 전제조건이기도 하다. 그들의 신체와 재산에 대한 지배권이 없는 개인들은 자신들을 더 피해자로 볼 것이다. 아마도 지금까지 정부에 의해 무시 받은 사람들은 만약 자기들의 권리가 믿을 만하게 보호된다면 "피해자"로 행하기를 멈추고 적극적으로 행위 하는 사람과 국민이 될 것 같다. 실제로 권리 보호의 중요한 사회적 목적은 정확히 이것이다. 권리가 증가하든 감소하는 자립(self-reliance)은 권리의 내용, 맥락, 효과에 의존한다. 그러한 권리가 그것을 향유하는 사람들을 무력한 탄원자와 피해자로 전락 시키고, 가족을 문란한 성관계로 대체하며, 노동을 의존성으로 대체한다는 주장은 타당하지 않다.

마틴 루터 킹 목사(Martin Luther King Jr.)는 개인적인 인종 차별에 대항하는 권리를 국가에 요구했다. 마샬 대법관(Thurgood Marshall)은 소송을 제기하여 국가에 의한 인종 차별에 대항할 권리를 확립하는 것을 도왔다. King이나 Marshall 모두 피해자 집단의 형성을 촉진하였다고 비난하는 것은 타당하지 않다. 반대로, 그들은 일반적으로 미국 흑인을 위한 더 큰 독립을 만드는 것을 도왔다고 여겨진다(첨언하면, King은 비록 종종 인종 중립성과 인종을 고려하지 않는 것에 대한 열렬한 주창자로 묘사되지만, 인종 배려적인 적극적인 행동 프로그램의 확고한 지지자였다). 그들의 권리 주장은 그들의 개혁적 역동설의 부분이자 묶음이었고, 소극적 위치를 맡는 것에 대한 거부였다.[1] 권리를 폄하하는 반면에 책임을 주장하는 이들은 그들의 권리 주장에 대해 어떻게 말할까? 그들은 정말 이러한 권리 주장을 흑인들 내에서 피해자화의 숭배로 나아가는 치명적인 첫걸음으로 묘사할까?

규범과 의무가 실패하는 곳에서 권리가 발생한다.

그렇다면 낙태권은 어떻게 가장 잘 정당화될 수 있는가? 해답은 사회적 맥락과 관련 있고, 말할 것도 없이 가장 직접적인 당사자를 훨씬 넘어서는 사회적 책임의 총체적인 실패와도 관련되어 있다.

성을 기초로 한 평등이 존재한다면 미국에서 헌법적으로 보호되는 낙태권에 대한 주장은 근거가 약해질 것이다. 널리 퍼진 가난이 없다면 비싼 해외여행 없이 임신중절 수술을 할 수 있는 미국에서의 낙태권은 공정함에 관한 덜 심각한 문제를 야기할 것이다. 상처 받기 쉬운 이들에 대한 의무가 매우 심각하게 고려되는 사회에서는 낙태를 받을 권리가 현재보다 덜 정당화될 것이다. 그런 사회에서 도움을 필요로 하는 여성은 임신 기간 및 그 전후로 도움을 받을 것이다. 낙태권에 대항하여 사회적 지원의 이용 가능성이 주장될 것이다. 사회적 지원을 통하여 현재보다 임신과 육아가 덜 어려운 것이 되고 불평등의 원인이 될 가능성을 줄임으로써 그러하다. 그런 사회에서는 여성뿐만 아니라 남성도 (법이 아니라면, 사회적 규범에 의해서) 자녀의 양육을 위해 혼신을 다할 것을 요구 받을 것이다(예를 들면 미국법 어디에도 남성들은 자신의 자녀가 수혈이나 골수 이식을 필요로 할 때를 비롯하여 제3자의 보호를 위하여 헌신하도록 요구 받지 않는다는 것은 주목할 가치가 있다). 가장 중요하게도 그런 사회에서는 낙태에 대한 제한은 낙태반대 운동 내에서 결코 일반적이지는 않지만 두드러지고 현재 유행하는 여성의 성적인 능력과 생식적인 능력을 통제하려는 욕망보다는 상처 받기 쉬운 이들에 대한 일반적이고 중립적인 형태의 동정심에 기초할 것이다.

달리 표현하면, 낙태권은 낙태에 대한 제한이 남성 입법자, 관리자, 법관들이 법을 통해 전통적인 성역할을 부여하고 그러한 방식으로 성차별의 체계를 계속하는 것을 허용하지 않는다면 정당화하기가 더 어려울 것이다. 성차별에서 자유로운 사회에서는 낙태에 대한 어떠한 권리도 당혹스럽거나 불필요한 것으로까지 보일 것이다. 그러나 이것은 미국인들이 현재 살고 있는 사회는 아니다.

만연하는 성적 불평등의 조건에 비추어 볼 때, 낙태권의 보호는 비극적인 사회적 책임의 초기 실패에 대한 다른 대안만큼 책임 있는 대응이라는 사회적 대응으로 가장 잘 이해될 수 있다. 낙태할 권리는 추상적인 면에서는 더 정당화하기가 어렵다. 여기에는 일반적인 교훈이 있다. 권리는 종종 공적 기관이 제 역할을 못하고, 개인들이 자신의 의무를 책임 있게 수행하지 못할 때 생겨난다. 환경이 극도로 악화되었을 때, 상처 받기 쉬운 사람들이 스스로를 돌보도록 버려졌을 때, 또는 어린이들이 위험에 처했을 때, 보통 "권리 주장(rights claims)"이 발생한다. 나쁜 사회적 조건이 도덕적 금지(도둑질하지 마라, 살인하지 마라)를 느슨하게 하여 개인이 범죄를 실행할 때 경찰 보호를 제공하는 비용은 급격하게 증가하고, 범죄 피해자들로부터 새로운 권리의 주장이 발생한다. 그러므로 헌법에 대한 피해자 권리 수정(Victims' Rights Amendment to the Constitution) 제안은 개인적, 사회적 태만에 대한 대응이다. 깨끗한 공기와 물에 대한 주장, 음식에 대한 주장, 쾌적한 곳에서 살 주장, 안전한 근로 현장에 대한 주장, 아동의 권리에 대한 주장 등 이 모든 것은 맥락상 사회 책임의 초기 태만에 대한 보상적 대응으로 이해되어야 한다.

  수혜적인 사회 규범이 잘 작동할 때, 법적 규제는 종종 불필요한 것으로 증명된다. 수혜적인 규범이 무너질 때, 권리 주장은 점점 더 끈질기게 된다. 사회적 규범과 법적 규정은 비슷한 문제를 다른 수단으로 해결한다. 환경 오염에 대한 강력한 사회적 규범은 잘 강제되는 환경오염방지법과 같은 효과를 가질 것이다. 양자 모두 사회가 개별 행위만으로는 충분히 문제가 되지 않더라도 총괄하면 매우 바람직하지 않은 결과를 유발하는 행동들을 회피하도록 도울 것이다. 법과 같이 사회적 규범도 사회적 행동을 조정하는 것을 돕는다. 널리 사람들로 하여금 적은 양의 시간과 노동을 절대 다수가 그러한 기여를 만들 때만 성공할 수 있는 계획에 기여하도록 함으로써 자신의 역할을 하도록 고무하는 협동의 규범의 지배 내에서 미국인들이 산다면, 권리 주장은 발생할 여지조차 없을 것이다.

비공식적인 사회적 비난은 종종 법원에 의해 강제되는 법적 규범보다 더 강력하고 효과적이고 널리 바람직한 사회적 목적을 달성하기 위한 덜 비싸고 더 효율적인 방법을 제공할 수 있다. 만약 회사가 너무 많은 오염을 일으키고, 흡연자들이 비흡연자들을 괴롭히고 위험하게 할 때 또는 가난한 사람들이 마약을 남용할 때, 공동체의 규범을 촉진하고자 하는 공공 교육 캠페인은 상대적으로 낮은 비용으로 상황을 개선할 수도 있다. 시인컨대, 미국 정부는 국가의 도덕 훈계자로서의 특히 신뢰할 만한 역할을 한 적은 없다. 그리고 사람들에게 설교를 하는 것이 항상 그들을 좋게 만드는 것은 아니다 (청중은 무시하거나 저항을 할지도 모른다). 그러나 정부는 정보의 전파나 사회에 유리한 협동의 이익의 다양한 묘사를 이용할 수 있고 종종 이용하기도 한다. 재활용의 증가와 흡연의 감소는 최근의 두 가지 예이다.

도덕적 설득을 위한 노력이 실패할 때 대신 권리가 주장될 것이다. 그러므로, "권리에 대항하는" 주장은 부적절한 사회 규범에 대한 불만과 그들의 결점에 대하여 우리가 응답할 필요로 재해석된다면 더 타당할 것이다. 특정 종류의 오염으로부터 자유로울 권리("비흡연자의 권리")와 인종 혐오 발언으로부터 자유로울 권리(많은 대학의 표현 규정에 의해 지지되는 권리)는 사회적 규범이 실패할 때 규칙적으로 발전한다. 그리고 일단 그러한 권리가 법적으로 인정되면, 납세자에게는 매우 높은 비용이 부과될 것이다.

모든 사회적 규범이 좋은 것은 아니고, 일부는 나쁘다. 미국 흑인들에게 투표권을 허용하는 것에 반대하는 사회적 규범은 거의 한 세기 동안 15차 수정 헌법의 입법목적을 좌절시켰다. 실제로 권리 강제에는 때때로 엄청난 비용이 소요되곤 한다. 왜냐하면 유해한 사회적 규범은 종종 과도한 힘에 의존하지 않고는 깨질 수 없기 때문이다. 인종 차별적 습관과 믿음에도 불구하고 시민적 권리를 강제하는 것의 어려움은 그러한 점을 잘 예증한다. 인종 차별로부터 보호 받을 권리는 민간 사회에서보다 미국 군대에서 더 잘 나타난다. 부분적으로는 인종 차별적 규범에 사로잡힌 시민들은 군복을 입은 인종 차별주의자들보다 권위의 명령에 저항할 여지가 더 크기 때문이다.

권리 강제는 좋든 나쁘든 강제적 권위, 사회적 규범 두 가지 모두에 의존한다. 강제적 권위는 희소한 자원에 의해 제한되고, 사회적으로 수혜적인 규범은 권리와 강제를 불필요한 것으로 할 수 있지만, 분열을 초래하는 규범은 둘 다를 무력화하거나 무용한 것으로 만들 수 있게 때문에 권리 강제는 제한적이다. 법적 권리는 규범의 실패에 대한 대응으로 발생할 수 있지만, 그것들은 최소한의 어느 정도 규범적인 호소력 없이는 존중 받지 못하거나 강제되지 못할 것이다. 과음자의 가족을 보호하기 위해 고안된 피해자 권리 수정의 한 종류로 규정된 금주법은 아마도 가장 생생한 예일 것이다. 유사하게 아동 부양 세대 보조(AFDC)와 같은 "복지권"은 결국 실패하게 되어 있는 것이었다. 왜냐하면 그것들은 널리 대중의 지지를 받지 못했기 때문이다.

이것들은 책임으로부터 권리로 미국에서 일반적인 전환이 있었다는 것을 보여주는 것은 아니다. 우리들 중 수많은 존 레드해일(John Redhail) 같은 사람들에도 불구하고, 1995년에 미국에서 역사상 가장 높았던 100억 달러 이상의 아동 지원 기금이 모금되었다.2 무수히 많은 다른 영역에서 사람들은 과거보다 현재 훨씬 더 책임감이 있다. 그리고 그들의 고양된 책임감은 권리의 확장과 연관된 것으로 보인다.

그러나 국민을 보호하는 국가의 능력이 제한되어 있을 때, 국가는 기계적으로 도덕적 책임을 강제하는 것에 대해 조심해야 한다. 최근에 한 시사해설자가 게으른 아버지들로 하여금 자녀에 대하여 책임을 부담하도록 강제하는 조악한 법적 시도에 대해 말한 것처럼, "불쌍한 엄마들은 종종 아이의 아버지와 헤어진다. 왜냐하면 그가 물리적으로 학대하기 때문이다. 일단 헤어지면, 엄마와 아이들은 그가 자신들의 삶에서 사라지기를 바란다. 만약 국가 기관이 화가 나고 학대하는 남자로 하여금 아이의 부양료를 지급하도록 강제한다면, 그는 그의 친권을 다시 주장할지도 모르고 또 엄마를 괴롭히기 시작할지도 모른다. 이러한 타다 남은 불에 부채질하는 것은 사실 좋은 정책이 아닐 수도 있다."[3] 만약 공적 권위가 게으른 아버지를 그의 버려진 아이들의 삶으로 다시 끌어들인다면, 그들은 아이와 엄마에게 그 결과로서 일어나는 물리적 학대로부터의 보호를 할 의무를 부담하는 것이다. 책임감 있는 정부는 만약 그 시점에서 그러한 보호의 비용을 지불할 준비가 되어 있지 않다면 자녀의 부양료 수급권을 선언하고 강제하지 않을 것이다. 법적 권리의 실행은 종종 폭력적인 반응을 불러일으키고, 권리 보유자를 보복으로부터 보호하는 비용은 확실히 권리 그 자체의 비용에 포함되어 계산되어야 한다. 어떤 책임감 있는 정치적 공동체도 이러한 부차적인 비용 또한 지급하고자 하지 않는다면 국민들에게 권리를 확장하지는 않을 것이다.

요컨대, 책임이 권리를 발생시키는 것처럼 권리는 그들의 본성에 따라 책임을 부과한다. 권리를 보호하기 위하여 책임 있는 국가는 반드시 책임감 있는 국민들로부터 모인 자원을 책임감 있게 지출해야 한다. 허구적인 권리의 확장으로 인한 책임의 약화에 대하여 애통해 하는 대신, 사람들은 상호적인 권리와 책임의 어떤 견고한 묶음이 권리와 책임을 위한 재원을 제공하는 사회에 가장 많은 이익을 제공할 것인지에 대하여 고려해야 한다.

PART 4

"협상으로서
권리를
이해하기"

THE COST OF RIGHTS

CHAPTER 12

종교적 자유가 어떻게 안정성을 촉진하는가?

　　왜 미국인들은 법을 따르는가? 왜 대부분의 미국 시민은 대부분의 시간을 자발적으로 복잡한 법적 규칙에 그들을 맞추고, 세금을 납부하고, 배심원 의무를 수행하기 위해 출석하고, 다양한 정치적·사법적 공무원들의 때로는 비합리적인 결정에 동의하는가? "법률 준수에 관한 의문(the compliance question)"에 대한 완전한 대답은 습관, 모방, 복종, 규범에 대한 존중, 사회적 연대, 그리고 국가의 강제력 등을 언급할 것이 분명하다. 그러나 보통의 국민은 만약 그들이 법을 정당하다고 인식하지 않는다면 완전히 (정당하다고 인식하는 경우에 비하여) 같은 수준으로 법을 존중하지는 않을 것이다. 그리고 이러한 점은 국민들이 법에 의해 부과된 의무를 어느 정도는 공정하게 공유된다는 것을 인식해야만 한다는 것을 의미한다.

법령 준수는 부분적으로는 정부가 개인의 기본적 자유를 비롯한 기본적인 인간의 이익을 보호하고 촉진한다는 사회적 이해로부터 발생한다. 말하자면, 권리의 강제는 과세하고 지출하는 권력을 전제할 뿐만 아니라, 과세하고 지출하는 권력을 대중들이 받아들이도록 촉진하기도 한다. 현직 공무원들은 시민들이 원하는 권리에 재원을 조달함으로써 정치적 호의(goodwill)를 만들어 낸다. 기본권의 보호가 근본적으로 강제적으로 과세할 수 있는 국가의 행동에 의존하지만, 강제적으로 과세하는 국가의 행동은 국민들의 가장 소중한 이익을 공정한 방식으로 보호하는 데 대한 기여를 통하여 국민들의 눈에 정당화 될 수 있다.[1]

시민들이 도덕적으로 기본적인 시민의 의무를 수행할 의무가 있다고 느끼는 한 가지 이유는 시민들이 지지하는 체계가 비록 완벽하지는 않더라도 그들의 기본적인 자유를 적절하게 보호한다고 판단하기 때문이다. 법적으로, 그리고 정치적으로 권리를 보호하는 것은 자유민주국가에 의해 수행되는 가장 널리 존중되는 공적인 업무들 중 하나이다. 그리고 미국 국민들은 그들의 국가, 주, 자치 정부에 의해 부과된 적지 않은 의무를 기꺼이 떠맡는다. 부분적으로는 이 정부들이 어느 정도의 공정성을 가지고 소방, 강제 가능한 개인적 권리를 비롯한 모든 범위의 귀중하고 공적으로 유익한 것들을 배분하기 때문이다. 국가가 보호를 위한 자원을 모집하는 동안에 국민들은 협동으로 보답한다. 협동은 권리 보호가 약화되거나, 불규칙하거나, 실패할 때 혹은 정부가 자격 미달의 권리를 창설하거나 보호할 때에는 얻기 어려울 것이다. 현직자들은 또한 자신들이 특히 협력을 얻을 필요가 없는 정치적으로 취약한 개인이나 집단에게 제공하는 보호에 대하여 인색하다는 유감스러운 경향을 가지고 있다.

협동과 권리의 교환(rights-for-cooperation)은 대개 "사회 계약(social contract)"이라는 유명한 비유로 연상되는 자유주의적 정치학 이론의 영원한 주제이다. 정부는 국민들을 상호간으로부터 뿐만 아니라 정부의 사악한 공무원으로부터 보호하는 것에 동의한다. 이에 대한 보답으로, 국민들은 정부를 지지한다. 자유로운 사회는 관습, 권위, 공유된 문화, 소속감, 경찰력에 대한 두려움 등에 의해 결합될 뿐만 아니라 널리 퍼진 상호이익의 관념에 의해서도 결합된다. 이것은 사람들이 다른 사람들이 스스로의 역할을 회피할 때 자신의 역할을 기여하기를 망설이는 이유 중 하나이다. 사회는 개인들이 상호 자제를 행하고, 모두에게 공평하게 적용되는 명백한 규정을 준수하고, 공동의 노력에서 자신의 역할을 다할 때 번영한다. 이러한 것들이 제대로 이루어질 때 개인과 집단의 이익이 개인의 부담보다 더 중요하다고 인식된다.

　　권리에 대한 경험적인 이론은 개인의 자유가 국민들 사이의 협동과 국민과 정부와의 협동을 어떻게 창설하고 유지하는지 고려해야 한다.[2] 왜 국민들은 기꺼이 권리 강제의 비용을 지불하는가? 물론 그들은 이유를 묻지 않고 두려움이나 습관 때문에 지불할 수도 있다. 그러나 그들은 또한 이러한 권리들이 그럴 만한 가치가 있다고 인식할 수도 있다. 이것이 권리, 특히 기본권이 자유로운 사회 계약의 초석, 자유로운 정치적 권위의 합법성의 근거라고 일컬어지는 의미이다. 양보의 교섭에서 정부에 의해 수여되고 국민에 의해 수용되었기 때문에 권리는 단번에 협상의 산물로 간주될 수도 있다. 그러나 이것은 완전한 이야기는 아니고 도움이 되는 비유에 불과하다. 실제로 그것은 비유 이상이다. 왜냐하면 순전히 설명적이거나 역사적인 문제로서, 많은 권리는 협동을 추구하거나 적어도 서로 평화롭게 공존하고자 하는 다양한 사람들 사이의 협상으로 인해 발생하였기 때문이다.[3] 그것들을 이러한 방식으로 해석하는 시도를 함으로써, 우리는 권리가 실제적인 이유로 법원에서 항상 강제되는 것은 아니더라도, 권리가 어떻게 정부의 행동에 의해 규칙적으로 보호받을 수 있는지를 명확히 할 수 있다.

권리의 비용이라는 언급에 대하여 불편해 하는 사람들 중 일부는 권리의 강제가 불가피하게 수반하는 교환에 대한 면밀한 연구를 믿지 않을 수도 있다. 그들은 또한 도덕적이거나 이론적 관점에서 권리가 시민적 협동에 대한 대가로 수여된다는 관념에 반대할지도 모른다. 납세 "기여"가 단연 가장 잘 표현될 수 있는 시민적 협동의 예이다. 권리의 비용에 대한 질문의 생략은 협상으로서의 권리의 개념에 대한 더 많은 불편함을 반영한다. 만약 권리가 공격할 수 없고 보편적인 것이며, 공정한 이유에 기초하고 모든 이성적인 존재에 의해 주장될 수 있는 것이라면, 권리가 어떻게 "내가 너의 등을 긁어 줄 테니 너도 내 등을 긁어줘"의 문제로 전락할 수 있는가? 그리고 실제로 그 문제를 공식화하는 이러한 방식은 매우 어리석고 단순한 것으로 보인다. 만약 표현의 자유나 투표권을 팔 수 없는 것과 같이 많은 권리가 상품 시장에서 사고팔 수 없다면 우리가 어떻게 일반적으로 권리를 물물 교환 품목으로 이해할 수 있는가?

정답은 협상은 다양한 형태로 나타나고 그들 중 다수는 사소하지도 않고 부끄러운 것도 아니라는 것이다. 직장, 가족, 주 의회 의사당, 슈퍼마켓에서 상호이익이 되고 완전히 번듯한 거래가 항상 일어난다. 그리고 그것들은 관련된 모두에게 이익이 된다는 단순한 이유로 받아들일 수 있는 것이다. 예를 들면, 주간의(interstate) 통상을 붕괴시킬 수도 있는 산업 경쟁의 강도를 낮추기 위하여 미국 정부는 사용자와 근로자에게 권리를 할당하고, 상대방에 대한 집합적인 권리와 의무의 묶음을 강제하기 위해 노력한다. 이 경우, 권리 강제는 실제로 분쟁 조정의 전략이고 협상 강제의 형태이다. 실제로 상호 이익이 되는 사회적 협동을 촉진하는 권리의 용도는 사회 계약이라는 관념이 제시하는 것처럼 완전히 일상적이다. 권리를 창설하고 구체화하는 법률 자체도 때때로 협상이라는 방식으로 가장 잘 이해될 수 있다. 협상의 조건을 달성하기 위해 제공되는 서비스 중 하나로 법을 말하는 것은 권리에 기초한 정치 체계가 단지 부분적으로 상호 이익의 널리 공유 되는 관념에 의해 안정될 수 있다는 것을 확인하는 것이다. 폭력 없이 분쟁을 해결하고 복합적 사회에서 사회적 기대를 안정화 시키기 위한 명확한 규칙을 설정함으로써, 권리는 특히 안정된 양식의 사회적 공존과 협동을 창설한다.

개인적이고 집단적인 복지를 개선하기 위한 수단으로서, 권리는 자연스럽게 공동체의 모든 구성원(공무원으로부터 뿐만이 아닌)으로부터 다양한 형태의 포기를 요구하고, 그러한 포기는 상호관계, 전문화, 노력의 결집으로부터 파생되는 이익에 의해 충분히 보답되어야 한다. 따라서 미국의 사회 계약은 단순히 정부는 권리를 보장하고 시민은 협동으로 응답하는 협동을 위한 권리의 교환으로 묘사되어서는 안 된다. 미국의 사회 계약은 권리를 존중하는 시민들 스스로간에, 부자와 빈자 간에, 예를 들면, 조화하지 않는 종교적 분파의 구성원들간에 더 신중하고 숙고된 거래를 포함한다.

거칠게 표현하면, 민주주의의 이론가들은 두 진영으로 나뉜다. 정치학을 이기적인 사적 그룹간의 이익 단체 거래로 보는 사람들과 정치학을 숙의와 이유 부여의 과정으로 보는 사람들이 그것이다. 그러나 거래와 숙의는 양쪽 모두 권리의 창설에 있어서 역할을 수행하고, 실제에서 그것들을 구분하는 것은 쉽지 않다. "협상" 또는 협의는 좁게 이해하면 자기 이익이 주요하거나 유일한 동인은 아니지만 자기 이익을 가지고 하는 토론과 숙고의 과정에서 나올 수 있고 실제로 나온다. 실제로 법적으로 강제되는 권리로 규범화된 사회 협약은 종종 단지 그 당시 어떤 것이 편리한지에 대해서가 아닌 무엇이 궁극적으로 옳고 공정한지에 대한 판단을 반영한다. 그러나 정치학이 편협한 이익들이 이유 부여의 과정을 압도하지 않도록 숙의적 민주주의(deliberative democracy)에 의해 지배되는 경우에도 협상과 상호 조정에 대한 연구는 종종 의미 있고 건설적인 역할을 수행한다.

종교의 자유는 이러한 선상에서 유용하게 고찰될 수 있다. 여러 추상적이거나 철학적인 이론적 설명을 갖는 전통적인 자유권인 양심의 자유는 상당 부분 사적인 사회적 집단들 사이의 협상으로서 분파간의 예의, 상호 관용, 사회적 협동을 보장하고자 발생하고 진화하였다.

"의회는 특정 종교의 체제를 존중하는 법이나 그것들의 자유로운 수행을 방해하는 법을 만들지 않을 것이다." 이러한 두 가지 규칙은 놀랍게도 조화하기 어렵다는 것이 증명되었다. 자유로운 수행 조항(free exercise clause)과 특정 종교 존중 금지 조항(no-establishment clause) 간의 충돌은 미국 헌법에서의 몇 가지 어려운 문제를 발생시켰다. 자유로운 수행을 보호할 때, 종교적 회합을 위해 가용한 공공의 홀을 만들어 국가는 종교의 설립을 돕는 것 아닌가? 종교 단체가 일반적으로 가용한 기금을 사용하는 것을 금할 때 국가가 자유로운 수행을 방해하는 것인가? 학교가 명한 기도를 금지하거나 종교 집단이 방과 후 학교 편의 시설을 이용하는 것에 대한 거부와 같은 종교에 대한 정치적 지지의 금지에 엄밀히 부합하고자 하는 시도는 자유로운 수행에 대하여 불법의 부담을 부과하는 것으로 여겨질 수 있다. 유사한 예를 들면, 안식일에 일하는 것을 요구하기 때문에 직장을 받아들이기 거부하는 사람들에게 복지 수급권을 주는 것과 같은 자유로운 수행을 보장하고자 하는 성실한 시도들은 사적인 믿음을 위한 공적 지지를 부여하는 것에 대한 금지를 위반하는 것으로 보일 수도 있다.

그 함의가 무엇이든지간에 이러한 실질적인 딜레마가 이 책의 중심 주장 중 하나를 보강한다. 종교에 대하여 중립성을 추구하는 이들조차도 국가가 개인 모두에게뿐만 아니라 종교 기관에게도 무엇보다도 경찰과 소방서의 보호 같은 표준 서비스를 제공해야 한다고 주장한다. 이것은 특히 종교 집단간의 긴장이나 종교인과 비종교인과의 긴장이 과열될 때 많은 비용이 소요된다. 국가가 규칙적으로 많은 사회의 비종교적 집단에 대한 이익을 제공하므로, 국가는 수많은 맥락 속에서 종교를 지원하지 않고는 중립성의 외관을 달성할 수 없다. 자유방임(특정 종교 존중 금지)적 정부의 정책은 개인의 자유(자유로운 수행)를 보장하지 않는다. 자유방임주의는 종교의 자유로운 수행을 할 권리에 대하여 적절한 보호를 제공할 수 없다는 점은 명백하다. 학교 기도의 주창자들은 반드시 그러한 점을 알고 있을 것이다. 학교 기도를 거부하는 자들 또한 종교의 자유로운 수행에 대한 헌법적 권리가 정부의 불간섭 정책에 의해 유지될 수 없다는 것은 알 수 있을 것이고, 대신에 정부의 행위와 납세자의 지지를 요구한다.

그러나 종교의 자유가 규칙적으로 납세자에게 부과하는 비용은 잘못 이해되고 있다. 종교의 자유가 개인이 자신들의 양심에 따라 숭배하고 믿고 살 자유에 대한 정부의 간섭을 멈추게 하고 의회와 주 의회의 개입을 줄이기 위해 고안된 전형적인 "소극적" 자유로 보통 인식되는 것이 한 가지 이유이다. 이러한 전통적인 관점에서는 종교의 자유는 (무엇보다도) 그들 자신과 그들이 사랑하는 사람들의 죽음을 피할 수 없는 운명에 대한 희망과 두려움을 다루는 개인의 도덕적 자치를 보존하기 위한 차단된 개인적인 공간에 정부가 개입하는 것을 막기 위해 고안된 것이다.

    이러한 맥락에서, 불간섭과 교회와 국가 사이의 "분리 장벽(wall of separation)"의 이미지의 교리는 전형적으로 종교의 자유가, 다른 모든 헌법적 권리들과 마찬가지로, 국가가 개입하기보다는 물러날 것, 행동하기보다는 자제할 것, 속박하기보다는 풀어줄 것을 요구한다는 것을 설명하기 위해 호소된다. 종교의 자유는 잠재적으로 편견이 있는 국가의 개입적이고 체제 순응적인 압력으로부터 상처 받기 쉬운 개인들, 신앙심 깊은 몽상의 고독한 순간에 있는 자, 이단적인 비국교도이거나, 단순한 불신자 등을 보호해 준다고 일컬어진다.

    그러나 종교의 자유의 개인의 자치에 대한 기여가 종교의 자유가 평화로운 사회적 공존으로부터 발생하였다는 점 또는 평화로운 사회적 공존에 대한 그것의 기여를 가리도록 해서는 안 된다. 종교의 자유는 우리를 가장 깊은 신념의 영역에서 자율적이도록 허락하는 반면에, 특정 종류의 합법적인 정치적 권위의 원활한 작동에 필수적으로 의존한다. 그것은 또한 안정화 역할을 수행하고 사회적 일치를 고무함으로써 우리의 종교적으로 복잡한 사회가 어느 정도 잘 작동하도록 해 준다. 종교적으로 복합적인 사회에서의 종교의 자유의 명백한 유용성은 그 권리의 최초의 승인, 미국 이외의 곳에서의 종교의 자유의 현대적 중요성, 종교의 자유에 관한 비용을 지출하고자 하는 납세자들의 명확한 의지를 설명하는 것을 돕는다.

종교의 자유는 확실히 다른 법적 권리들보다 비용이 덜 드는 것이 아니다. 미국인들은 그들이 바라는 대로 어느 정도 숭배를 하거나 하지 않을 자유가 있지만, 이 점에서의 그들의 자유는 그들이 공공의 예산으로부터 보조(예를 들면, 교회나 다른 종교 기관에 대한 경찰과 소방서의 보호를 통해)를 받지 않을 때에도 국고에 대해 일정한 요구를 한다. 예를 들면, 종교의 자유는 공무원에 의해 침해를 받을 때마다 시민에게 (납세자에 의해 재원이 조달되는) 사법적 구제를 요청할 권리를 부여한다. 이 점에 관한 법이 변화하고 복잡할지라도, 종교의 자유는 때때로 일반 법률로부터의 면제를 요구할 수도 있고, 면제는 비용이 많이 소요되는 것으로 판명될 수도 있다.[4]

종교의 자유는 분파간에 심각한 긴장이 발생할 때마다 정부가 즉각 개입할 수 있을 것을 포함하기 때문에 훨씬 많은 비용이 소요되기도 한다. 미국에서의 종교 분쟁은 정부 규제의 합법적인 활동 공간을 제공하고 그로 인해 모든 사람들에게 감독, 예방, 구제 수단에 대한 접근을 위한 공공의 비용을 부과한다. 여호와의 증인은 스스로를 조직화하고 그들의 견해를 공적으로 표현할 수 있어서 가톨릭 지역에서 반가톨릭적인 음반을 틀 수 있다. 종교의 자유는 예를 들면 종교적 열정의 잠재적으로 도발적인 표현에 대한 경찰의 감독을 요구할 때 국고를 요구한다. 오늘날 더 적절한 것으로, 종교의 자유는 만약 사적인 분파나 교회가 구성원들이 탈회를 하거나 배교하는 것을 막기 위해 불법적으로 강제의 위협을 사용한다면 정부에게 구제책을 제공할 것을 요구한다.

종교적 공동체에 세속적 규범을 부과할 수 있는 정도에 대한 격렬한 논쟁이 지속된다. 예를 들면 성별을 근거로 차별하는 교회에 대하여 차별 금지 원칙이 적용되어야 하는가? 비록 이에 대한 답이 아직 논쟁되지는 않았지만, 일반적으로 미국법은 그것들이 적용되어서는 안 된다고 대답한다. 반대로, 폭행, 구타, 침입 등과 같은 보통의 시민적 범죄에 대한 금지는 완전히 종교 조직에도 적용된다(해당 법률은 중립적이고 종교를 차별하지 않았다는 점을 근거로). 미국 인디안 종교 의식에서의 피요테(peyote)의 사용을 범죄화 하는 것을 지지하는 1990년의 연방 대법원 판결[5]에 대하여 어떻게 판단할지라도, 미국에서의 종교의 자유는 만약 예를 들면 정부 공무원이 들어갈 수 없는 벽 뒤에서 자유롭게 행해지는 종교 예배에 어떠한 강제적인 공적 권위도 예사로 나쁜 짓을 하거나 정신적으로 혼란스러운 예배 지도자에게 영향을 미치기 위해 끌어들여질 수 없다면, 가공의 것이 될 것이다. 권리는 잠재적으로 위험한 권력이기 때문에, 권리를 강제하는 것에 복무하는 정부는 또한 그것들이 심각하게 남용되지 않도록 보장하기 위해 복무해야 한다.

종교의 자유는 문명화 된 절제의 특정 규칙과 위압적으로 강제되어야 하는 규칙에 일관되게 행해질 때만 받아들여질 수 있다. 미국의 종교 집단들은 그들의 종교적 신념을 추구함에 있어서 강제나 위협을 사용할 수 없다. 그렇게 할 권리는 정부에만 독점적으로 속하기 때문이다.6 정부만이 이러한 권리를 행사한다. 왜냐하면 정부가 사회의 분야, 종교, 계급, 분파의 이익이 아닌 공적인 이익, 즉, 그들의 종교적 믿음이 무엇이든간에 예외 없이 모든 국민이 널리 공유하는 이익을 대표하거나 그렇다고 주장되기 때문이다.

표면적 외양은 차치하고, 종교의 자유는 국가의 부작위에 의하여 인정되는 것이 아니다. 종교의 자유는 정부가 종교 재산의 경계 내에서의 행위를 자제(말하자면, 살인이나 강간, 환각제를 소유하는 것에 대하여 법을 강제하는 것을 자제)해야 한다는 의미를 포함하지 않는다. 정부는 분파적 사건에 대하여 간섭을 하지 않아야 하고, 1차 수정 헌법은 단지 그러한 행위의 태도와 범위를 규제한다. 더 심도 깊게, 종교의 자유는 공적으로 보조 받는 협동과 상호 관계를 위한 답안을 제공한다. 예를 들면, 종교의 자유는 다종교의 미국의 시민들이 정부의 매개를 통하여 행위 할 때 소수 분파의 신봉자, 종교가 없는 사람들이 이등(second-class) 시민이거나 다소 가치가 없거나 공동체의 환영 받지 못하는 구성원이라고 선언할 수 없도록 규정한다.

"정부의 매개를 통하여 행위 할 때" 라는 구절은 더 설명할 필요가 있다. 종교의 자유에 대한 주요한 위협은 정부가 아니고, 오히려 기회가 있다면 내키지 않는 동료 시민들에게 자신들의 분파적 신앙을 강제하기 위해 정부의 수단을 사용하는 사적인 종교 분파이다. 결과적으로 "정부의 간섭"으로부터 종교의 자유를 보호하는 것은 사실 사적인 분파에 의한 침해로부터 종교의 자유를 보호하는 우회적인 방법이다.

실제에서 종교의 자유는 정부에 대항해서보다는 사적인 분파의 편협함 및 거만함에 대항하여 보호할 필요가 더 크다. 종교의 자유의 이런 간접적인 효과는 명백히 헌법적 권리는 개인을 국가 행위로부터만 보호하고 사적인 분파로부터는 보호하지 않는다는 이론을 반박하는 것이다. 기술적으로 사실일지라도 이러한 법률적 주장은 사실주의적으로 맥락을 통하여 해석될 필요가 있다. 1차 수정 헌법은 실제로 개인의 자유를 정부의 분파적 포섭이나 "법이라는 미명"을 통한 개인의 간섭으로부터 보호한다. 종교의 자유의 체계는 항상 독선적인 시민이 모든 맥락에서는 아니고, 예를 들면, 공립학교 공무원으로 행위 할 때와 같이 특정한 역할을 하는 동안 불화를 일으키고, 굴욕을 주고, 공동체를 격분시키는 행동을 하는 것을 금지하기 위한 상호 자제의 규칙을 포함시키려 한다. 학교에서 창조론(creationism)을 가르치도록 요구하는 것과 같은 세속적 목적을 결한 법은 위헌이다. 왜냐하면, 그것들은 미국의 많은 종교 집단과 비종교 집단 간의 미래의 평화로운 공존을 위한 결정적인 맥락에서 사적 분파에게 공적인 권력을 부여하기 때문이다.

역사적으로 미국 헌법에 확립되어 있는 공립 학교에서의 종파적 가르침에 대한 금지의 본래 목표 중의 하나는 이들 학교가 종파적 분쟁의 장이 되지 않도록 하는 것이었다. 종교와 국가의 분리는 사회적으로 지배적인 신교도들이 그들의 다수의 지위를 이용하거나 가톨릭이나 다른 종파를 미국적이지 않은 것으로 비난할 수 없다는 것을 배워야 하는 공통된 기관을 창설하는 것을 도왔다. 이것은 완전히 호의적이지 않은 환경에서 적극적인 정부의 노력을 요구하였고, 정부의 불간섭 정책을 요구하였던 것이 아니다. 그것은 또한 부수적으로 도덕을 법규화 하거나 적어도 도덕의 중요한 영역인 도덕적 자제의 한 형태를 되풀이하여 가르치는 타당한 시도였다. 공적으로 재원을 조달 받는 학교는 의식적으로 가치들로부터 자유롭다는 관점이 아닌, 다수의 신념을 보호한다는 관점에서 중립적인 영역으로 만들어졌고, 중립적으로 남았다. 그것은 물론 도덕적 회의주의나 상대주의를 가르치기 위해서가 아니라 공존, 관용, 공동 행위의 훈련을 제공하기 위해 의도된 것이었다. 표면상 공적인 자원을 한 종파의 교육적 이익을 위하여 쓰는 것은, 반대로, 종교적인 선에서 정치적 분쟁을 일으켰을 뿐만 아니라, 미국에서의 경쟁적인 종파들이 차이를 접어 두고, 그들이 한배에 타고 있고, 그들은 공동의 목적을 찾고 추구하기 위해 고안된 공통의 정부를 공유한다고 느끼도록 해 주는 내재적인 사회적 합의를 망쳤을 것이다. 이것은 종교의 자유를, 정부가 어느 정도는 종교의 자유의 상대방이라기보다는 중개인으로서 역할을 하는 종교와 분파들 사이의 사회적 합의로 볼 수 있다는 관점이다(이것은 정부 공무원 스스로가 경쟁적인 종파들간의 협동적인 관계로부터 이익을 본다는 것을 부정하는 것은 아니다).

종교의 자유는 다종교 사회인 미국이 그것의 내재적 다양성을 다루는 중요한 수단들 중 하나이다. 우리의 다양성의 사회는 분배에 의해 결합된다고 할 수도 있을 것이다. 종교와 국가 사이의 "장벽"은 단지 소극적인 것이 아닌, 적극적인 기능을 하고 있다. 그것은 시민들이 궁극적이지 않은 것들에 대하여는 동의하더라도 궁극적인 문제에 대하여서는 일치하지 않도록 허락하여 종교적 다원성에도 불구하고 공통의 시민의식을 허용하고 장려한다. 미국인들은 "옳은 것(the right)"(희소한 자원의 세계에서 비폭력적 공존과 협동을 지배하는 정의의 규칙)에 대하여 일치하더라도, "좋은 것(the good)" (즉, 개인적이고 종교적인 이상이 추구할 만한 가치가 있다고 간주하는 것)에 대하여는 불일치할 수 있다.

어느 정도의 관용과 상호 존중을 보일 수 있는 능력을 포함하는 이질적인 사회에서의 사회적 협동은 사람들이 가장 근본적인 불일치는 일단 옆으로 미루어 두고, 대신에 더 추상적이거나 더 특정한 문제에 대해서는 의견을 일치할 수 있다는 것을 전제한다. 다른 종교적 배경과 신앙을 갖는 시민들도 그러한 입장을 지지하는 배경이 완전히 다를지라도 전체로서 종교의 자유나 헌법에 대하여 합의할 수 있다. 그리고 다른 종교적 신념을 가진 시민들은 그들의 다양한 시작점으로부터의 많은 특정한 실행에 대하여 동의할 수 있다. 다양한 태도나 믿음으로 공통의 규칙을 지지하는 다양한 시민들은 미국인들의 기본권에 대하여 동의할 수 있다.

강제의 합법적인 수단에 대하여 거의 독점권을 행사하는 국가를 통하여 행동할 때, 미국인들은 그들의 충돌하는 종교적인 신념을 잠시 미뤄 두어야 한다. 그러나 비정부 집단을 통하고 보통의 사회적 맥락인 국가의 매개 밖에서 행동할 때는 그들은 자신들의 종교적 신념에 근거하여 행동할 수 있고 그것을 표출할 수 있다. 달리 말하면, 종교의 자유는 배타적으로 개인주의적인 것과는 거리가 멀다. 그것은 필수적으로 함께 숭배하고, 설교하고 전도하고 새로운 교회와 분소를 설립할 높은 사회적 자유를 포함한다. 종교의 자유가 사회적 기구와 공공의 상호 작용을 수반하는 한도에서 종교의 자유는 다른 행동할 자유와 마찬가지로 개인과 집단 간의 충돌의 가능성을 일으킨다. 그리고 여기서 종교의 자유를 유지하는 대부분의 공적인 비용이 발생한다.

낙태 사건이 밝히는 것처럼, 종교적 불일치는 때때로 억누를 수 없는 공공의 논쟁으로 폭발할 수 있다. 그러나 미국의 낙태 논쟁과 같이 궁극적인 가치가 문제되는 외견적으로 조화될 수 없는 분쟁이 미국의 모든 사회적 소통에 해악을 끼치거나 다른 문제들의 민주적 해결을 불가능하게 한 것은 아니다. 낙태 논쟁은 주로 상대적으로 온건한 영역에서 머물렀다. 왜냐하면 종교가 있는 미국인이나 종교가 없는 미국인 모두 그들의 공동체가 기반한 상호 관용의 민감한 합의에 대해 이해하기 때문이다. 상호 조정과 자제의 일시적 중지 혹은 진행은 사회의 품위를 떨어뜨리는 것이 아니고 우리의 공동의 삶의 전제이다. 그것을 추구하는 사람들은 실리뿐만 아니라 원리도 추구하고 있는 것이다.

협상은 전략적 관계일 뿐만 아니라 도덕적 관계이기도 하다. 그것은 협상이 내재적으로 각 당사자로 하여금 스스로를 전체의 일부로서 다른 당사자들 중의 하나의 합법적인 요구자에 불과한 것으로 보도록 하기 때문이다. 미국의 사회 계약에 따르면, 내가 나의 양심의 자유를 주장할 때, 나는 동시에 그들의 사적인 신념이 무엇이든 다른 시민들이 같은 권리를 누린다는 것을 확인하고 있는 것이다. 자연스럽게 어떤 개인이 정당하게 행위하거나 주장할 수 있는 것을 제한하는 개인들간의 호혜성(reciprocity)과 공정성(fariness)에 대한 이러한 언급은 미국법의 헌법적 권리의 모든 주장에 내재되어 있다. 이 영역에서의 불편부당함(impartiality)과 공정함(fairness)은 사회적 우의를 유지하는 것을 도울 뿐만 아니라 18세기의 권리를 본질적으로 이기적이고 반사회적으로 해석하는 것이 왜 오해를 불러일으키는 것인지를 보여 준다.

CHAPTER 13

이해 당사자로서의
권리 보유자

　　재산권이 재산이 없거나 거의 없는 사회의 구성원들에 어떻게 영향을 미치는지 묻지 않고 미국 사회 계약에서의 재산권의 지위를 이해하는 것은 불가능하다. 사회적 협동의 가장 기본적인 형태에 대해 묻는다면, 무산자들로 하여금 어떻게 약탈이나 방화를 하지 않도록 할 수 있는가? 형사법의 체계는 개인 재산의 축적물을 악당들의 탐욕뿐만 아니라 무산자들의 분노로부터 보호하는 것을 돕는다. 그러나 강제적 수단만으로 재산권을 보호하기 위해서는 국가는 매우 많은 강력한 폭력을 행사해야만 할 것이다. 그런 거대하고 자의적인 경찰력은 재산 소유자들에게 많은 비용이 들게 할 뿐만 아니라 그들이 사악한 공권력에 항상 상처받기 쉽다고 느끼도록 만들 것이다. 따라서 사적 재산을 축적하고자 하는 자에게 실질적인 문제는 강제력에만 의존하지 않고 어떻게 절도와 방화를 예방할 것인지이다.

국가는 어떻게 무장된 공무원들이 재산권을 보호할 정도로 충분히 강하지만 개인의 사리사욕을 채우기 위해 재산권을 침해할 유혹을 느낄 정도로 강하지는 않게 할 수 있는가? 자유주의의 정수를 다루는 이 수수께끼는 두 번째 의문을 제기함으로써 가장 잘 답할 수 있다. 빈자의 입장에서 부자는 어떻게 합법적일 수 있는가? 대신에, 정부의 주요한 목적들 중 하나가 남용 가능한 수단을 최소한으로 사용하여 부자들의 재산권을 보호하는 것이라면 정부는 가난한 자들을 어떻게 다루어야 하는가? 이 질문에 대한 완전한 답변은 공적으로 재원이 조달되는 교육, 구직 시장에 들어갈 수 있는 번듯한 기회, 가능한 범위 안에서 최대한의 사적 재산 분배, 그리고 다른 많은 정부에 의해 운영되는 집단 자원의 할당 등을 언급할 것이다. 만약 가난한 자들이 특권층 또한 그들의 공정한 몫을 기여하고 있다고 믿는다면 가난한 자들은 공공의 선에 더 잘 기여할 것이다. 그리고 빈곤에 대한 신중한 접근은 분명 무산자들의 식탁에 그들이 분노나 절망에 빠지는 것을 방지할 정도로 충분한 음식을 제공하는 것을 포함할 것이다. 사적 재산에 대한 가장 열렬한 주창자는 모든 사람이 일정한 기본적 영양과 쉼터를 보장받도록 노력할 것이다. 빈곤층 사이에서 절망의 극단을 감경시키는 것은 도덕 원리, 순전한 동정심 또는 동료 의식에서 나오기도 하지만, 주민들이 굶주리고 있다면 성은 안전하지 않으므로 빈곤 구제는 때때로 아마도 가장 믿을 만하게, 부자들의 자기 방어의 전략으로서 등장한다.

부자들로부터 빈자들로의 복지 이전이 전통적으로 노동자 극단주의에 대한 두려움에 의해 유발되었기 때문에 노동 인구의 감소와 자본주의에 대한 외견상으로 가능한 대안으로서의 공산주의의 소멸 이후에는 중산층의 지지를 잃는 경향이 있다. 그러나 정부가 지속적으로 예산 재원을 얻는 동안 소유자가 그들 재산에 대한 믿을 만한 보호를 받기 위해서는 현직 공무원과 소유자 모두 빈곤자들 특히 빈곤한 젊은이들의 협동적인 자제를 필요로 한다. 이에 관한 기저에 놓인 동기를 파악하는 것은 쉽다. 왜냐하면, 리차드 포스너(Richard Posner) 판사가 언급했듯이 "풍요 속 빈곤은 범죄 발생을 증가시킬 가능성이 있기" 때문이다.[1] 실제로 부자들은 이 문제에 대해 순전히 개인적인 방식으로 대응할 수도 있다. 적당히 부유한 사람들은 하층 계급의 절망의 결과로부터 자신들을 효과적으로 차단할 수 있는 폐쇄된 공동체로 후퇴할 수 있다. 그러나 이것은 돈이 있는 사람들을 위해서도 행복한 전략이 아니다. 차단은 금전적 비용 이외의 비용이 소요된다. 물론 이것이 경향이 된다면, 사회적 응집은 위험에 처하고 복지 프로그램에 대한 중산층의 지지는 지속적으로 줄어들 것이다.

사회적 합의로서의 복지권

미국에서의 "권리 논의"는 매우 당파적이다. 실제로 미국인들의 정치적 동맹은 그들이 어떤 권리를 좋아하고 어떤 권리를 싫어하는지에 대한 좋은 지표이다. 경제적 보수주의자들은 복지권을 약화시키는 반면에 재산권을 강화하기를 원한다. 종교적 보수주의자들은 생명권을 칭송하고 국가와 종교의 완전한 분리를 비난한다. 미국 시민 자유 연합(American Civil Liberties Union)의 진보주의자들은 표현의 자유를 지지하고 공립학교의 기도 시간(school prayer)의 권리를 비난한다. 복지 국가 진보주의자들은 공적 부조에 대한 수급권을 칭송하고 회사가 원할 때마다 공장을 폐쇄할 수 있는 권리를 비난한다.

미국에서의 정치적 입장은 주로 어떤 권리를 제안하거나 소중히 여기고 다른 권리를 비난하는 결정에 의해 정의된다고 말할 수 있다. 그리고 종종 특정한 권리에 대한 옹호나 반대 주장은 신중한 논의에 의해 지지된다. 그러나 특정한 기득권에 대한 주창자는 그 권리를 협상의 대상이 될 수 없고 충돌하는 정치적 가치가 절대 침입할 수 없는 본래적이고 인간 외부적인 "법률"이나 "헌법"의 궤도에 있는 것으로 보이도록 만드는 것에 기득의 이익을 갖고 있다. 이러한 과대평가를 검증하면 타당하지 않다. 미국의 권리 논쟁은 적절한 협상과 가치에 대한 논쟁이다. 그것은 당파적 열정, 충돌하는 도덕적 판단과 헌신에 의해 가열된다. 그럼에도 불구하고 미국의 정치는 어떻게 외국의 관찰자들이 그렇게도 자주 언급하는 상대적인 합의에 의해 성립되었다는 특징을 이루었는가? 미국의 일치(consensus)는 그것이 존재하는 범위에서 모든 중요한 사회적 집단들이 상호 자제에서 얻을 것이 있다고 느끼고 그렇게 할 때에만, 즉, 각자가 가치 있는 권리들의 중요한 묶음을 수여 받는 한도에서만 유지될 수 있는가?

아무런 빈곤층 구제가 없을 때조차도 사적 소유권은 빈곤층에 이로운 파급 효과(spillover effect)를 발생시킬 수 있다. 일자리 창출은 공적으로 보장되는 사적 소유권을 위한 가장 설득력 있는 주장이다. 믿을 만하게 강제되는 재산권에서 소중히 보호되는 계약 보호를 위한 과세는 종종 그리고 정확히 가난한 사람들에게 새로운 일자리뿐만 아니라 일반적인 경제 성장, 임금에 비해 저렴해진 생활 소비재의 가격, 전제(명백히 가난한 사람을 포함한 모두에게 해를 끼치는)에 대한 경제적으로 역동적인 대항 세력 등과 같은 많은 그럴듯한 부수적인 이익을 제공한다고 일컬어진다. 더욱이, 기회의 제공과 빈곤층에 대한 지원은 항상 공적으로 공유되는 정의의 관념과 관련된다. 공정한 사회는 모두를 위한 합리적인 기회를 보장하고 어느 누구도 최저 수준 이하로 떨어지지 않는 것을 보장하기 위해 노력한다.[2] 이것은 공동체로서의 사회라는 자유 사상의 정부가 의미하는 것의 일부이다.

만약 사회가 공동체로서 조직되지 않았다면, 사적 재산은 우리가 아는 것처럼 창설되고 유지될 수 없다. 미국의 대기업들은 많은 종류의 정부 지원 없이는 현재의 부와 권력을 이루지 못했을 것이다. 유사하게, 부유하고 성공한 개인들은 자신들의 부와 성공을 모든 사람들로부터 협동을 요구하는 동안, 선별적으로 보상을 불균등하게 분배하는 사회적 기구에 의존하는 것이다. 자본주의 경제는 불평등한 부의 축적을 위한 법적인 전제조건을 제공한다. 이러한 불평등한 축적은 하늘에서 떨어진 것이 아니다. 사람들이 아무리 열심히 일할지라도, 획득한 부의 차이를 부자들의 "스스로의 노력"에만 원인을 두는 것은 항상 과도한 단순화이다. 사람들은 완전히 다른 시작점에서 시작하고, 시카고(Chicago), 뉴욕(New York), 로스 앤젤레스(Los Angeles)의 거리에서 태어나는 누군가는 1마일 떨어진 곳에서 태어난 다른 누군가보다 훨씬 더 나쁜 삶의 전망을 갖게 될 수 있다. 어떤 경우든, 개인의 노력은 스스로의 형태를 갖고, 각각의 보상을 받는데, 이는 오로지 정치적으로 선택되고 정부에 의해 지배되고, 법을 통해 강제되는 제도 때문이다. 불평등한 부의 축적을 발생시키는 제도는 적어도 그것들이 대다수를 위한 이익을 발생시킨다면 자유주의적 원리에 근거하여 확실히 정당화될 수 있다. 그러한 제도는 또한 이 원리를 전혀 해하지 않고도 이러한 축적된 재산 중 일부를 보통 시민을 위한 최소한의 번듯한 기회와 복지에 제공하기 위해 전환되는 것을 보장하기 위해 조정될 수 있다. 실제로 그러한 제도를 정당화하는 인간 복지의 증진이라는 바로 그 목적 또한 그러한 조정이 없었다면 불이익을 받을 사람들을 돕기 위해 고안된 조정을 옹호하는 것이다. 그러한 조정은 만약 잘 작동한다면 모두의 이익을 위해 작동하는 사회적 협상의 일부이다.

그러한 온건한 지원이 없다면, 스스로의 아무런 잘못 없이 가난하게 태어난 미국인은 어느 경우든 순응하도록 강제되는 우리의 사회 계약을 부자들이 범하는 거대한 사기로 해석하기 시작할 것이다. 이러한 종류의 것들은 우리 역사 이전에서 일어나기도 했다. 그것은 오늘날 다시 일어나고 있는지도 모른다.

그들의 부를 부분적으로는 협동적으로 유지되는 법과 정부에 의존하는 부자들이 빈자들을 윽박질러 자제를 흉내 내도록 하는 것보다는 빈자들의 자발적인 자제와 협동에 대하여 보상해야 한다는 것은 흠 잡을 데 없는 자유주의적인 이론가에 의해서도 강하게 주장된다. 예를 들면, 존 스튜어트 밀(John Stuart Mill)은 "국가가 필수적으로 가난한 범죄자가 형벌을 받는 동안 생계를 제공해야 하기 때문에, 범죄를 범하지 않는 가난한 사람에게 똑같이 하지 않는 것은 범죄에 대하여 프리미엄을 주는 것이다"라고 기술하였다.[3] 최저 생활에 대한 권리는 자제와 협동적 행동에 대한 동기를 제공할 수도 있다. 재산 소유자의 관점에서 볼 때 빈곤 구제에 관하여 특히 자선적인 것은 없다. 빈곤 구제의 몇몇 형태는 추상적인 정의의 원칙에 따라 강제되고, 많은 부분은 동료 의식에 의해 지지된다. 그러나 복지 이익은 재산 소유자와 정부 간에 체결된 원래의 보호를 위한 납세에 부가된 빈곤층에 대한 부수적인 지급으로도 이해될 수 있다.

사회적 합의로서의 재산권

정치학자 스코프콜(Theda Skopcol)은 미국 복지 국가는 미국 시민 전쟁에서 생겨난 광범위한 상이 군인 복지의 체계에서 발생했다고 설득력 있게 주장해 왔다.[4] 복지권이 최초에 상이 군인 복지로서 도입되었다는 것은 최소한 전쟁 중 또는 전쟁 후 비용을 지불하고자 하는 납세자들의 자발성을 설명하는 것을 돕는다. 뿐만 아니라 권리는 사회적 합의의 일부로서 정치적으로 안정화된다는 더 일반적인 이론에 대하여 신빙성을 부여하기도 한다. 그러므로 보통법 전통에서 재산권 그 자체가 상이 군인 복지권으로서 기원했다는 것은 충격적이다.

복잡한 이야기를 단순화한다면 정복왕 윌리엄(William the Conqueror)은 그들이 결국에 보통법하에 존재하게 되고 그가 영국을 침략하는 것을 도와준 노르만(Norman)의 귀족들에게 정복지들을 배분할 때 재산권을 창설했다. 법정에서 강제할 수 있는 소유권은 보통법의 고매한 원리에서 발생한 것이 아니고, 오히려 사회적 타협의 과정에서 거칠게 만들어졌다. 이러한 역사적으로 흥미로운 사실은 현재에도 법적 실제인 재산권이 굳건하게 고정되어 있는 것과는 거리가 멀고 상당한 재협상의 대상으로 남아 있다는 사실과 잘 부합한다.

미국에서의 재산권의 강제는 부분적으로는 상호 이익이 되는 재산 소유자와 정부 사이의 보호를 위한 과세 교환에 의해 유지된다. 소유자들은 방화나 실화는 말할 것도 없고, 난폭한 파괴자와 방랑하는 강도로부터 믿을 만하게 자신들의 재산을 보호받기 위하여 어느 정도는 기꺼이 세금을 낸다. 정부의 입장에서, 정부는 정치적 동기뿐만 아니라 시민들이 개인적인 부를 축적하고, 정직한 장부를 유지하고, 그들의 수입을 국내, 최소한 국세청의 손길이 미치는 영역에서 저축하고 투자하도록 촉진된다면 믿을 만한 장기간의 세입이 증가할 것이라는 것을 잘 알고 있기 때문에 가혹한 세율을 부과하는 것을 기꺼이 자제한다. 이러한 협동적인 관계는 양측의 안정을 증진시키고, 그들의 시간적 범위를 확대하고 양측 모두 장기간의 계획과 장기간의 투자에 착수하도록 한다.

이러한 관점에서, 재산권은 모든 측면에서 자제를 촉진(정부는 몰수를 자제해야 하고, 사적 소유자는 그들의 재산을 숨기고 폭력이나 사기로 재산을 취득하는 것을 자제해야 한다)하기 위해서 뿐만 아니라 정부와 개인 양쪽 모두로부터 창의적인 행위의 새로운 형태를 끌어내기 위한 공적 자원의 선별적인 활용을 나타낸다. 이런 사회적으로 이득이 되는 혁신은 교환과 취득이 신경을 괴롭힐 정도로 불안정한 조건하에서는 나타나지는 않을 것이다. 양측 모두 이익을 얻기 때문에, 협상은 장기간에 걸쳐 자기 강제적이고 안정적일 수 있다. 비록 정부는 보통 강도나 방화범으로부터 특정인의 재산권을 보장하지 못한 것을 이유로 법원에 고소되지는 않을지라도, "범죄에 대하여 관대한" 공무원은 그 자리에서 쫓겨날 수 있다.

재산권은 또한 민주적 시민권을 위한 불가결한 조건으로 이해될 수 있다. 어느 정도든 사적인 부를 축적할 자유는 그것이 필수적으로 수반하는 상당한 불평등에도 불구하고 정당화될 수 있다. 부분적으로 분권화되고 비계획적인 경제는 위협받지 않는 정치적 반대 세력을 위한 의지할 만한 물질적 기초를 제공하는 것을 돕기 때문이다. 만약 재산이 자의적으로 몰수될 수 있다면, 그들이 정부를 공개적으로 비난하는 것을 허용하는 독립감과 안정감을 갖지 못할 것이다. 미국 통치 체계에서의 재산권의 높은 지위는 그들의 재산이 공무원들로부터 보호된다면 시민들이 가장 잘 공동으로 숙의할 것이라는 일반적인 이해를 반영한다. 이것은 재산권이 공공의 선에 봉사하는 또 다른 방법이다.

포섭의 전략으로서의 권리

도덕적이거나 박애적인 것에 대비되는 공적 부조의 타산적인 기원에 관한 많은 문헌들이 있다. 현대의 공중 건강 위생 프로그램은 급격히 성장하는 도시에서 시작되었다. 왜냐하면 비록 부자들이 최고의 의사를 위한 비용을 지불할 수 있을지라도 빈곤층을 황폐화하는 전염병으로부터 그들을 보호할 수는 없었기 때문이다. 유사하게, 근로자를 위한 건강 관리는 고용자의 필요를 충족시킨다. 규칙적인 고용과 주택의 소유권은 사회적 불안적과 폭력적 범죄의 수준을 줄인다. 효과적인 소비자 보호는 소비 수요를 촉진할 수 있다. 그러나 공적 부조 사회 협상의 한 부분으로 생각하는 단연 가장 좋은 이유는 앞서 언급한 복지가 전쟁으로부터 기원하였다는 것이다. 일반적으로 전쟁은 시민들에게 높은 세율에 익숙하도록 하고, 그로부터 나온 세입은 평시에는 다양한 종류의 사회 복지 프로그램을 위해 쓰인다. 이러한 발전은 우리가 복지권을 부분적으로 협상으로서, 협동이 필요하거나 바람직한 그룹에 대한 양보로서 해석한다면 이해될 수 있을 것이다. 특히, 전시에, 재산 소유자는 시민 전체, 특히 빈곤층으로부터의 협동에 자신들이 급격하게 의존하게 된다는 현실을 대면하게 된다.

재산이 거의 없거나 아예 없는 사람들이 외국의 약탈자, 정복자에 대항하여 맹렬하게 싸우는 것을 망설일 때, 부자들의 재산권은 거의 가치가 없다. 타산적인 이유만으로도, 재산 소유자는 빈곤층이 국가로부터 소외된다고 느끼는 것을 막을 동기가 있다. 더욱이, 그들 자신의 목적을 위해서도 그들은 단지 빈곤층을 진정시키거나 회유하는 것이 아니라 빈곤층을 동원할 필요가 있다. 빈곤층으로부터 단지 타성적인 승인보다는 적극적인 지지를 얻기 위해 정부는 명백한 포섭의 태도를 취할 필요가 있다. 정부 개입으로부터의 소극적인 보호와는 전혀 다르게, 투표권, 공정한 재판을 받을 권리, 공적으로 보조되는 교육을 받을 권리와 같은 시민적 권리는 배제된 개인들을 공동체로 포섭하는 수단이다.

다시 한 번, 외국의 예는 법적인 권리가 시민적 포섭을 촉진하는 기능을 하는 방법을 예증하는 것을 도울 수 있다. 서방의 인권 활동가에게 매우 놀랍고 좌절스럽게도, 정치적 권위와의 직접적인 접촉을 주도면밀하게 피하는 것을 기본적인 생존전략의 하나로 삼는 동유럽의 집시는 법정으로 가서 자신의 권리를 보호하는 것을 종종 거부한다. 결국 법원으로 가는 사람들은 자신의 이름 직업, 소재를 등록해야 하고 공무원에게 다른 민감한 정보를 제공해야 한다. 권리를 주장하는 것은 국가의 정책 결정 기구에 등록하는 것이고 많은 동유럽의 집시들은 정확히 그러한 행위를 거부하는 것이다. 공적 권위에 의한 잠재적인 포섭의 위험을 피하기 위해, 그들은 기꺼이 권리를 포기한다. 그들은 헌법적 권리가 국가가 개입을 벗어난 개인적으로 자유로운 영역을 설정한다기보다는, 헌법적 권리가 정부 기관들이 사회적 삶의 실질적으로 모든 영역에 자신들의 권위를 뻗친다는 점을 기초로 하는 사회 계약의 필수적 부분이라는 것을 완전히 이해하고 있는 것이다.

재산권, 복지권 모두 다른 상태에 놓여 있는 시민들을 공동의 사회적 삶으로 통합하기 위한 노력을 대표한다. 재산권의 보유자는 결코 정부와의 모든 접촉을 전혀 삼가지 않고, 현대 자유주의 국가의 불가결한 당사자이다. 지난 전쟁에 대한 기억과 부분적으로는 향후의 전쟁에 대한 기대에서 제도화된 현금 이동, 건강 관리, 음식, 주택, 직업, 직업 훈련, 또는 이것들의 다른 몇몇 조합을 비롯한 복지권은 빈곤층을 그들 또한 공유된 국가 공동체의 참여자라고 느끼도록 만드는 많은 수단들 중 하나이다. 모든 당사자가 이익을 받기 때문에 재산권과 복지권의 이러한 결합은 장기간에 걸쳐 자기 강제적이고 안정적일 수 있다.

부와 같이, 미국에서의 빈곤은 중요한 방식에 있어 정치적·법적 선택의 산물이다. 상속에 관한 규칙을 포함하는 우리의 재산 법률은 누가 "재산이 없는지"를 정한다. 정부와 법률이 없다면, 무산자들 몇몇은 사적인 폭력이나 도둑질을 통해 상당한 재산을 빨리 획득할 수 있을 것이다. 그들이 그렇게 하는 것보다 그렇게 하지 않는 경우가 더 많은 것은 부분적으로 법적 강제와 사회적 규범의 산물이나 또한 상호 이익으로 간주되는 것의 산물이기도 하다. 이것들 중 어느 것도 개인적 창의, 근면, 검소, 그리고 자조가 중요한 가치라는 것을 부정하고자 하는 것은 아니다. 일부는 그들이 이러한 자질이 부족하기 때문에 가난하다. 그러나 만약 기존의 자원의 분배가 법의 작용에 의한 것이라면, 그 때 분별 있게 고안된 복지 프로그램은 자유민주주의의 핵심 가정으로부터의 설명할 수 없는 이탈이라기보다는 자유민주주의 정치체의 일관성 있는 부분이다.

협상과 평등

정치적 지지에 대한 대가로 시민에게 분산된 이익으로서 권리를 인식하는 것은 권리는 불편부당하게 강제되어야 한다는 원칙에 반하는 것으로 보일 수도 있다. 교환의 대가로 제시할 만한 것이 거의 없는 사람들을 비롯한 모든 미국인은 평등한 권리를 받을 만하지 않고 실제로 그러하지 않은가? 결국, 우리는 공정한 재판을 받을 권리를 사회에 실질적으로 기여하는 사람만을 위하여 준비해 둔 것이 아니다. 예를 들면, 만성적으로 아픈 사람에게는 부여되지 않고 건강한 사람에게만 부여되는 것이 아니다. 그리고 투표권은 국가의 주요한 "지분 보유자"들, 즉 재산 소유자나 많은 세금을 내는 사람들에게만 한정된 것이 아니다.

시인컨대, 협상의 비유는 인간 평등의 도덕적 약속과 충돌하는 것처럼 보일 수도 있다. 협상은 우리의 공적인 권위가 정부(혹은 현직자)에 대하여 보답으로 필요한 서비스를 제공할 수 있는 사람에게만 가치 있는 권리를 가장 보장하고 싶어 하는 것으로 증명될 것이라고 제시한다. 권리를 법적으로 강제되는 사회 협상으로 파악하는 것은 납득할 만한 도덕적 이유가 없이도 부자나 힘 있는 사람들이 하나의 권리나 권리의 모음에서 가난하고 힘없는 사람들이 얻는 것보다 더 좋은 가치를 얻을 것 같다는 점을 내포한다. 권리를 협상으로 인식하는 것은 실제로, 더 저명한 지분 보유자가 더 큰 배당을 얻어가리라는 기대를 하는 것이다. 예를 들면, 만약 복지 이익이 보상을 나타낸다면 복지 삭감은 거의 정치적 영향력이 없는 사람들에게 가장 중대하게 영향을 미칠 것이다. 만약 권리가 협상이라면 긴축 재정의 시기에 투표를 하지 않거나 선거 운동을 하지 않는 사람(즉, 식량 카드의 수급자)은 사회 안전과 의료 보장의 더 영향력 있는 수혜자보다 더 많은 손실을 입을 것이다.

이러한 묘사가 도덕적으로 호소력이 없는 반면에, 큰 설명적 힘을 가지고 있다. 그것은 확실히 실제적인 모습과 유사하다. 일반적이고 정확하게 자유로운 것으로 판단되는 미국과 같은 사회에서 부유하고 힘이 있는 자들은 빈곤하고 힘이 없는 사람들이 공유하지 못하는 자신들의 권리 강제와 연관된 이익을 비롯한 많은 이익을 향유한다. 부자들이 그들의 사적 재산을 기묘하거나 천박한 사치재를 구입하는 데 쓰면서도, 그들은 또한 돈 없는 사람들이 얻기를 희망하는 것보다 그들의 시민적 자유와 기본권으로부터 더 좋은 결과를 얻기 위해 사적 재산을 소비하기도 한다. 그들은 자신의 사람과 재산의 보호를 개선하기 위해 사적인 보안 직원들을 고용할 수 있다. 그들은 정부의 재정적 지원 없이도 헌법적인 낙태권을 행사할 수 있다. 그들은 비록 빈곤층 또한 헌법적으로 보장되는 종교·양심의 자유를 갖는 것으로 추정될지라도 빈곤층이 항상 그 비용을 댈 수는 없는 종교 학교에 자신의 아이들을 보낼 수 있다. 표현의 자유를 행사하기 위해 최상위 부유층들은 대중 매체에 대한 접근권을 구매할 수도 있다. 그들의 공무원을 선택할 자유를 행사하기 위해 대규모의 선거 자금 기부를 할 수도 있다. 그리고 부유층은 악명 높게도, 가장 뛰어난 변호사들을 고용할 수도 있다. 그로 인해 그들보다 가난한 상태에 놓여 있는 동료 시민들이 지불할 수 없을 것 같은 방식을 통해서 헌법적으로 누구에게나 할당되는 권리로부터 불평등한 이익을 취한다.

　　사용자 수수료 방식에 의한 사적인 비용의 부과는 분쟁을 해결하는 기관에 대한 접근권과 같은 희소한 자원을 보존하는 표준적인 방식이다. 그러나 사적인 비용을 부과하는 선별 기술은 경솔한 청원을 부추기는 것으로부터 오직 가난한 사람들을 막을 뿐이고 부자들을 막지는 못한다. 사실, (변호사가 손해에 대한 소송이 성공적인 것일 때에만 수수료를 받기로 동의하는 방식인) "성공 보수" 체계는 일부 사건에서 가능하고, 그것은 몇몇 가난한 사람들에게 법원으로 가는 열쇠를 제공한다. 판사들 또한 종종 비용을 지급 받을 권리를 허용함으로써 가난한 사람들을 돕는다. 그럼에도 불구하고, 부자들이 그들의 평등한 권리라고 추정되는 것들로부터 공정한 가치 훨씬 이상을 가져간다는 것은 일반적인 사실이다. 빈곤층에 대한 법률 구조가 빈자와 부자 피고 사이의 자원의 불균형을 완전히 교정할 수 있다고 주장하는 것은 확실히 받아들이기 어렵다.

　　권리 보유자들 사이에 공평한 권리로 추정되는 권리에 대한 이유가 어떠하든 이러한 사적인 자원으로 인한 불공평함은 당황스러운 것이다. 확실히 예를 들면, 더 나은 선거 운동 재정 지원 법률, 경찰권 남용에 대한 더 좋은 공적 감시, 빈곤층을 위한 더 좋은 법률 서비스 등을 비롯한 많은 일들이 그 상황을 개선하기 위해 행해질 수 있고 행해져야 한다. 그러나 사적인 재산이 결코 "평등하게 보호되는 권리"의 효용 가치를 높이기 위해 사용될 수 없는 사회는 미국적 의미에서의 자유로운 사회가 아니다. 예를 들면 개인적 자산에 관계없이 모든 형사 피고인이 거의 같은 수준의 법률 자문을 받도록 활동의 장을 평평하게 고르는 것은 수용할 수 없는 수준의 정부 감독과 자의적인 강제 조정을 요구할 것이다. 개인의 권리의 가치에 대한 개인적 재산의 영향력을 완전히 중립화 할 수 있는 정부는 매우 거대하게 강력해야 하고, 실제로 발생하게 되어 있는 그러한 정부의 권력의 사소한 남용조차도 아마도 대부분의 시민들(빈곤층을 포함하여)에게 그것이 설립되면서 명목상 없애고자 한 불평등보다 더 나쁘게 될 것이다.

미국의 사회 계약은 그것이 가난한 시민들을 적정한 수준 아래에 방치하는 한에서는 사기이다. 그러나 빈곤층을 돕는 것이 불평등을 없애는 것을 수반하지는 않는다. 결국 빈곤층이 가장 원하는 것은 평등이 아니고 도움이다. 그리고 그들은 다양한 복지, 교육, 그리고 고용 프로그램하에서 이것을 받을 수 있고 받고 있다(우리는 얼마나 많이 그리고 어떤 형태인지에 대하여 계속하여 논하기로 한다). 절망적인 조건을 타파하고자 하는 노력, 모든 사람이 최소한의 번듯한 삶의 전망을 갖도록 보장하기 위한 노력은 정치적 신념으로서의 인류평등주의(egalitarianism)와 혼동해서는 안 된다.

결과의 불평등은 권리가 공적인 비용뿐만 아니라 사적인 비용도 부과하는 한 항상 불가피하다. 모든 미국 시민은 민사적 손해에 대하여 경찰관을 고소할 권리를 가지고 있으나, 상당한 개인적 재산을 가진 사람들만이 성공적으로 다툴 기회가 있다. 경찰력의 남용을 가장 많이 겪을 것 같은 사람들은 보통 그러한 재산이 없고 그로 인해 실제 그러한 권리를 누리지 못한다. 표현의 자유와 언론의 자유, 법적인 자문을 받을 권리, 공무원을 선출할 권리, 그리고 양심의 자유조차도 공공 예산으로부터 이미 제공되는 것에다 사적인 재산을 많이 더하는 것에 의해 모두 향상된다. 사적인 재산을 얻을 추정적으로 평등한 권리가 다른 사람들보다 특정한 개인들에 의해 더 풍부하게 이용된다는 것은 아마 더 많은 말이 필요치 않을 것이다.

그러나 개인의 구매력이 미국의 사법과 헌법에 따른 권리의 할당의 편향이 생기는 유일한 원인은 아니다. 필수적인 공적 서비스는 상대적으로 덜 조직화 된 약하고 가난한 사람들이 그들에 부여되는 공적 자원의 할당을 얻을 정치적 영향력이 너무 적기 때문에 불공평하게 할당된다. 불행하지만 불가피하게도, 돈이 분배될 때마다, 권력은 누가 잃고 누가 얻는지에 대하여 일정한 영향력을 행사한다. 정치적으로 건드릴 수 없는 지출은 보통 잘 조직화된 사회적 그룹에 대한 특별한 이익을 제공하는 것들이다. 정부에 의해 운영되는 서비스로서 권리는 더 이상, 공공 근로가 불공평한 교섭력과 교섭 기술을 가진 다양한 지역들 사이에 배분되는 것보다 모든 시민들에게 더 공평하게 분배될 것 같지는 않다. 이러한 관찰은 태평하게 냉소적이고자 하는 것이 아니다. 그리고 자기만족적이거나 체념하고자 하는 것도 아니다. 권력에 대한 권리의 의존은 권력 자체가 다양한 원천을 가지기 때문에 냉소주의를 초래하는 것은 아니다. 그것은 돈이나 공적인 지위, 사회적 지위에서만 나오는 것이 아니다. 그것은 조직된 사회적 지지를 모을 수 있는 도덕적인 의견으로부터도 나온다. 시민권 운동가들은 그들이 어렵지 않게 권리가 사회적 조직과 정치적 권력에 의존하는 것을 인식하였기 때문에 그들 생각에 대한 지지를 동원하고자 열심히 노력했다. 그리고 시민권 운동의 흑인 시민권 보호에 대한 의문의 여지가 없는 기여는 권리가 도덕적인 양심의 명령뿐만 아니라 효율적인 정치를 반영한다는 이론을 입증한다.

자유로운 통치하에서의 "평등한 보호" 혹은 적어도 약자의 권리를 보호하고자 하는 도덕적 의무감은 진지하고 명백한 의미를 가질 수 있다. 그러나 이 의미는 우리가 모든 사회, 자유로운 사회에서조차 만연하는 영향력의 강력한 불평등에 대해 눈을 감는다면 발견되거나 분명해지지 않을 것이다.

CHAPTER 14

복지권과 포섭의 정치학

개인의 자유는 어떻게 정의된다 하더라도 모든 형태의 의존으로부터의 자유를 의미하지는 않는다. 어떠한 인간도 독자적으로 자신의 행동을 위한 모든 전제 조건을 만들 수는 없다. 자유로운 시민은 특히 의존적이다. 그는 그가 DIY(do-it-yourself) 상점에 들어가 DIY 공구를 구입할 때는 "독립적"이라고 느낄지도 모른다. 그러나 그의 자치는 환상에 불과하다. 그러므로 자유주의 이론은 바람직한 자유와 불가능한 비의존(nondependence)을 구분해야 한다. 자유는 정부에 대한 의존하지 않을 것을 요구하는 것이 아니고, 반면에 적극적인 정부는 자유를 위한 전제조건을 제공한다. 권리장전은 시민들이 납세자에 의해 재원이 조달되는 상점에서 만 얻을 수 있는 DIY 공구이다.

민주적으로 입법화된 규범인 연방 불법행위법(federal tort claims act)을 근거로, 개인은 법원에서 자신의 권리를 침해 당했다는 이유로 정부를 제소할 수 있다. 이러한 경우 해당 개인은 자신의 행동이 국가 행위를 전제로 요구하더라도 자유로운 시민으로 행동하고 있는 것이다. 따라서 자유로운 국가는 개인과 집단의 국가에 대한 의존을 제거할 수는 없다. 그러나 자유로운 국가는 왜 그렇게 하기 위하여 노력해야 하는가? 특히 법이 민주적으로 개정 가능하고 정치인들을 공적 지위에서 민주적으로 물러나게 할 수 있다면, 국가에 대한 특정 종류의 의존은 도움이 되고, 개인을 나약하게 하지 않는다. 투표를 하거나 유언을 할 권리는 이러한 목적에 기여하는 정부의 법적 편의 제공에 의존한다. 타당한지 여부를 떠나 정부가 그러한 법적 편의 제공을 거부할 때(즉, 국가가 동성 커플에 대하여 결혼 증명을 거부할 때 그러한 것처럼), 그러한 거부는 개인의 권리를 부정하고 있는 것이다. 개인의 자유를 개선하는 것은 법과 정부에 대한 비의존이 아니고 개인의 창의, 사회적 협동, 자기계발을 고무하는 것과 같은 특정 양식의 의존이다.

비용을 지불할 능력에 기초해서가 아니고 누구에게나 제

공되는 공공 교육은 집단적으로 재원이 조달되고 개인과 집단의 자조를 육성하기 위해 고안된 적극적인 지원의 가장 명백한 예에 불과하다. 재산권은 유사한 목적과 결과를 보여준다. 이러한 통찰에 따라 의존을 없애기 위해서가 아니라(이것은 무익하다) 자조를 육성하고 대부분의 사람들이 번듯한 삶을 영위하는 것이 가능하도록 하는 종류의 의존을 창조하기 위해 우리는 현재의 규제와 복지 프로그램을 재고안하여야 한다.

미국인들이 "독립성"이라고 소중히 여기는 것은 사실 특정한 (자유주의적인) 제도의 집합에 대한 의존이다. 나는 내편에 공적인 권력을 가지고 있을 때만 지역 독재자의 위협으로부터 벗어나 독립적일 수 있다. 빈 국고와 쇠약해진 행정은 문서상의 권리를 웃음거리로 만든다. 우리는 이러한 측면을 보기 위해 외국의 사례를 참조할 필요도 없다. 가난한 미국인들이 진정으로 별 다른 비용 없이 그들에게 제공되는 넓은 범위의 복지권에 더해 여타 미국인들과 꼭 같은 비합리적인 수색과 체포로부터의 자유, 경찰권의 남용으로부터의 보호, 공정한 재판을 받을 권리 등을 보유하는가? 실제에서, 많은 도심(inner-city)의 미국인들은 강제 가능한 권리 없이 살고 있다. 왜냐하면 정부에 의해 사실상 버림받아서 그들은 실질적으로 국적이 없기 때문이다.

부유한 미국인들이 위와 같은 방식으로 무시되는 경우는 거의 없다. 진정으로 "스스로 꾸려가는" 미국인들은 부유한 주택 소유자도 공적 부조의 수급자도 아니고 오히려 쓰레기통, 지하철 환풍구 및 잔돈을 선호해 쉼터와 무료 급식 시설을 피하는 노숙자들 중의 일부이다. 그러한 개인들이 스스로 꾸려 나간다고 말하는 것은 그들이 원하지 않는 공공 시설 수용이나 야구 방망이와 휘발유통을 이용한 10대들의 공격으로부터 그들을 보호하는 법적인 수단에 대한 접근권을 거의 갖지 않는다는 것을 의미한다.

    자유주의적 정부는 또한 사치와 빈곤 사이의 불균형이 계급 적대로 확대되어 사회의 안정과 사적 재산 자체의 지배를 위협할 정도로 이르지 않도록 해야 한다. 이러한 위험을 막는 한 방법은 개인의 자기 개발을 위한 수단과 필요시에는 절망적인 가정 조건을 벗어날 수단을 제공하기 위해 고안된 공적으로 재원이 조달되는 교육을 통해서이다. 그러나 정부는 또한 소유자와 비소유자 간의 긴장의 위협에 대하여 다양한 빈곤 퇴치와 직업 훈련 프로그램을 통해 대응해야 한다. 미국에서 매우 성공적인 근로 장려 세제(earned income tax credit)가 좋은 예이다.[1] 더욱이, 정부는 세법을 가지고 채무를 불이행하는 채무자를 퇴거시키는 민영 은행의 힘을 법적으로 지지함으로써 모기지 시스템을 지지할 수 있다. 잘 조직화된 모기지 시스템은 차례로, 건설에 박차를 가하고 점점 더 많은 중산층 가계가 자가 소유자가 되도록 할 수 있고, 이로 인해 정치적으로 믿을 만한 널리 정의된 중산층에 포함되도록 할 수 있다.

따라서 이해타산은 도덕성과 근본적인 충돌을 일으키지 않는다. 복지권은 편의에 기여할 뿐만 아니라 공정할 수 있다. 어느 정도는, 그것들이 기본적으로 공정한 것으로 인식되기 때문에 그것들은 편의에 기여할 수 있다. 그리고 사무실을 운영해 본 사람은 누구나 알듯이 공정함은 단지 도덕적 규범만이 아니고, 그것은 또한 강력한 운영 도구이다. 공정성 없이는 집단의 사기와 힘차게 일하고자 하는 경향은 차츰 줄어들거나 소멸될 것이다. 국가적 차원에서도 동일한 원리가 적용된다는 것은 세금이 어느 정도 공평한 것으로 인식될 때 세입 징수에 있어서의 효율성의 증가되는 점에 의해서도 강하게 제시된다.[2]

공평한 것으로 추정되는 권리가 사적 자원을 가진 자들에게 명백히 불공평하게 부여될 경우 이는 정치적 정당성의 문제를 불러일으킨다. (다른 사람들 중에서도)마르크스주의 필자들은 기본권에 대하여 진정으로 가치 있는 것들은 오로지 소수에게만 가고 기본권은 "단지 형식적"인 것으로 많은 사람들에 대한 사기라고 강력히 반대함으로써 우리의 주의를 위와 같은 어려움으로 이끈다. 이들의 주장에 의하면 가난한 사람이 자본주의적 민주주의로부터 받는 모든 것은 "밤에 다리 밑에서 잘 권리"에 불과하다. 이것은 지나친 과장법이지만 가볍게 무시할 만한 것이 아니다. 사실, 만약 공정한 것으로 추정되는 권리가 부자들의 이익을 위해서만 권리로서 성립한다면 미국 정부의 특수 이익의 도구가 아니라 전체로서의 사회를 대표한다는 지극히 중요한 주장은 손상될 뿐만 아니라 무너질 것이다.

미국의 사회 계약은 모든 영향력 있는 경제적, 인종적, 종교적 그룹이 그들이 존중 받고 어느 정도 공정하게 취급된다고 믿거나 또는 최소한 그들이 그들의 협력, 자제에 대한 명백한 보답을 받는다고 믿는 범위에서만 유지될 수 있다. 그러므로 만약 한 권력 있는 분파가 정부를 장악하고 당파적, 분파적 목적만을 위하여 정부를 이용한다면 다종교 국가의 다른 시민들은 정확히 사회의 기저에 있는 사회 계약이 파기되었다고 생각할 것이다. 그리고 오늘날 미국에서 위험이 나타나는 것처럼 만약 사치와 빈곤 사이에 극심한 불일치가 모든 시민이 어느 정도는 한 배에 타고 있다는 인식을 훼손한다면, 정부정책을 위하여 필요한 사회적 협동을 구하는 정부의 능력은 붕괴할 것이다.

정치적 안정에 대한 국가의 근심은 FBI가 의심스러운 테러리스트의 위협에 대항하여 도청장치를 사용할 때와 같이 때때로 국가가 다른 사정 아래에서는 헌법적으로 보호 받았을 권리를 침해하도록 한다. 그러나 국가가 정치적 안정을 우선시하는 것을 가장 잘 보여주는 것은 국가가 적극적으로 보호하는 권리들의 정확한 균형이다. 사적 재산의 체계를 안정화하기 위한 노력에서, 미국 체계는 믿을 만하게 강제되는 재산권에 대한 정신적인 등가물로서 작동하는 보상적 "안전"의 형태를 제공하거나 최소한 제공하려고 시도한다. 민주적 정부는 그것이 보장하고자 하는 모든 권리를 이용할 수 있는 능력을 어떻게 하더라도 균등하게 분배할 수 없다. 그러나 그것은 "모든 미국인의" 믿을 만한 권리가 부자들에게만 귀속한다는 신랄한 인상을 교정할 수 있다. 예를 들면 빈곤층에게 무료 법률 자문을 제공함으로써, 모든 어린이에게 교육을 제공함으로써, 그리고 가난한 사람들이 음식, 쉼터, 적절한 건강 관리 그리고 취업 기회를 얻는 것을 보장함으로써 그러한 인상을 교정할 수 있다.

과도한 단순화의 위험을 무릅쓰고, 재산 소유자의 사적인 권리에 대한 공적인 보호는 다음과 같은 종류의 협상으로 이해될 수 있다. 정부는 특정한 개인에게 재산을 할당하는 규칙을 부과하고, 해석하고, 강제한다. 이어서 정부는 정치적 지지와 꾸준한 세입에 대한 대가로 소유자에게 소유의 안정을 제공한다. (현금 지급 이상의 것을 포함하는 것으로 널리 이해되는) 복지권의 제공은 정부와 납세자가 평시나 전시 모두 빈곤층의 협력적 행동에 대하여 보상하거나 혹은 적어도 이러한 상징적 인식을 부여하는 부수적인 교환의 일부이다. 가장 중요하게도, 복지권은 모든 미국인에게 동등하게 명목적으로 보장되는 권리로부터 부자들보다 적은 가치를 받는 것에 관하여 빈곤층을 보상한다.

복지 후생 계획(Entitlement programs)은 미국 납세자들로 하여금 1996년에 7,000억 달러의 비용을 부담하도록 했다. 정부 예산의 30%를 차지하는 이 천문학적인 지출은 단지 동료 의식이나 정의의 원칙으로부터의 논리적 추론의 표현이 아니었다. 오히려, 복지 후생은 감축될 수는 있어도 완전히 없앨 수는 없다. 왜냐하면 그것들은 부자들의 재산권과 그것을 강제하는 국가 기구에 대하여 합법성을 부여하기 때문이다. 이러한 관점에서, 그것들은 당시의 정부가 주선인으로서 역할하는 사회 집단들 사이의 협상이다.

이러한 방식으로 본다면 그러한 권리들은 자유주의 경제에 부수하는 부의 불평등을 폐지하지는 않고 단지 감경하는 감상적이지 않은 포섭의 정치학을 나타내는 것이다. 누군가는 사회 복지 프로그램이 부자와 빈자 모두에게 지분을 부여했던 체계인 고대의 "혼합 정치 제도"의 현대판을 창설한다고 말할 수도 있다. 그러나 현대의 혼합 정치 제도는 고대 로마에서 그랬던 것처럼(원로원은 귀족을 대표하고 호민관은 평민을 대표하는) 권력의 조직화에 반영된 것이 아니고 오히려 기본권의 확장된 목록에 반영되어 있다. 현대의 계급 협상은 미국뿐만 아니라 모든 자유민주주의 정치 제도의 특성인 재산권과 복지권의 조합에 반영된다. 이러한 권리들이 대부분의 유럽 국가들에서 그렇듯이 헌법적으로 확립되어 있는지 혹은 미국처럼 공공 정책에 맡겨져 있는지는 복지권과 재산권 사이의 현대적 교환에서 인식되는 가치와 안정화 효과에 관해서는 특별히 중요하지 않다.

미국에서의 복지권이 사회적 협동에 대한 대가로서 부여되는 것이라면 누군가는 상대적으로 불이익을 받는 사람들 중에서 가장 잘 조직화된 집단으로 이익이 흘러갈 것이라고 생각할 것이다. 누군가는 가장 성공적인 복지 프로그램은 "중산층"에게 이로운 것이라고까지 생각할 수 있다. 실제로 사실은 그러하다. 가장 성공적인 미국 복지 프로그램은 계급간의 협상으로서 조직화된 것이 아니고 실제로는 넓게 정의된 중산층 구성원들간의 세대간 계약의 일부로서 조직화된 것이다.

대부분의 미국인들은 그들 삶의 3분의 2를 일하면서 보낸다. 생산 활동 인구는 책임 있는 정부를 통하여 자발적으로 공적으로 재원이 조달되는 교육(수백만 달러가 소요되지만 정확한 수치는 얻기 어렵다)을 통해 청년들을 보조하고, 연방 세입의 크고 증대하는 부분을 소비하는 프로그램인 노인 의료 보장(Medicare, 1996년에 1,300억 달러가 소요되었다)과 사회 보장 제도(Social Security, 1996년에 3,750억 달러가 소요되었다)를 통하여 노인들을 보조하는 데 소득의 상당한 부분을 제공한다. 이러한 세대간 재분배, 혹은 권리의 체계는 때때로 환급 구조(payback scheme)로 광고된다. 그러나 그것은 결코 개인 기여자가 자신이 본래 투입한 것을 가져가도록 고안되지 않았다. 대신에 그것은 증여 집단을 가상으로 이전과 후속의 세대에 대응시키는 것을 전제로 하는 부의 이전 계획이다. 국가가 지속되기 위해서는 일하는 납세자는 젊은이들과 노인들이 얻는 이익에 대한 대가로 실제 손실을 감수한다. 물론, 사회 보장체계의 적절한 내용에 대한 논쟁은 계속되고, 진지한 변화가 현재도 진행 중이다. 그러나 넓은 외형에서 체계는 안정되어 있고 널리 받아들여지고 그것이 받는 대중적인 지지는 국가의 도덕적 경제에 대한 중요한 평가이다.

미국에서 부유층과 빈곤층 간의 협상이 확고하지 않다는 점은 놀라운 것이 아니다. 가난한 사람들만이 수급자일 때 관련 총계는 훨씬 더 낮다. 예를 들면, 1996년에 저소득층 의료보장 제도(Medicaid)를 위해 820억 달러가 할당 되었고, 식량 카드(food stamps)를 위해 270억 달러가 할당되었다. 몇몇 보수주의자들은 빈곤층을 돕기 위한 프로그램이 단지 그것들이 "수용(takings)"을 통해 재원이 조달되기 때문에 이론상 반대한다고 주장한다. 다른 사람들은 복지 수급이 실제에서 역효과를 낸다고 말한다. 첫 번째 반대는 사리에 부합하지 않는 반면에, 두 번째 반대는 실험에 의해 검증되어야 한다. 빈곤층만을 대상으로 하는 프로그램들에 대한 미약한 대중적 지지는 더 많은 의미를 내포한다. 복지수급권을 가장 절망적으로 가난한 사람들에게만 한정해서 부여해야 한다는 것은 공정하거나 신중한 것으로 들릴 수도 있지만, 중산층이나 정치적 영향력이 있는 사람들에 대해 전혀 이득이 없는 것으로 증명되는 프로그램은 다음해의 예산 삭감의 대상이 될 위험이 매우 크다.

복지권에 대한 이해

자유주의 정부가 규칙적으로 공공 서비스를 제공하고, 선별적인 투자를 하고, 자제를 위한 동기를 고안하고, 사회적 협동을 개선하기 위한 협상을 주선한다는 것은 논쟁의 대상이 되어서는 안 된다. 정부는 권리를 강제할 때 이 모든 것을 행한다는 점이 강조되어야 한다. 모든 정부는 사회적 분쟁을 다루고 사회적 협동을 이끌어 내기 위한 기술을 개발한다. 자유주의 정부는 전형적으로 권리를 창설하고 할당하고 강제함으로써 이렇게 한다. 역사적인 문제로서, 오늘날 많은 미국인들이 향유하는 기본권은 매우 다양한 집단들 사이에서 국가적 차원의 생산적인 협력을 보장하는 사회적 협상에서 나왔다. 이것은 종교의 자유, 사유 재산, 그리고 사회 복지 보장 등에 대하여 모두 타당하다.

일부 유럽의 헌법은 모든 국민에게 공적으로 재원이 조달되는 교육을 특정한 나이까지 받을 권리를 보장한다. 실제, 미국인들은 비록 미국의 무상 교육에 대한 권리는 연방 정부에 의해서가 아니라 주에 의해 제공되더라도 유사한 보장의 체계를 가지고 있다. 교육을 받을 권리가 특정 주의 헌법에서 보장되건 그렇지 않건간에, 공적으로 재원이 조달되는 교육은 미국의 정치적 문화 내에서 전혀 이례적이거나 이상한 것이 아니다. 공공 교육이 정부가 과세하고 지출하는 것을 요구할지라도 그것은 의심이나 두려움의 대상이 아니다. 그것은 개인 행위에 대한 모욕이나 "피해자학"에 대한 숭배의 일부로 보이지도 않는다. 공적으로 재원을 조달 받는 교육은 국가가 자신을 유지하는 데 필요한 인간 기술에 대한 장기간의 투자를 하는 방법들 중 하나에 불과하다. 이러한 관점에서 교육에 대한 투자는 재산권의 강제와 방화나 탐욕적인 범죄로부터의 소유자의 보호에 대한 투자와 유사하다.

우리가 미국이 이러한 종류의 투자를 할 여력이 있는지 없는지에 대해 알고 싶다면, 우리는 우리의 국가 재정의 내용을 살펴보는 것만으로는 부족하다. 우리는 또한 이러한 방식으로의 장기간의 지출에 따른 사회에 대한 기대를 산정해야만 한다. 납세자들은 그들이 경찰 보호에 투자하는 것과 마찬가지로 어느 정도는 기꺼이 교육에 투자한다. 왜냐하면 양자 모두 결국에는 보답을 하는 것으로 인식되기 때문이다. 다른 이유들 중에서도 그것들은 자제, 시민의 협동적 행위를 증가시키고, 정기적으로 조세의 기반을 확장하기 때문에 양자 모두 가치 있는 투자로 보인다. 교육은 그 자체로 좋은 것일 수도 있지만, 그것은 또한 도구적인 측면에서도 좋은 것이다.

자유주의 사회에서 이러한 공공선은 오로지 시장 원리에

따라서만 분배되는 것은 아니다. 국가의 교육 노력은 오로지 "기꺼이 지불하고자 하는" 사람들에게만 집중되는 것이 아니다. 우리는 사회의 모든 계층에서 온 능력 있는 젊은이들을 흉부외과 의사와 항공 엔지니어가 되도록 훈련을 시키는 것이지, 이러한 훈련을 가장 많은 입찰 대금을 지불할 지위에 있는 부모의 자녀들에게 경매하는 것이 아니다. 국가는 그러한 능력이 발견되는 곳 어디에서나 집단적 목적을 위하여 능력을 동원한다.

공동체는 어떻게 가난한 사람들이 과도하게 공동체의 도움에 의존하지 않고 그들의 자기 개발 능력을 낙담시키지 않으면서 가난한 사람들을 도울 수 있는가? 규제적 복지 국가에 대한 가장 공통되고 설득력 있는 비판은 반사회적 행위에 대한 동기와 다른 바람직하지 않은 부작용들과 관계된다. 그러나 "의존"은 본래 그것들 중 하나라고 인식되어서는 안 된다. 많은 종류의 의존이 있고, 모든 의존이 나쁜 것은 아니다. 비록 경찰과 소방서의 보호가 분명히 시민들을 "공적 지원"에 의존하게 하지만, 그러한 온정적인 지원은 또한 개인들이 자신의 소유물을 기꺼이 아름답게 꾸미고 가치를 더하고자 하는 의지를 배양한다. 공적으로 재원을 조달 받는 교육은 제대로 작동할 때 동일한 효과를 발생 시킨다. 그것은 또한 자조를 육성하기 위해 고안된 국가 지원의 한 형태이다. 문제는 국가의 개입을 어떻게 소멸시킬 것인지가 아니라 자치와 창의를 높이기 위한 복지 프로그램을 어떻게 고안할 것인지이다.

성공적인 미국의 빈곤 퇴치 정책의 초기 예는 1862년의 홈스테드법(Homestead Act)이었다. 홈스테드법은 서부 땅을 경작하고자 하는 모든 정착민들에게 자유롭게 서부의 땅을 분배하였다. 그 법은 5년간 거기서 정주하고 경작을 한 사람들에게 160 에이커의 공용 토지에 대한 법적인 권리를 부여하였다. 이러한 무상 원조는 적극적인 정부 행위의 예로 설명될 수 있을 뿐이다. 그러나 정확히 그것이 자제, 장기 계획, 경제 성장을 육성하기 위해 고안된 공공 자원의 선별적 투자였기 때문에 나름의 성공을 거두었다(1900년까지 8,000만 에이커의 땅에 대한 법적인 권리가 부여되었다). 홈스테드법은 빈곤층을 소비자라기보다는 생산자로 보았다는 점이 가장 중요하다. 홈스테드법은 개인과 가족에게 그들 스스로의 생계비를 벌 수단과 기회를 제공하였다. 이러한 관점에서 그것은 공적으로 재원을 조달 받는 교육을 본뜬 부의 이전 프로그램이었다. (영국 총리인 Tony Blair의 구절을 빌리자면) "진지한 연민"은 우리의 복지 시스템의 현재 계획의 근저에 있는 광범위한 원리가 되어야 한다. 우리는 정부의 지원을 없애기보다는, 예를 들면, 기업에 대한 여신 제공, 저소득 근로자를 고용하고 훈련하는 사람들에 대한 재정적 지원, 직업 훈련 제공 등을 통하여 공적 자원을 사인의 노력을 자극하고 보장하는 방향으로 돌려야 한다. 복지 수급인은 가급적 자선의 대상이 아니라 잠재적인 생산자로 취급되어야 한다. 교육을 받을 권리는 여기서 좋은 모델이 된다. 납세자들은 학교, 책, 교사를 제공하지만 학생들은 단순히 이익을 받는 것이 아니다. 반대로 그들은 공부하도록 요구 받는다. 그것이 (모두에게 최소한의 적당한 기회의 제공으로 가장 합리적으로 이해되는) 기회의 균등이라는 사상의 총체이다. 왜냐하면 기회의 제공은 그것을 잡고 이용하는 사람에게만 가치가 있기 때문이다. 유사하게, 정부는 표현의 자유를 창설할 수 있지만, 이 권리는 사람들이 의견을 표명하는 수고를 감수하지 않는다면 무용지물이다. 교육을 받을 권리와 표현의 자유(둘 다 권리 보유자가 행동할 것을 요구한다)는 권리 보유자를 수동적인 현금이나 서비스의 수급자로 조명하는 경향이 있는 환자, 장애인, 노인의 권리보다 훨씬 더 나은 개혁된 미국의 복지 시스템의 모델이다.3 즉, 복지권은 재산권이나 손해배상청구를 할 권리와 같이 공적인 비용으로 적극적인 개인에게 그들의 목적을 추구하기 위해 필요한 자원의 일부를 제공하는 권리와 유사해야 한다.

단순한 현금 부여와 비교하여, 근로 장려 세제(EITC)는 바로 이러한 이유를 위한 특별히 유망한 제도로 보인다. 그것은 자제에 보답하기 위해 고안된 수급권이다. 그것은 최저 임금제(minimum wage)보다 덜 경직되고, 효율적이다.4 일하는 엄마들을 위한 육아 보조와 빈곤의 경계선상에 있는 사람들 사이에서 주택 소유율을 높이기 위한 대부 프로그램에서도 비슷한 점이 발견될 수 있다. 비용이 많이 소요되지만, 비숙련 근로자를 작업장으로 이끌기 위한 직업 훈련도 유망하다. 그러나, 요점은 특정한 개혁을 승인하는 것이 아니고, 권리의 비용에 대한 이해가 함축하는 관점을 파악하는 것이다. 실제로 복지권은 전통적인 권리를 본떠서 협동을 자극하고 인종의 선을 넘어서는 생산적인 상호 작용을 안정화 시키기 위한 공공 서비스, 선별적 투자, 자제에 대한 동기, 협상으로서 창설되어야 한다.

인종과 사회적 협동

"얼마나 큰 정부이어야 하는가?", "어떤 종류의 권리인가?", "소극적 권리 대 적극적 권리?", "피해자학 대 정부기관?", 그리고 "권리 대 책임"과 같은 이 책에서 제기된 의문들은 미국에서 모두 완전히 인종의 주제와 중첩된다. 1860년대 이전, 미국은 흑인들에게 보통법상의 권리와 헌법상의 권리 모두를 인정하지 않았다. 오늘날, 백인에게 이익을 주는 사회 보장 프로그램이나 백인에게 불균등하게 이익을 주는 사회 보장 프로그램은 흑인에게 이익을 주는 사회 보장 프로그램이나 흑인에게 불균등하게 이익을 주는 사회 보장 프로그램이 받는 수준의 비난을 거의 받지 않는다. 많은 범위에서, 권리는 그것이 흑인을 위해 고안되었거나 주로 흑인에 의해 향유되는 것으로 보일 때는 재정적이든 다른 것이든 특히 높은 비용이 드는 것으로 보인다.

이것을 지적하는 것이 백인에게 불균등하게 이익을 주는 프로그램은 잘 작동하지 않고 흑인에게 불균등하게 이익을 주는 프로그램은 잘 작동한다는 것을 주장하는 것은 아니다. 그것은 또한 명목적으로 미국 흑인을 돕기 위해 고안된 프로그램이 실제로 미국 흑인들을 돕는다는 것을 의미하는 것도 아니다. 예를 들면, 지역 학군이 인종적으로 통합된 학교를 운영하도록 강제하려는 연방 대법원의 시도는 명성을 떨칠 정도로 성공하지는 않았다. 규제적 복지 국가에 대한 많은 비판가들은 완전히 선의에서 비판을 한다. 그러나 "적극적 권리"는 미국적이지 않고 정부의 불개입의 정책으로 대체되어야 한다는 그들의 주장은 액면 그대로 받아들이기 어려우므로 우리는 그러한 주장을 고집하는 이유에 의문을 제기할 수 있다. 그렇게 매우 부적절한 사고방식은 어떻게 살아남을 수 있는가? 많은 가능한 답이 있지만, 의식적이든 무의식적이든 인종적 선입관을 포함한 전통적인 편견이 아마도 답변의 한 부분이 될 것이다. 실제로 오직 진정한 자유는 재산권과 계약의 자유라는 주장은 때때로 교도소 건설이 취학 전 아동을 위한 정부 교육 사업(Head Start)보다 우선되어야 한다, 문이 잠긴 공동체로의 후퇴가 포섭의 정치학을 대체해야 한다 등의 백인 분리주의의 모습과 같다.

주의 깊게 관찰해 보면, 오늘날 미국의 논쟁은 작은 정부냐 큰 정부냐보다는 다수로 이루어진 하나(e pluribus unum)라는 오래된 이념(모든 동전에 새겨진)에 대한 것이다. 한 국가로서 함께 살고자 하는 우리의 능력과 우리의 의지까지도 문제가 된다. 사회는 협동적 공동체이고, 권리는 다양한 개인과 그룹 사이에서 정부에 의해 창설된 합의로 이해될 수 있다고 주장하는 것은 동시에 그리고 같은 이유로 자유주의적 동화(libertarian fairy tales, 때때로 우파에게 인기가 있고 미국 문화에 놀라울 정도로 만연된)와 "동일성 정치학(identity politics, 때때로 좌파에게 인기가 있고 현재 강하게 재유행하고 있는)" 모두에 대해 의문을 던진다. 권리의 비용에 집중하는 것은 공동체에 관련된 다양한 대중이 널리 옹호할 수 있는 방식으로 전체가 권리를 정의하고 권리에 자원을 소비하는 것을 촉구하는 것이다.

다양한 문화적 배경을 가진 사람들의 협동과 공존이 미국의 정치적 실험에 근본적이지만, 다문화주의는 인종적 분리로 전락할 때 문제가 된다. 권리는 만약 선별적으로 강제된다면 문제를 더 나쁘게 만들 수 있다. 다른 권리와 사람들에 대해서는 재정을 긴축하면서 일부 권리 혹은 일부 사람들의 권리에 대하여 자원을 지출함으로써, 우리는 인종에 따른 정치적 다툼을 촉진하거나 억제할 수 있다. 만약 모든 미국인의 권리가, 예를 들면, 백인들에게는 찬란하게 이익이 되는 것으로 인식되고, 흑인들에게는 거의 소용이 없는 것으로 인식된 다면 우리의 권리 강제 체제의 합법성은 고통을 겪을 것이다. 비합리적인 수색과 체포로부터 자유로울 권리가 몇몇 공동체에서는 잘 강제되지만, 다른 공동체에서는 의미 없는 문서상의 보장에 불과하다면, 사회적 응집과 안정된 일치는 극도로 어려워질 것이다. 만약 권리가 상호 이익을 창출하고 사회적 협동을 위한 조건을 제공하는 사회적 협상으로 인식된다면, 이러한 협상은 원칙적으로 모든 시민이 동의할 수 있는 종류의 것이어야 한다.

공동체의 자산으로서의 개인의 권리

주주의 권리는 회사 정관이나 법인 설립증에 규정되어 있다. 어부의 권리는 국제 조약에서 구체화된다. 이런 권리들은 자연스러운 것이 아니고 협정에 의한 것이다. 그것들은 의식적으로 상호의 기대를 통합하고, 투자를 최대화하고, 공정함을 촉진하고, 적절한 운영을 촉진하기 위해 경험적 관점에서 고안된 것이다. 이것은 헌법적 권리를 포함하는 다른 권리들을 이해하는 데 유용한 모델이 될 수 있다.

미국인의 권리는 집단적이고 개인적인 삶의 질을 개선하고자 하는 목적에 따라 공동체에 의해 창설되고 유지되는 고안물이다. 국가가 종교, 경제 혹은 인종에 따라 분리될 때 권리의 전략적인 할당은 사회적 긴장을 감경시키고 사회 협동을 촉진할 수 있다. 종교의 자유는, 미국과 같은 다종교 사회에서, 경쟁적 분파의 구성원들이 민주적 정책 결정의 공유된 과정에 참가할 수 있도록 허용한다. 적절히 고안되고 수행된다면, 종교의 자유는 이러한 종류의 궁극적 가치가 공공의 논쟁의 진창을 끌려다니지 않도록 보장하면서, 사회를 강화한다 (낙태의 주제 같은 것에 대한 논쟁이 예외적인 것이라기보다는 원칙이었다면 우리의 정치적 기상도가 어떻게 달랐을지 생각해 보라). 많은 것들이 헌법에 구체화되어 있는 사회 질서의 일반적 규칙과 다양한 개별적인 수행에 대한 기저에 있는 동의가 우리의 "문화적 다원주의(multiculturalism)", 즉, 개인적 종교적 이상에 대한 깊은 불일치에도 불구하고 공동의 삶을 가능하게 한다.5 미국에서의 종교의 탈국가화는 다종교 사회가 종교적 신념의 궁극적 가치를 포함하지 않는 다른 분쟁들을 민주적 합의, 회피, 그리고 설득을 통하여 해결하는 것을 돕는다. 상호 존중을 포함하는 사회적 공존과 협동은 종교의 자유의 실행을 위한 사적인 영역의 보호를 통해 증진된다. 납세자는 종교의 자유가 인간의 존엄을 보장할 뿐만 아니라 그것이 복잡한 사회를 잘 작동하도록 유지하는 것을 돕기 때문에 종교의 자유를 보호하는 비용을 기꺼이 부담하고자 한다.

다른 권리들 또한 적어도 부분적으로는 어려운 문제를 해결하고 공동체에 널리 공유되는 이익을 제공하기 때문에 공동체에 의해 자원을 조달 받는다. 그것들은 집단적인 것으로 인식되기 때문에 집단적으로 재원을 조달 받는다. 이것은 권리가 의무에 대립되어서는 안 되는 중요한 이유이다. 이것이 개인의 자유가 공동체의 타락과 별 생각 없이 연결되어서는 안 되는 이유이다. 다양한 사회의 집단들을 서로 화해시키고, 그들 모두가 국가의 일부라고 느끼게 하고, 그로 인해 공공과 개인의 협동을 촉진하는 것에 대한 권리의 기여는 양심의 자유에만 한정된 것이 아니다. 상대적으로 불이익을 받고 상처받기 쉬운 미국인들의 삶의 조건을 개선하기 위하여 고안된 모든 권리들이 이러한 관점에서 그만큼 중요하다.

빈곤층을 위한 법률 서비스를 보조할 때 납세자들은 무언가 구체적인 것을 수행하는 것이고, 그것은 또한 잘 보이는 포섭의 제스처를 취하는 것이다. 넓게 이해하면 복지권도 같은 목적을 가지고 있다. 이것은 미국의 복지 프로그램이 재고와 수정을 필요로 한다는 것을 부정하는 것은 아니다. 그러나 복지 국가라는 이념 자체에 대한 당파적 공격은 진정하거나 진실이거나 혹은 근원적인 관점에서 권리에 대한 옹호로 파악될 수 없다. 권리의 비용에 대한 관심이 명확히 보여 주는 것처럼, 명백히 복지권이 아닌 권리도 사회의 공통의 노력에 모든 권리 보유자의 자발적인 참가를 촉진하고자 고안된 공공의 이익이라는 점에서 또한 복지권이다.

"결론"

THE COST OF RIGHTS

결론

사적 자유의 공적 성격

　　미국인의 권리는 신의 선물도 아니고 자연의 산물도 아니다. 그것은 스스로 강제될 수 없고 정부가 파산하였거나 무능력할 때는 믿을 만하게 보호될 수 없다. 그것은 무책임한 이기주의에 대한 처방 원인이 될 필요는 없다. 그것은 개인이 사회적 협동 없이도 개인적 자유를 지킬 수 있다는 것을 의미하지 않는다. 그리고 그것은 협상 불가능한 주장이 아니다.
　　권리에 대한 더 적절한 접근은 의심스러울 정도로 단순

한 전제를 가지고 있다. 사적인 자유는 공적인 비용을 수반한다. 이것은 사회 보장 제도, 건강 관리, 식량 카드에 대한 권리에 대해서뿐만 아니라 재산권, 표현의 자유, 경찰권의 남용으로부터의 자유, 계약의 자유, 종교의 자유로운 행사에 대한 권리에 대하여도 마찬가지이다. 이것은 진실로 미국의 전통의 특징이 되는 권리들 전체에 대하여도 마찬가지이다. 공적 재정의 관점으로부터 모든 권리는 개인이 공적 자산을 이용하여 그들의 공통적 목적과 개별적 목적을 추구하게 하는 허가이다. 공적 자산은 공동체의 보호 아래 축적된 사적 자산의 기여를 포함한다.

 모든 권리의 예산상 비용을 진지하게 고려하는 것은 미국 자유주의의 본질에 대한 안정된 많은 신념을 약하게 하는 것이다. 권리가 믿을 만하게 강제되기 전에 세금이 징수되어야 한다는 것은 무엇보다도 미국에서의 개인의 자유는 보통 인식하는 것보다 공동체의 합동의 노력에 더 많이 의존한다는 것을 함축한다. 모든 권리가 정치적 공무원이 과세하고 지출을 하는 것을 요구한다는 것은 적극적 권리와 소극적 권리 간의 과도한 구분이 명목적인 것일 뿐이라는 점을 제시한다. 미국인의 법적 권리가 한정된 공적 자원에 의존한다는 것은 왜 권리가 최고의 패나 협상할 수 없는 주장으로 결코 다루어질 수 없는지를 명확히 보여 준다. 그리고 최종적으로, 권리의 강제가 공적 지출을 요구한다는 것은 민주적 책임과 분배적 정의에 관한 긴요하지만 무시되었던 문제를 제기한다. 어떤 원칙에 따라 세금이 법적 권리의 강제를 위하여 할당되는가? 그리고 얼마나 많은 자원이 어떤 특정한 개인의 집단을 위한 특정한 권리를 보조하기 위해 쓰일 것인지를 누가 결정하는가?

공공 재정의 문제로 이해하면, 법적 권리는 인간 복지를 촉진하기 위해 정치적으로 창조되고 집단적으로 재원을 조달받는 도구로서 등장한다. 대부분 다른 인종적 배경을 갖는 집단들이 평화적으로 공존하고 협동할 수 있는 상대적으로 공정한 사회에서 사는 이익과 같은 동등한 권리 보호로부터 나오는 보답은 널리 흩어지고 파악하기 어렵기 때문에 동등한 권리 보호에 대한 최초의 투자는 공적인 권력에 의해 이루어져야 한다.

약속을 의무로 변화시키는 계약법에서의 권리는 이러한 관점에서의 모델이다. 법적으로 강제되는 계약을 체결할 수 있는 모든 미국인의 기본권은 사회 전체에 이익이 되는 경제적 번영의 전제가 되는 약속을 지키는 습관을 지지한다. 유사하게, 알 권리, 증거를 제출할 권리, 반대 목격자를 대면할 권리 등은 민사 재판과 형사 재판의 정확성을 높이고 사실 판단의 오류와 잘못된 판결의 위험을 줄이기 위해 고안된 것이다. 경제에서의 효율성과 사법에서의 진실은 단지 개인적인 재화가 아니고 공적인 것이다. 그것들은 권리의 교묘한 고안, 사려 깊은 할당, 믿을 만한 강제, 그리고 공적인 재원 조달을 통해 상당한 범위까지 보호된다.

일반적인 법과 마찬가지로 권리도 자유로운 사회가 개인의 자기 개발과 분쟁을 조정하고 공유되는 도전, 재난, 위기에 대응하는 지혜롭게 조정된 대응을 용이하게 하는 것을 포함하는 공통의 문제를 해결하기 위한 전제조건을 창설하고 유지하는 제도적 발명이다. 집단적인 자기 조직화를 위한 수단과 개인적 자기 개발을 위한 전제 조건으로서 권리는 당연히 강제하고 보호하는 데 비용이 소요된다. 개인과 집단의 복지를 증진시키는 것을 목적으로 하는 정부에 의해 제공되는 서비스로서 헌법적 권리를 포함하는 모든 권리는 변화하는 문제와 사용할 수 있는 기회가 주어진 상태에서 희소한 자원을 가장 효과적으로 어떻게 사용할 것인지에 대한 정치적 결정(다른 결정이 이루어질 수도 있었다)을 전제로 한다.

사법뿐만 아니라 헌법에 있는 우리의 모든 법적인 권리는 원래는 견고한 문제에 대한 실용적인 대응으로서 발생했다. 이것은 권리가 시간과 관할에 따라 다양한 이유 중 하나이다. 진화하는 인간의 이익과 도덕적 관점에 봉사하기 위하여 만들어진 도구로서, 권리는 새로운 입법과 판결을 통하여 반복적으로 수정되고 다시 구체화된다. 권리는 또한 돌연변이 하기도 한다. 왜냐하면 권리를 고안함에 있어서 감경시키거나 극복하고자 했던 문제들인 인간 복지에 대한 장애물은 기술,

경제, 인구학, 직업적 역할, 삶의 양식 그리고 다른 많은 요소에 따라 변화하기 때문이다.

필요가 생길 때마다, 주와 연방의 입법자들(고유의 입법자뿐만 아니라 법관들도 포함하는)은 몇몇의 전통적인 권리를 고치거나 폐지하기도 한다고 알려져 왔다. 예를 들면, 미국의 입법자들은 근로자와 부양가족의 복지를 개선하는 최고의 방법이 그들에게 산업 재해의 경우에 고정된 보상을 지급하는 것이라고 결론을 내렸을 때 미국의 입법자들은 그렇게 했다. 근로자보상법은 보통법의 구제책을 금지한다. 즉, 그것들은 법적으로 근로자들이 이전에 향유했던 고용과 관련된 사고를 이유로 사용자를 고소할 권리를 폐지했다. 따라서 권리는 보통 창설될 뿐만 아니라 폐지되기도 한다. 인간의 복지에 대한 변화하는 장애와 변화하는 입법 전략은 자유의 재구성에도 영향을 미친다. 왜냐하면 모든 법적인 권리는 변화하는 사회적 맥락에서 인간의 복지를 달성하기 위한 정치적 사법적으로 고안된 시도인 복지권이거나 복지권이 되고자하는 것이기 때문이다. 때때로 실제로 그러한 것처럼 이러한 시도들이 실패할 때 권리는 창설되고, 중단되고, 재고안되고, 재할당 될 것이고, 또한 그래야 한다.

헌법적 권리 조항은, 특히, 시간에 따라 변하는 도덕적 감각과 의무를 가지는 늘 새로운 법관에 의해서 해석되고 구체화되어야 하는 넓고 모호한 일반 개념을 포함하고 있다. 예를 들면, 표현의 자유는 1차 수정 헌법의 원문에 모호하지 않게 규정된 것이 아니고, 긴 역사적 과정에 걸쳐 법원과 국가에 따라 중대하게 진화해 왔다. 그리고 권리는 또한 더 세속적인 이유 때문에 변화하지 않고 강제될 수는 없다. 권리 강제를 위한 예산은 매해 변화한다. 실제로 권리의 강제는 주로 기반 시설을 위한 공적인 지출과 법적인 종류의 기술의 문제이다. 예를 들면, 그것은 법관들에 대한 급여, 부동산, 보조 직원에 대한 공적인 투자, 경찰과 교도관들의 훈련과 감독에 대한 공적인 투자를 포함한다. 권리의 비용을 참작하는 것은 그러므로 넓은 범위의 공공재를 염두에 두고 있는 동안 제한된 자원을 어떻게 현명하게 할당할지를 묻는 정부 조달 공무원처럼 생각하는 것이다. 법적인 권리에는 "기회 비용(opportunity costs)"이 소요된다. 권리가 강제될 때, 권리 자체를 포함하는 다른 가치 있는 것들은 포기되어야 한다(왜냐하면 권리 강제에 소모된 자원은 희소하기 때문이다). 항상 문제가 되는 것은 공적 자원이 다른 방법으로 더 현명하게 이용될 수는 없었을지이다.

  이 문제는 처음에는 인색하게 구는 것처럼 들릴지도 모른다. 비용에 대한 연구가 법의 고결한 장엄함을 훼손하지 않는가? 우리는 우리의 가장 소중한 자유를 경리 담당자에게 위임하거나 궁극적인 취약 계층이 관련된 영역에 비용-효율의 타산적인 고려를 끌어들여야 하는가? 법원이나 다른 정부 기관은 단지 권리에 많은 비용이 소요된다는 이유로 그것을 희생해야만 하는가? 그런 걱정들은 비용—편익 분석의 몇 가지 형태에 대해서는 적절하게 제기된 것이다. 그러나 이 책에서 다루는 접근과 주장에 관하여는 그것은 잘못 제기된 것이다.

권리 강제의 재정적 조건에 대한 연구는 조잡하게 절약하는 것이 전혀 아니고 기본적으로 정치적인 것이다. 비용에 주의를 기울이는 것은 우리가 공공의 복지에 대한 좁은 관점보다는 넓은 관점을 취하도록 강제한다. 그것은 문제가 우리의 주의를 끌 때마다 우리가 지속적으로 문제와 씨름하는 것을 막고, 우리가 사회적 문제의 넓은 묶음에 대하여 "패키지" 해답을 제공하도록 강제한다. 무엇보다도, 그것은 집단적으로 이루어지고 평가되는 공적 투자의 불가피성을 드러낸다. 말하자면, 시장 결과에 대한 무분별한 숭배를 반영하는 것보다는 권리의 비용에 대한 연구는 사려 깊은 공공 정책을 촉진하기 위해 의도된 것이다. 그것은 또한 비록 자유주의 정치 전통에 깊은 뿌리를 두고 있지만, 공동체주의(communitarian)나 집산주의(collectivist)의 주제이다.

그러나 그것이 유발하는 어려움은 매우 많다. 먼저, 권리 보호의 영역에서 비용을 의식하는 것은 사법권에 대한 진지한 도전을 나타낸다. 법관들이 필수적으로 좁게 정의된 특정한 논쟁에 집중하는 반면에 권리 보호의 영역에서 비용을 의식하는 것은 공공 예산에 대한 경쟁하는 요구들의 넓은 범위에 대하여 주의를 기울일 것을 요구하기 때문이다. 희소한 세입 예산의 가능한 대체 용도에 대해 진지한 주의를 기울이지 않고, 예를 들면, 미국 법관들은 규칙적으로 대도시 정부에게 불법행위 구제를 위해 수백만 달러의 세입 예산을 지출하도록 강제한다. 이것이 희소한 공적 자원을 지출하는 민주적이고 도덕적으로 책임 있는 방식인가? 왜 이 돈은 공공 교육이나 공공 보건에 쓰여서는 안 되는가?

우리가 진솔하게 권리의 비용을 인식하기 전까지는 우리는 그런 질문조차 할 수 없다는 점에 주목해야 한다. 우리의 가장 소중한 자유의 주요한 수호자인 미국 법원이 현명한 할당적 결정을 하기에는 부적절한 위치에 있기 때문에 공공 재정의 책임 있는 체계를 위한 사법적 결정의 함의에 대해 우려하는 것이다. 법관들은 비용이 소요되는 권리를 보호하는 임무를 법으로부터 위임 받았기 때문에 판결에 대한 연구자들은 합리적으로 권리의 비용을 무시할 수는 없다.

민주주의 체제에서는 집단적 지출은 집단적으로 감독되어야 한다. 기본권의 강제가 희소한 공공의 재정의 지출을 전제하므로, 공공은 그 목적이 수고할 가치가 있는지, 돌아온 이익이 지출된 비용에 대략 상응하는지 알 자격이 있다. 공동체에 의해 재원이 조달되는 범위에서, 권리 강제의 특정한 양식은 소수 그룹의 구성원들의 적절한 보호와 함께 공동체에 정당화되어야 한다. 효용-비용 비율은 양수이어야 할 뿐만 아니라 양수인 것으로 인식되어야 한다. 권리 강제자 혹은 그들을 고용하고, 급여를 지급하고 감독하는 사람들을 재정적 수탁자로 파악할 수 없는가? 그들은 희소한 공적 자금이 쓰여진 방식에 대한 필연적으로 논쟁적인 결정에 대하여 공적으로 설명해서는 안 되는가? 그들은 이익과 부담을 할당할 때 그들이 이용하는 원리를 명확히 해서는 안 되는가? 그리고 선택된 배분이 다른 실현 가능한 대안보다 더 선호할 만한 이유를 설명해서는 안 되는가?

    권리의 비용은 할당의 과정에서 민주적 책임성과 투명성의 문제를 야기할 뿐만 아니라, 예상치 못하게 우리를 도덕적 이론의 핵심인 분배적 형평과 분배적 정의의 문제로 이끌어 간다. 권리를 공공의 투자로 묘사하는 것은 권리 이론가들이 권리 강제가 가치 있고 타산적일 뿐만 아니라 공정하게 할당되어야 하는 것인지에 대한 질문에 주의를 기울이도록 촉구하는 것이다. 여기서의 문제는, 현재 고안되고 수행되는 것처럼, 권리의 보호를 위한 지출이 사회 전체적으로 이익이 되는지 혹은 적어도 구성원 대부분에게 이익이 되는지 혹은 특별한 정치적 영향력을 가진 그룹에게만 이익이 되는지 여부이다. 권리 강제의 영역에서 우리의 국가적 우선순위가 단지 권력 있는 집단의 영향력을 반영하는 것일 뿐인가, 아니면 그것들은 일반적 복지를 촉진하는가? 비용을 연구하는 것은 정치학과 윤리학을 속이는 것이 아니고 오히려 그러한 문제들에 대한 고려를 하도록 하는 것이다. 그 주제는 정확히 그것이

한 손에는 권리를 두고 다른 손에는 민주주의, 평등, 분배적 정의를 두었을 때의 관계에 주의를 기울이게 하기 때문에 매우 중요하다.

권리는 공적 지지를 이끌어 낸다. 왜냐하면 권리는 각자 다른 위치에 놓인 개인들의 거대한 집단이 개인적으로 사회적으로 약탈적이지 않은 공존과 상호 협동의 상당한 보상을 얻는 것을 허락하기 때문이다. 그리고 그러한 범위에서만 공적 지지를 이끌어 낸다. 권리를, 복지 증진이라는 사회적 목적을 위해 사회에 의해 추출된 투자로 해석하는 것은 권리의 이론적 설명에 대한 우리의 이해뿐만 아니라 권리의 불가피한 재분배적 성격에 대한 우리의 이해를 증진시킬 것이다. 생각건대 그러한 개념화는 개인적 자원(아마도 민주주의 사회에서 공적으로 설명되는 공적 목적을 위해서만 추출되는)이 적절한 공적 이익을 생산하는 방식으로 투자되는지 여부와 이러한 이익과 부담이 공정하게 분배되는지와 같은 다양한 기존에 무시되었던 질문들에 대한 더 풍부한 공적인 논쟁을 자극한다.

공적으로 기꺼이 지불하고자 하는 것

권리를 비용이 드는 공공재로 분류하는 것은 회계사 집단과 동맹을 맺은 냉정한 정책 분석가가 시민들이 어떠한 권리를 향유해야 하고 향유해서는 안 되는지에 대한 문제를 일방적으로 해결하도록 촉구하는 것은 아니다. 반대로, 거래의 불가피성은 우리에게 민주적 통제에 대한 필요성과 "시민적 미덕(civic virtue)", 즉, 권리의 보호와 강제의 영역에서의 예산 할당에 관한 주의 깊은 납세자의 감독의 필요성까지도 상기시킨다. 그러한 문제에서 민주적 책임성을 요구하는 것은 그것을 달성하는 것보다 훨씬 쉽다는 점은 말할 필요도 없다.

잘 훈련되고 능력 있는 전문가는 다른 곳에서뿐만 아니라 여기서도 수행할 역할이 있다. 그들은 권리에 대한 뜻있는 공적 자문과 결정을 위해 요구되는 종종 복잡한 정보를 밝히고, 해석하고 쉽게 이해할 수 있는 표현으로 바꾸는 데 있어서 불가피하다. 그러나 전문가들은 높은 지위가 아니라 언제든지 접근할 수 있는 지위에 있어야 한다. 논의할 여지가 있는 가치에 대한 판단이 관련된 곳에서, 결정 과정은 공개되고 민주적인 양식으로 이루어져야 한다. 권리가 공적인 자원을 어떻게 가장 잘 활용할지에 대한 전략적 선택에서 나오는 것이므로, 어떤 권리를 어느 정도에서 보호할 것인지에 대한 결정은 (법관을 포함하는 정치적 공무원이 그들의 논리와 정당화를 설명해야 하는 가능한 한 많이 알고 있는) 시민에 의해 가능한 한 공개된 방식으로 이루어져야 하는 상당한 이유가 있다. 어떤 권리가 어떤 형태로 보호 받아야 하는지와 얼마나 많은 사회적 부가 그러한 권리를 보호하는 데 투자되어야 하는지에 대한 판단은 민주적 숙의 과정에서 진행되는 공적인 비판과 논쟁에 따라 이루어져야 한다. 그러한 결정은 물론 헌법에서 공포한 것들을 포함하는 미국법체계의 기본 원칙에 의해 이루어져야 한다. 재정적으로 책임 있게 된다는 것이 제도 개혁에 대한 진지하고 중요한 도전을 제기하는 동안에 판사들은 어떻게 독립성을 보유할 수 있는가? 그러나 오늘날 미국에서 기본권에 관한 중요한 할당의 결정이 은밀한 방식으로 공공의 자문이나 통제가 거의 없이 이루어진다는 것은 부정될 수 없다. 적어도, 그러한 판단은 다르게 이루어질 수 있었고, 그 자체로도 정당화되어야 하는 헌법에 따른 공공적 숙의의 과정에서의 정당화를 요구하는 판단처럼 공적으로 심사될 수 있어야 한다.

정의는 비용—효율성과 특별히 충돌할 필요는 없다. 절반의 비용으로 같은 수준의 사회 보장 이익이나 식량 카드를 제공할 수 있도록 하는 혁신적 방법에 대하여 누구도 반대할 수 없다. 그러한 효율성이 복지 국가의 프로그램의 도덕적 목적을 손상시킨다고 누구도 주장할 수 없다. 이러한 점은 모든 권리에 대하여 동일하다고 할 수 있다. 왜냐하면 비용—효율성은 신문 과정에서의 피의자에 대한 권리 보호의 제공이나 재판 전 구금자에 대한 권리 보호의 제공을 포함하는 모든 곳에서 개선될 수 있기 때문이다. 그러나 우리가 권리에는 비용이 소요된다는 것을 인식하고 난 다음에야 우리는 더 효율적인 권리 보호의 수행에 대하여 고려하기 시작할 수 있다.

그러므로 공적인 숙의는 다음과 같은 주제들에 집중해야

한다. (1) 개개의 권리에 대하여 우리는 얼마나 많이 지출하기를 원하는가? (2) 한 권리를 보호하기 위하여 소요되는 자원은 더 이상 다른 권리의 보호에 쓸 수 없는 상태에서 어떤 것이 권리의 최적의 조합인가? (3) 가장 적은 비용에 최대의 권리 보호를 제공하기 위한 최고의 체제는 무엇인가? (4) 현재 정의되고 강제되는 권리들이 공적으로 정당화할 수 있는 방식으로 부를 재분배하는가? 이러한 의문들은 중요한 경험적 차원을 가지고 있고, 그것들을 전면에 내세우는 것이 중요하다. 그러나 그것들의 해결은 또한 가치의 판단에도 의존한다. 가치의 판단은 공개적으로 이루어져야 하고, 비판, 재고, 공적인 논쟁의 대상이 되어야 하고, 경험적 차원은 그렇게 확인되어야 한다.

재분배

가난한 자들을 돕기 위한 정부 권력의 사용에 대하여는 거의 다루지 않았으므로, 이 책이 미국 복지 국가의 재고안을 위한 청사진으로 결론을 내릴 수 없다는 점은 명백하다. 특정한 판단은 특정한 사실에 의존한다. 몇몇 정책 발의처럼, 가난한 자들을 돕고자 하는 노력은 때때로 부작용만 발생시킨다. 그러나 그러한 재분배에 대한 포괄적인 공격은 거의 말이 되지 않는다. 재분배는 어디에나 존재한다. 그것은 정부가 납세자로부터 돈을 거두어들여 그것을 가난한 사람들에게 제공할 때에만 발생하는 것은 아니다. 예를 들면 공적 권력이 일반 납세자의 비용에 의해 사적인 폭력이나 폭력의 위협으로부터 부자들을 보호하는 것을 가능하게 할 때에도 역시 재분배는 일어난다. 소위 작은 정부조차도 공적인 목적을 위해 개인의 수입의 추출을 필요로 한다. 역누진 조세의 가장 극적인 예는 가난한 사람들이 외국의 침입자들로부터 다른 무엇보다도 부자들의 재산을 보호하기 위해 전시에 징집될 때 발생한다. 가장 작은 정부들조차도 "지불할 수 있는" 사람들로부터 자원을 추출하여 상처 받기 쉬운 사람들에게 재분배한다. 몇몇의 경우에, (화재에 의해 위협을 받은 Westhampton의 주택 소유자들 같은) 보호를 받는 사람들은 대부분의 보호의 의무를 부담하는 사람들보다 부유하다.

강함과 약함은 물리적 조건이나 신체적인 힘에만 의존하는 것이 아니다. 사회적 행위자의 상대적 강함은 근육이나 두뇌보다는 법적인 제도와 수여 그리고 사회적 조직화와 협동을 위한 능력에 의존한다. 20세기 후반의 재산 보유자는 상대적으로 정부 지지의 결과에 의해서만 상대적으로 강하다. 즉 그들이 "그들의 것"을 획득하고 유지하도록 하는 정밀하게 고안되고 공공의 비용으로 강제되는 법률 때문에 상대적으로 강한 것이다. 그러므로 정치적 권위가 누구의 편에 설 것인지를 알지 못하고는 누가 사회적으로 강하고 약한지를 정의하는 것은 불가능하다. 즉, 희소한 사회적 공적 자원의 정치적 할당에 대한 우선순위 결정을 참조하지 않고서는 누가 사회적으로 강하고 약한지를 정의할 수 없다. 부자들은 사법권이 운영하는 강제 가능한 재산권과 형사법의 체계에 의해 보호되기 때문에 강한 것이다.

따라서 모든 성가신 문제들이 남는다. 권리 강제에 대한 현재의 공적인 투자가 현명한가 아니면 어리석은가? 그것들은 편파적인가 아니면 공정한가? 아마도 민주주의에서 공공의 투자는 매우 넓게 이해하면 좋은 사회적 보답에 대한 기대를 가진 납세 시민들에 의해 이루어진다. 우리의 투자에 대한 보답이 진실로 좋거나 받아들일 만한가? 예를 들면, 재산권은 하나의 국가로서 우리가 그것들을 보호하는 데 지출할 가치가 있는 것인가?

그러한 질문들에 대해서는 예를 들면, 희소한 공적인 자원이 어떻게 다른 방식으로 생산적으로 사용되었을지를 알지 못하고는 답변할 수 없다. 그러나 한 가지는 확실하다. 명확하게 정의되고 확고하게 강제되는 재산권이 법, 정부, 그리고 공적 자원에 의존한다는 점은 재산권의 가치를 줄이지 않는다. 사적 재산권은 경제 성장에 원동력이 된다. 그것은 또한 시간적 시야를 늘리고 시민 개인의 심리적 안정을 증진시킨다. 예를 들면 그들의 정치적 부동의의 표현이 그들의 재산을 위험에 처하게 하지 않는다고 그들을 확신시킴으로써 그러하다. 사적 재산권이 전면에서는 비용이 들더라도 그것은 현명하고 스스로 재원을 조달하기도 하는 투자이다(물론, 사적 재산의 체계는 그들 사이에서도 차이가 있고, 합리적인 사람들은 각자의 이익과 손해에 대하여 부동의 할 수도 있다. 그러나 사적 재산권의 몇몇 유형은 모든 잘 작동하는 현대 사회에서의 불가결한 부분이다).

공공 교육에 대한 권리는 비슷한 방식으로 정당화될 수 있다. 좋은 교육은 많은 다른 것들을 위한 전제조건이고, 그것은 본질적인 가치와 도구적인 가치를 모두 보유하고 있다. 특히 어린이들을 위해, 보건에 대한 권리는 매우 타당한 것이다. 건강은 그 자체로도 가치가 있고 다른 좋은 것들을 가능하게 한다. 그러므로 두 영역에서의 실질적인 공공 지출은 사적 재산의 보호를 위한 지출과 정확히 같은 방식으로 정당화된다. 그러한 모든 권리는 개인의 자기 개발과 집단적인 공존과 협동을 위한 조건을 창설하고 안정화한다.

권리 강제가 공적 자원의 전략적인 할당을 전제 조건으로 한다고 말하는 것은 무엇보다도 부분들이 어떻게 전체와 어울리는지, 자연 상태의 고삐 풀린 무정부주의와 대비되는 자유로운 개인주의가 정치적으로 잘 조직화된 공동체를 어떻게 전제조건으로 하는지에 대하여 상기하는 것이다. 개인의 자유는 집단적인 기여를 통해 구성되고 지지된다. 권리의 비용은 단지 그러한 기여를 가장 쉽게 증명하는 것이다. 그러므로 비용에 대한 주제에 집중하는 것은 우리가 개인과 사회 사이의 익숙하지만 과장된 대비에 대하여 재고하고 수정하도록 한다.

    미국의 시민들은 오직 사회의 지속적인 지원을 통해서만 그들의 사적인 영역에 대한 원치 않는 사회의 개입으로부터 스스로를 성공적으로 보호할 수 있다. 이것은 가장 자신만만 해 하는 개인주의적인 권리 보유자에 대해서도 사실이다. 개인의 자유는 공동체가 자원을 끌어 개인의 자유에 대한 침해를 예방하고 구제하기 위한 현명한 방식으로 그것들을 이용하지 않는다면 보호될 수 없기 때문이다. 현대 사회에서는 정부를 통해서만 종이 위의 선언을 주장할 수 있는 자유로 변화시키기 위해 필요한 사회적 협동의 수준을 달성할 수 있기 때문에, 권리는 효율적인 정부를 전제로 한다. 실제로 권리는 정부에 대항하는 것으로 국가에 대항하여 건설된 장벽으로 묘사될 수 있기는 하지만, 장벽 건설과 유지에 대한 공적인 권위의 필수 불가결한 기여를 부당하게 간과할 때에만 그러하다. 왜냐하면 정부는 여전히 정치적으로 조직된 사회가, 모두를 위한 법적인 권리의 보호를 안정화하는 공통의 목적을 비롯한 사회의 공통의 목적을 추구할 수 있도록 해주는 가장 효율적인 도구이기 때문이다.

부 록

권리와 비용에 대한 몇몇 숫자들

비록 우리는 때때로 몇몇 숫자들을 언급했지만, 권리의 비용에 대한 수량적 평가액을 제공하는 것은 이 책에의 목적은 아니었다. 수량적 평가액을 산출하는 작업은 우리의 개념적 주장을 수용하는 것과 함께 권리별 지출액을 알아내기 위해 다양한 지출을 어떻게 분리할 것인지에 대한 몇몇의 더 깊은 판단을 필요로 한다. 그 판단들 자체로도 경험적으로도 개념적으로도 복잡하다. 본문에서 논의된 이유들로 인해 그러한 작업을 위한 어느 정도의 진전은 가능하지만, 정확한 수치를 산출하는 것은 불가능할 것이다.

이 부록에서 우리는 다양한 활동과 제도를 위해 지출된 금액의 정보를 제공하기 위해 1996년 미국 예산에서 나온 간단한 표를 제공한다. 이러한 정보는 그것이 특정한 권리의 비용의 구체화를 나타내는 것이 아니기 때문에 좀 더 정보를 추가하여 받아들여야 한다. 그러나 그것은 납세자들이 다양한 프로그램과 활동을 수행하고 다양한 권리를 보호하기 위하여 연방의 세입을 얼마나 지출했는지에 대한 일응의 감각은 제공해 준다. 권리 보호의 다양한 국면에 국가가 지출한 대규모의 금액이 물론 모두 포함되어 있는 것은 아니다.

(단위: 백만 달러)

활동 또는 기관	비용
1. 사법제도 운영	
항소법원	303
조세법원	33
지방법원	1,183
양형위원회	9
연방 대법원	26
법무부의 법률 활동	537
법률서비스공단	278
폭력범죄 감소 프로그램	30
재소자 관련 비용	351
상이 군인 항소법원	9
연방 교도소 시스템	2,465
2. 정부 감시	
정부윤리청	8
회계감사원	362
연방 선거위원회	26
3. 시장활동 촉진	
증권거래위원회	103
연방 무역위원회	35
동물 및 식물 검사	516
식품안전 및 검사	545
소비자제품안전위원회	41
4. 재산권 보호	
특허 및 상표 보호	82
재산 구조 및 보험	1,160

연방 긴급 관리	3,614
공동체 재난 관련 대출	112
산림 관리 및 보호	1,283
부동산 활동	68
미국 농촌 기금(농업지원)	100
재산 관련 기록 관리	203
5. 국방	
장교 급여 및 수당	5,808
입대자에 대한 급여 및 수당	12,457
사관후보생 급여 및 수당	35
상이 군인 복지 및 서비스	3,830
입대자에 대한 지원	769
국방부, 군대의 총 채무	20,497
6. 교육	
주, 지역 교육과 같은 교육 비용	530
초등, 중등 및 직업 교육	1,369
고용평등위원회	233
7. 소득 분배	
식량 카드 프로그램 운영	108
식량 및 영양 지원	4,200
사회보장 행정	6,148
8. 환경 보호	
환경보호청	41
청정공기법	217
위험폐기물	159
살충제	64
자연 자원 보존	644

수질	244
9. 기타	
정부 간행물 인쇄	84
우편 서비스	85
국가 기록 보관소 및 기록 운영	224
국가 노동관계위원회	170
산업안전보건검사위원회	8
국세조사국	144

미 주

■ 서 론

[1] Charles Murray, *What It Means to Be a Libertarian: A Personal Interpretation* (New York: Broadway Books, 1997), 5면 참조, David Boaz, *Libertarianism: A Primer* (New York: Free Press, 1997), 12면 참조.

[2] *Budget of the United States Government, Fiscal Year 1998* (Washington, D.C.: U.S. Government Printing Office, 1997) 231면 참조. 연방응급관리청(the Federal Emergency Management Agent)의 1996년 예산은 36억 달러 이상이었다(1047면 참조).

[3] 법적인 제재보다는 비공식적인 비난을 통하여, 사회적 규범은 또한 개인들이 서로의 권리를 존중하고 공무원들이 민간 개인의 권리를 존중하도록 유도하는 역할을 한다. 그러나, 그러한 규범들은 독자적으로 작동하는 것이 아니고, 형법, 불법행위법, 계약법, 노동법 등을 재고안하고 강제하고자 하는 정부의 노력과 항상 복잡한 방식으로 얽혀 있다.

[4] 어느 범위의 도덕적 고려가 법률 용어의 해석에 개입하고 개입해야 하는지에 관한 어려운 질문은 여기서 논외로 한다. Ronald Dworkin, *Law's Empire* (Cambridge, Mass.: Harvard University Press, 1985), Frederick Schauer, *Playing by the Rules* (Oxford: Oxford University Press, 1992) 참조.

[5] 유럽인권협약(1950년도에 체결되고, 표면적으로는 1953년에 발효됨) 제13조 참조. 위 협약 및 해당 의정서가 선언한 권리는 체약국들이 위 협약 및 해당 의정서를 국내법으로 다룰 때 신뢰할 만하게 강제된다.

[6] II. L. A. Hart, *Essays on Bentham* (Oxford: Clarendon, 1982), 171면 참조.

[7] 특허권은 이 규칙에 대한 몇 안 되는 예외들 중 하나이다. 1990년도 예산조정법(Omnibus Budget Reconciliation Act of 1990) 제정 이래 특허상표청은 오로지 사용자 수수료로 운용자금을 조달해 왔다. 하원은 매년 특허상표청에 예산을 배정하지만 특허상표청에 유입되는 (수수료로부터 나오는) 자금과 일반 예산이 복잡하게 섞여서 하원이 미리 배정한 예산의 부족분을 보충하는 것으로 보인다.

[8] 26 U.S.C. (Internal Revenue Code) 501(c)(3)에 따르면, 특정 조건하에서 인권 및 시민권을 증진하는 법률서비스를 제공하는 단체는 연방소득세가

면제된다.

9 미국 연방 법무부(U.S. Department of Justice), 사법통계국(Bureau of Justice Statistics), *Justice Expenditure and Employment Extracts, 1992: Data from the Annual General Finance and Employment Surveys* (Washington, D.C.: U.S. Government Printing Office, 1997), 표E.

10 Billy L. Wayson and Gail S. Funke, *What Price Justice? A Handbook for the Analysis of Criminal Justice Costs* (Washington, D.C.: Department of Justice, U.S. National Institute of Justice, 1989년 8월).

11 Paul A. Crotty, "Contacting the Tort Explosion: The City's Case," *CityLaw*, vol. 2, no. 6 (1996년 12월).

12 Robert L. Spangenberg and Tessa J. Schwartz, "The Indigent Defense Crisis Is Chronic," *Criminal Justice*, 1994년 여름호, John B. Arango, "Defense Services for the Poor: Tennessee Indigent Defense System in Crisis," *Criminal Justice*, 1992년 봄호, 42면(국선변호 예산이 5.3% 삭감되었다는 내용), Rorie Sherman, "N. J. Shuts Down Its Advocate; Was Unique in Nation," *National Law Journal*, 1992년 7월 20일자, 3면(New Jersey 주는 국선변호인에게 할당된 600만 달러를 삭감했다는 내용), Richard Klein and Robert Spangenberg, "The Indigent Defense Crisis" (1993년 미국변호사협회 형사사법 분과의 빈곤층의 방어권 위기 특별위원회에 대한 보고서, 1 내지 3면에 의하면 1990년에 연방, 주 및 지방 정부는 형사 사법을 위하여 740억 달러를 지출하였으나 그중 2.3%만이 전국적으로 국선변호에 사용되었다고 함).

13 *Mathews v. Eldridge*, 424 U.S. 319 (1976). 비록 이 판결은 미국의 납세자들이 공공부조를 받을 자격이 없는 자들을 수급대상자들에서 제외하는 것에 대하여 재정적 이해관계가 있다는 점을 인정하였으나, 연방 대법원은 복지수급권을 취소하기 위해서는 사전에 완전한 청문절차가 부여되어야 한다고 이미 판결하였다. *Goldberg v. Kelly*, 397 U.S. 254 (1970). 그러나 연방 대법원은 비용의 중요성을 완전히 배제한 적이 없다. 예를 들면 *Goss v. Lopez*, 419 U.S. 565 (1975)에서 연방 대법원은 공립학교가 퇴학 대상 학생에 대하여 매우 간소한 청문 절차를 제공해도 된다고 판결했다. 그 이유는 불완전하게 재판과 유사한 절차조차도 교육적 효율성에 기여하는 것보다 더 많은 자원과 비용을 그것에 사용하도록 하여 많은 곳에서 행정 설비를 압도할 수도 있기 때문이었다.

14 이 책은 철학에서 도덕적 사고는 결과보다는 원리와 연관되어야 한다는 '의무론'이라고 불리는 주제는 다루지 않는다. 그러나 권리의 비용은 판결의 순수한 비정치성과 사법의 조세 및 공공자원의 배분에 의존하지 않는다는 환상을 부추기는 의무론적 주장의 오용과 관련된다. 도구적 가치보다 복잡한 성질을 갖는 권리들도 비용이 들고 따라서 일종의 교섭의 대상이 된다.

CHAPTER 1

1 410 U.S. 113 (1973).
2 432 U.S. 464 (1977).
3 소극적 권리와 적극적 권리의 구분은 비슷하게 들리는, Isaiah Beriln이 *Four Essays on Liberty* (Oxford: Oxford University Press, 1969) 118 내지 172면을 통하여 유행시킨 소극적 자유와 적극적 자유의 구분과 혼동되어서는 안 된다. 실제로, 소극적 권리와 소극적 자유는 대략 간섭으로부터의 자유라는 같은 의미를 갖고 있지만, Berlin이 사용한 적극적 자유는 민주적 자기지배(위 책, 160 내지 163면) 또는 인간의 자기실현, 특히 이성을 통한 열정의 지배를 의미한다. Berlin은 전혀 논의하지 않았으나, 이와 반대로 연방대법원이 이 판결들에서 염두에 둔 적극적 권리는 납세자가 제공하고 정부가 관리하는 자원에 대한 개인적 주장을 의미한다.
4 학자들 중에서 법적 권리 분류의 최고의 권위자는 Wesley Hohfeld이다. 그의 *Fundamental Leagl Conceptions* (New Haven: Yale University Press, 1923)에서 그는 허가(permits), 청구(claim), 권력(power), 면제(immunity) 등을 구분했다. 이러한 4가지 구분은 흥미롭기는 하지만, 권력, 면제 및 허가조차도 이 책에서 후술하는 측면에서 정부 행위와 공공 자원에 대한 묵시적인 주장을 수반한다는 유명한 사실을 비롯한 몇 가지 측면에서 만족스럽지 못하다.
5 진보주의자들은 이러한 측면에서 종종 T. H. Marshall의 *Class, Citizenship and Social Development* (Chicago: University of Chicago Press, 1964)을 인용하곤 한다. 이 책은 영국과 유럽의 자유주의의 발전을 3단계로 구분한다. 대략 말하면, 시민권은 18세기에 발전했고, 정치적 권리는 19세기에 발전하였으며 사회적 권리는 20세기에 발전하였다. Marshall의 3단계 구분법은 달리 말하면, 서양의 역사적 발전을 해석하기 위하여 소극적 권리, 적극적 권리 양분론을 사용하는 것을 오해를 불러일으킬 정도로 쉽게 한다.
6 Hans Kelsen에 의하면 "권리의 주체는 항상 잠재적인 원고이다." *General Theory of Law and State* (New York: Russel & Russel, 1973), 83면 참조.
7 *Budget of the United States Government, Fiscal Year 1998* (Washington, D.C: U.S. Government Printing Officc, 1997), 붙임 1019면 참조.
8 *Budget of the United States Government, Fiscal Year 1998* (Washington, D.C: U.S. Government Printing Office, 1997), 붙임 662, 1084, 1095, 1029면 참조.

Chapter 2

1 Bentham은 이러한 법적인 힘을 소극적 권리라 하지 않고 "소극적인 봉사

(negative services)"라 불렀다. H. L. A. Hart, "Bentham and Legal Rights," in *Oxford Essays in Jurisprudence*, Second Series (Oxford: Oxford University Press, 1973, A. W. B. Simpson 편집), 171 내지 201면 참조.
2 *Tinker v. Des Moines School Dist.*, 393 U.S. 503 (1969).
3 Baron de la Brede et de Montesquieu, Thomas Nugent 번역, *The Spirit of the Law* (New York: Hanfner, 1949), Vol. 1 (11권 4장) 150면.

■ Chapter 3

1 Jeremy Bentham, C.K. Odgen and Richard Hildreth 번역, *The Theory of Legislation* (Oxford, Eng.: Oxford University Press, 1931), 113면 참조.
2 William Blackstone, *Commentaries on the Laws of England* (Chicago: University of Chicago Press, 1979), Vol. II, 11면 참조.
3 *Budget of the United States Government, Fiscal Year 1998*, 137면, 142 내지 143면 참조.
4 미국 연방 법무부(U.S. Department of Justice), 사법통계국(Bureau of Justice Statistics), *Justice Expenditure and Employment Extracts, 1992*, 표 E.
5 *Budget of the United States Government, Fiscal Year 1998*, 246면 참조.
6 앞의 책, 225 내지 226면.
7 앞의 책, 395면.
8 앞의 책, 붙임 764면.
9 앞의 책, 붙임 28면.
10 Robert Ellickson, *Order without Law* (Cambridge, Mass.: Harvard University Press, 1993)은 일부 사회적 질서는 법에 대한 깊은 이해 없이도 관련 공동체에 의하여 생성되고 준수되는 사회적 규범에 근거하여도 발생하고 잘 작동한다는 것을 보여 준다. 그러나 전국적이지는 않고 지역적인 그러한 질서의 체계도 아마도 법적인 보장에 수반되는 배경 규범에 의존한다.
11 Friedrich A. von Hayek, *The Road to Serfdom* (Chicago: University of Chicago Press, 1944), 80 내지 81면.
12 *Budget of the United States Government, Fiscal Year 1998*, 붙임 1062면 참조.
13 앞의 책, 붙임 1112면 참조.
14 앞의 책, 붙임 1011면, 1112 내지 1113면 참조.

■ CHAPTER 4

1 미국 연방 법무부(U.S. Department of Justice), 사법통계국(Bureau of Justice

Statistics), *Justice Expenditure and Employment Extracts, 1992*, 표 E.
2 *Wilsonv. Seiter et al,.* 501 U.S. 294, 298 (1990).
3 *Budget of the United States Government, Fiscal Year 1998*, 붙임 689면 참조.
4 *Bounds v. Smith,* 430 U.S. 817 (1977).
5 연방 대법원은 교도소 공무원의 통제를 넘어서는 "재정적 압력"이 비인간적인 조건의 제거를 막을 수 있는 가능성을 언급했으나, 8차 수정 헌법하의 손해배상청구소송에서 명시적으로 '비용'에 기한 방어의 유효성을 인정한 적은 없다. *Wilson v. Seiter* 301 내지 302면 참조.
6 *Budget of the United States Government, Fiscal Year 1998*, 670면 참조.
7 "14차 수정 헌법에 따라 요구되는 평등에는 다음과 같은 결함이 있다. 가난한 사람은 스스로 움직여야 하는 반면에 부자는 권리를 주장하고 변호사의 기록의 조사, 법률 검토, 그를 위한 체계적인 주장을 향유한다." *Douglas v. People of State of California*, 372 U.S. 353 (1963).

■ CHAPTER 5

1 *DeShaney v. Winnebago County Department of Social Services*, 489 U.S. 189.
2 얼핏 보면 이러한 방식의 사고에 관하여는 할 말이 많을 것이다. 많은 평론가들은 헌법은 정부의 개입에 대항하는 방향으로 만들어진 것이고, 그러한 개인이 보호로 불릴지라도, 헌법은 정부가 개입하도록 만드는 것은 아니라고 주장한다. 물론, 제1차 수정 헌법은 주 정부 또는 연방 정부가 표현의 자유에 개입하는 것을 금지한다. 사적인 기구들은 오직 헌법의 하위 규범 등에 따라 표현의 자유에 개입하는 것이 금지된다. 이것은 또한 인종차별에 대하여도 마찬가지이다. 제14차 수정 헌법의 법의 평등한 보호에 관한 요구는 대기업이라 할지라도 사적인 기구에 대하여 적용되지 않는다. 사적인 기구들은 헌법이 아닌 법률에 의하여 비차별적인 방식으로 행동하도록 요구받는다.
3 여기서 논의된 일부 쟁점에 대하여는 Cass R. Sunstein, *The Partial Constitution* (Cambridge, Mass.: Harvard University Press, 1993)에서 더 상세하게 다룬다.
4 *Shelly v. Kraemer*, 334 U.S. 1 (1948).
5 *Edmonson v. Leesville Concrete Co.*, 500 U.S. 614 (1991)j.
6 *Smith v. Allwright*, 321 U.S. 649 (1944); *Terry v. Adams*, 345 U.S. 461 (1953).
7 *Lebron v. National Railroad Passenger Corp.*, 115 S.Ct. 961 (1995).
8 *Burton v. Wilmington Parking Authority*, 365 U.S. 715 (1961).
9 *Dee Farmer v. Brennan*, 511 U.S. 825 (1994).
10 *Budget of the United States Government, Fiscal Year 1998*, 붙임 670면.
11 이러한 점은 Richard A. Posner, *Overcoming Law* (Cambridge, Mass.: Harvard University Press, 1996)에서 주장되었고, *DeShaney* 사건의 하급심

에서 소극적 권리-적극적 권리 구분론에 근거한 그의 의견에서 주장된 것은 아니다.

■ CHAPTER 6

1 "개인적 권리는 개인이 보유한 정치적 패이다." Ronald Dworkin, *Taking Rights Seriously* (Cambridge, Mass.: Harvard University Press, 1977) 9면 참조.
2 Dworkin, *Taking Rights Seriously*, 193면 참조.
3 *Korematsu v. United States*, 323 U.S. 214 (1944).
4 Joseph Raz, *Practical Reason and Norms* (2nd edition, Princeton: Princeton University Press, 1993)에 있는 배제 논리에 관한 논의 참고.
5 Jean Dreze and Amartya Sen, *India* (Oxford: Oxford University Press, 1996) 참조.
6 Leonard Levy는 *Original Intent and the Framers' Constitution* (New York: Macmillan, 1988), 174 내지 220면에서 그렇게 주장한다.
7 *Fordyce Country, Georgia v. The Nationalist Movement*, 505 U.S. 123 (1992).

■ CHAPTER 7

1 이러한 대략의 추정은 투표자 1인당 비용이 2달러에서 5달러 사이라는 논쟁의 여지가 있는 추정에 근거한다. 캘리포니아 주 선거부장관 Mellisa Warren과의 1997년 7월 25일 인터뷰.
2 Hans Kelsen, *General Theory of Law and the State* (Cambridge, Mass.: Harvard University Press, 1945), 88면.
3 *O'Brien v. Skinner*, 414 U.S. 524 (1974).
4 메사추세츠주 선거부장관 John Cloonan과의 1997년 7월 22일 인터뷰. Boston은 대략 개별 선거당 약 30만 달러를 쓴다.
5 캘리포니아 주 선거부장관 Mellisa Warren과의 1997년 7월 25일 인터뷰.
6 Joseph Raz, *Ethics in the Public Domain: Essays in the Morality of Law and Politics* (Oxford: Clarendon, 1995), 39면.

■ CHAPTER 8

1 Franklin D. Roosevelt, "Message to the Congress on the State of the Union" (1944년 1월 11일), in *The Public Papers and Address of Franklin D. Roosevelt* Vol. 13 (New York: Random House, 1969), 41면.

2 국제 인권 기구의 어법에 대한 존경은 공산주의 이후 헌법에 포함된 엄두도 못 낼만큼 비싼 많은 권리들의 포섭을 잘 설명해 준다. (현재 61개 국가가 서명했고, 1976년 발효한 것으로 추정되는) 경제, 사회 및 문화적 권리에 대한 1966년 국제협약은 근로의 권리(제6조), 공평하고 호의적인 근로조건을 향유할 권리(제7조), 모성과 아동에 대한 특별한 보호(제10조), 모든 사람이 적절한 삶의 기준을 누릴 권리 및 기아로부터 해방될 모든 사람의 권리(제11조) 및 최고의 획득 가능한 육체적, 정신적 건강을 향유할 모든 사람의 권리(제12조)를 포함한다. *Twenty-Five Human Rights Documents* (New York: Columbia University Center for Human Rights, 1994), 10 내지 16면 참조.

3 John Rawls, *Political Liberalism* (New York: Columbia University Press, 1996). Rawls는 기본적인 보건, 고용 및 소득의 적절한 분배를 언급하고, 일정한 종류의 최소 소득에 관한 권리를 함축하고 있는 것으로 보인다.

4 B. Guy Peters, *The Politics of Taxation* (Cambridge, Mass.: Blackwell, 1991), 3면.

5 John Graham and Jonathan Weiner, *Risk vs. Risk* (Cambridge, Mass.: Harvard University Press, 1996) 참조.

6 Stephen Breyer, *Breaking the Vicious Circle* (Cambridge, Mass.: Harvard University Press, 1993).

■ CHAPTER 9

1 *Zablocki v. Redhail*, 434 U.S. 374 (1978).
2 Mary Ann Glendon, *Rights Talk* (New York: Free Press, 1993) 참조.
3 권리 및 의무에 대한 이러한 주장의 정당화는 여기에서의 논의에 중요한 것은 아니지만, Joseph Raz의 *The Morality of Freedom* (Oxford: Oxford University Press, 1986), 183 내지 186면에 등장한다.
4 세부적인 내용에 관하여는, Richard Posner and Kate Silbaugh, *Sex Laws in America* (Chicago: University of Chicago Press, 1996) 참조.

■ CHAPTER 10

1 Thomas Hobbes, *Leviathan* (Harmondsworth, Eng.: Penguin, 1968), 85면.
2 노동조합원의 권리, 하류 토지 소유자의 권리 및 양육권이 없는 부모의 권리는 단지 공허한 문구가 아니라 진정한 권리가 되기 위해서는 잘 고안된 적극적 동기 및 소극적 동기의 체계를 전제로 한다. 위 권리들은 그러한 박차나 고삐 없이는 거짓 약속에 불과하다. 이러한 관점에서 자유권은 자유방임에 의존하는 것이 아니고, 사회적 목적을 위한 개인 행동에 대한 신중한

사회적 조각기법에 의존한다. 법적인 권리를 주장하는 것은 잘 고안된 규칙에 따른 확립된 제도 내에서 행동하는 것이다.
3 Alasdair MacIntyre, *After Virtue* (Notre Dame: University of Notre Dame Press, 1981).
4 Adam Smith, *An Inquiry into the Nature and Causes of the Wealth of Nations* (New York: Modern Library, 1937), 98면.
5 William Galston, "Causes of Declining Well-Being among U.S. Children," in *Sex, Preference, and Family* (David Estlund and Martha Nussbaum 편집, Oxford: Oxford University Press, 1996), Derek Bok, *The State of the Nation* (Cambridge, Mass.: Harvard University Press, 1996), David Ellwood, *Poor Support: Poverty in the American Family* (New York: Basic Books, 1988) 참조.
6 Glendon, *Rights Talk*, 10면.
7 Blackstone, *Commentaries on the Laws of England*, Vol. 3, 4면. 즉, Common-Law 전통에서 권리담론은 폭력배의 담론을 대체하기 위하여 고안된 것이다.

■ CHAPTER 11

1 미국 권리장전의 저자들에 대하여도 동일하게 이야기 할 수 있다.
2 미국 보건후생부(U.S. Department of Health and Human Services), 아동지원집행청(Office of Child Support Enforcement), *Twentieth Annual Report to Congress for the 1995 Fiscal Year*. 미국 납세자들은 아동지원을 위하여 모인 매 4달러 중 1달러를 지급하였다(붙임B 표1, 78면).
3 Christopher Jencks, "The Hidden Paradox of Welfare Reform," *American Prospect*, 32호(1997년 5월~7월), 36면.

■ CHAPTER 12

1 정치적 정당성을 위한 권리보호의 교환은 Jurgen Habermas의 *Between Facts and Norms* (Cambridge, Mass.: MIT Press, 1996)의 중심 주제들 중 하나이다.
2 이러한 경험적인 주제는 재능, 자격 등의 주어진 배분상황을 전제로 하면 정의의 원리는 상호이익에 근거한 협상으로부터 도출된 것을 보여줌으로써 보호될 수 있다는 David Gauthier의 주장과 혼동되어서는 안 된다. David Gauthier, *Morals by Agreement* (Oxford: Clarendon, 1986) 참조. 상호 이익을 언급하는 철학적 주장은 협상 당사자들의 출발점을 정당화하거나 그 정당화를 전제로 하여야만 한다. 여하한 특정의 시작점을 정당화하는 어려움은 사회 계약이론을 그들의 도덕적 결론의 정확성을 설명하기 위하여 사용하고자 하는 이들에게 끈질긴 문제이다. John Rawls, *A Theory of Justice*

(Cambridge, Mass.: Harvard University Press 1971), Brian Barry, *Theories of Justice* (Berkely: University of California Press, 1989) 참조. 이 장은 권리를 철학적으로 정당화하고자 하는 것이 아니고, 권리는 협동에서 도출되고 협동을 가능하게 한다는 주장을 옹호하기 위한 것이다.

3 "이익에 따른 협상의 산물이라는 권리 모델은 적어도 권리가 사고방식, 시대정신, 일반이론 또는 사회적 삶의 순전한 논리에서 도출된다는 상식만큼은 이치에 맞는다." Charles Tilly, "Where Do Rights Come From?" in *Contributions to the Comparative Study of Development*, Vol. 2 (Lars Mjoset 편집, Osle: Institue for Social Research, 1992), 27 내지 28면.

4 *Employment Division, Department of Human Resources v. Smith*, 494 U.S. 872에서 연방 대법원은 종교적으로 고무된 피요테의 사용에 대한 일반적인 형사적 금지를 지지하였다. 지지의 가장 논쟁점인 점은 모두에게 적용되는 중립적인 법은 종교에 부정적인 영향을 미치더라도 헌법적으로 문제가 없다는 것이었다. 연방 대법원은 종전의 *Sherbert v. Verner*, 374 U.S. 398 (1963)에서의 결론을 뒤집지 않고 그것을 협소하게 해석하였다. *Sherbert v. Verner*, 374 U.S. 398 (1963) 판결은 토요일에 구직을 하도록 사람들에게 요구하는 일반적인 법률하에서 신앙생활을 하는 자에 대하여 실업 급여가 금지되어서는 안 된다고 보았다. 그러나 연방 대법원은 일반 법률로부터 종교적으로 유발된 면제를 완전히 폐지한 것은 아니다. 하원은 법률로 위 *Smith* 판결을 뒤집고자 하였다. 연방 대법원은 하원은 그렇게 할 권능이 없다고 하였으나, 그 과정에서 종교의 자유 조항에서 때때로 (비용이 소요되는) 면제가 도출될 수 있는지 여부에 대하여 내부적으로는 의견이 갈렸다.

5 *Employment Division, Department of Human Resources v. Smith*. 미주 5의 논의를 참조할 것.

6 강제의 의미는 시인컨대, 단순한 문제가 아니다. 그리고 종교 집단은 종종 유연한 관념이라는 몇몇 가능한 관점에서 법적으로 강력력을 갖는 것으로 인정된다.

■ CHAPTER 13

1 Richard Posner, *Economic Analysis of Law*, 제 4 판, (Boston: Little, Brown, 1992), 463 내지 464면.

2 Norman Frohlich and Joe Oppenheimer, *Choosing Justice* (Berkley: University of California Press, 1993)에 나오는 이러한 효과에 대한 사람들의 판단에 관한 놀라운 경험적 발견을 참조하라.

3 John Stuart Mill, "Principles of Political Economy," in *Collected Works* (J. M. Robson 편집, vol. 3, Toronto: University of Toronto Press, 1965), 962면.

4 Theda Skocpol, *Protecting Soldiers and Mothers: The Political Origins of*

Social Policy in the United States (Cambridge, Mass.: Harvard University Press, 1992).

■ CHAPTER 14

1 Nada Eissa and Jeffrey B. Liebman, "Labor Supply Response to the Earned Income Tax Credit," *Quarterly Journal of Economics* 111 (1996), 605면의 데이터를 참조할 것. 그 데이터는 EITC 도입 이후 근로 시장에 참가자의 의미 있는 증가를 보여준다.
2 Margaret Levy, *Of Rule and Revenue* (Berkley: University of California Press, 1988).
3 스스로 생활할 수 없는 사람들을 위한 권리부여는 물론 필요하고, 응급상황에서는 특히 그러하다.
4 Daniel Shaviro, "The Minimum Wage, The Earned Income Tax Credit, and Optimal Subsidy Policy," *University of Chicago Law Review* 64호(1997), 405면은 EITC의 장점뿐만 아니라 단점도 잘 보여 준다.
5 관련 주제는 Stephen Holmes, *Passions and Constraint* (Chicago: University of Chicago Press, 1995)와 Cass R. Sunstein, *Legal Reasoning and Political Conflict* (New York: Oxford University Press, 1996)에서 상세히 논한다.

사항색인

■ ㄱ ■

게리맨더링　140
공공요금(fee)　13
권리와 책임에 대한 이분법
　180
권리장전　60
근로 장려 세제(Earned Income Tax Credit: EITC)　261, 272
기회 비용(opportunity costs)
　285

■ ㄴ ■

노인 의료 보장(Medicare)
　266

■ ㄷ ■

독립선언문(Declaration of Independence)　5

■ ㅁ ■

미국 시민 자유 연합(the American Civil Liberties Union: ACLU)　14, 241
미국연합규약(Articles of Confederation)　61
민주주의적 숙려(deliberation)
　201

■ ㅂ ■

법실증주의　9
복지권　148
복지병　195

■ ㅅ ■

사기방지법(antifraud law)　82
사회 계약(social contract)
　222, 238, 255, 263
사회적·경제적 보장
　149
산업안전보건부(Occupational Safety and Health Adminis

tration: OSHA) 46
3세대 권리 153
생명권 206
선택권 206
세금(tax) 13
소극적 권리 33
식량 카드(food stamp)
　20, 37, 198
신고전주의 경제학자 80

■ ㅇ ■
아동 부양 세대 부조(Aid to Families
　with Dependent Children: AFDC)
　197, 215
연방거래위원회(Federal Trade
　Commission) 82
위법수집증거배제의 법칙 93
이분법 33, 36
2세대 권리 151
1세대 권리 148

■ ㅈ ■
자연권 191
자유로운 수행 조항(free exer-
　cise clause) 227
재분배 292
재산권 65, 160, 238
저소득층 의료 보장 제도(Medic-
　aid) 267

적극적 권리 33
전국노동관계위원회(National La-
　bor Relations Board: NLRB)
　45
제2차 권리장전 146
종교 존중 금지 조항(no-estab-
　lishment clause)
　227
증권거래위원회(the securities and
　exchange commission) 82

■ ㅌ ■
투표권 138

■ ㅍ ■
평등고용기회위원회(Equal Em-
　ployment Opportunity Com-
　mission: EEOC) 46
표현의 자유 132, 141
피해자학(victimology)
　207

■ ㅎ ■
협동과 권리의 교환(rights-for-
　cooperation) 222
황견계약(yellow-dog contracts)
　120

■ 1 ■

1862년의 홈스테드법(Homestead Act)　271
1964년의 투표권법(Voting Rights Act)　60
1968년의 공정주택법(Fair Housing Act)　44
1990년의 장애인법(Disabilities Act)　22

■ D ■

DeShaney 판결　102

■ I ■

incorporation doctrine　59

■ M ■

Maher v. Roe 사건　30

■ R ■

Roe v. Wade 사건　30

인명색인

■ ㄴ ■
노직(Robert Nozick) 70

■ ㄷ ■
데이비드 보아즈(David Boaz) 3

■ ㄹ ■
랭퀴스트(Rehnquist) 95
로널드 드워킨(Ronald Dworkin) 118
로널드 레이건(Ronald Reagan) 3
루즈벨트(Franklin Delano Roosevelt) 6, 38, 146
리차드 엡스타인(Richard Epstein) 70
리차드 포스너(Richard Posner) 240

■ ㅁ ■
마샬(Thurgood Marshall) 209

마틴 루터 킹(Martin Luther King Jr.) 209
매리 앤 글렌든(Mary Ann Glendon) 169, 199
몽테스키외 58

■ ㅂ ■
벤덤(Jeremy Bentham) 7, 64
블랙스톤(William Blackstone) 67, 202

■ ㅅ ■
스코프콜(Theda Skopcol) 245

■ ㅇ ■
애덤 스미스(Adam Smith) 197

올리버 홈즈(Oliver Wendell Holmes Jr.) 7
워렌(Earl Warren) 18, 95

■ ㅈ ■
조셉 라즈(Joseph Raz) 143
조슈아 드샤이니(Joshua DeShaney) 100
존 레드해일(John Redhail) 166
존 스튜어트 밀(John Stuart Mill) 245
존슨(Lyndon Johnson) 38

■ ㅊ ■
찰스 머레이(Charles Murray) 3, 70

■ ㅍ ■
피터스(B. Guy Peters) 150

■ ㅎ ■
하이예크(Friedrich Hayek) 77
한스 켈젠(Hans Kelsen) 7, 139
흄(David Hume) 67

공저자약력

Stephen Holmes 교수는

프린스턴대학교와 뉴욕대학교 로스쿨에서 정치학을 강의하고 있다.

주요 저서:
Passion and Constraint
Anatomy of Antiliberalism
Benjamin Constant and the Making of Modern Liberalism

Cass R. Sunstein 교수는

시카고대학에서 법학과 정치학을 강의하고 있다.

주요 저서:
Free Markets and Social Justice
Legal Reasoning and Political Conflict
The Partial Constitution
After the Rights Revolution
Democracy and the Problem of Free Speech
One Case at a Time: Judicial Minimalism on the Supreme Court

번역자약력

박병권

제45회 사법고시 합격(2003)
서울대학교 법과대학(법학사, 2004)
대법원 사법연수원(36기, 2007)
서울대학교 법과대학원(수료, 2008)
육군법무관(2007~2010)
현 김·장 법률 사무소 변호사

THE COST OF RIGHTS

Copyright ⓒ THE COST OF RIGHTS
All rights reserved

Korean translation copyright ⓒ 2012 by Parkyoungbooks Co., Ltd.
Korean translation rights arranged with W. W. Norton & Company
through EYA(Eric Yang Agency)

이 책의 한국어판 저작권은 EYA(Eric Yang Agency)를 통해
W. W. Norton & Company, Inc.와 독점계약한
'박영북스'에 있습니다.
저작권법에 의하여 한국 내에서 보호를 받는 저작물이므로
무단전재와 무단복제를 금합니다.

권리의 대가
2012년 3월 7일 초판인쇄
2012년 3월 16일 초판발행

공저자	Stephen Holmes·Cass R. Sunstein
번역자	박 병 권
발행인	안 종 만
발행처	(주) **박영사**

서울 특별시 종로구 평동 13-31번지
전화 (733)6771 FAX (736)4818
등록 1959. 3. 11. 제300-1959-1호(倫)
www.pybook.co.kr e-mail: pys@pybook.co.kr
파본은 바꿔드립니다. 본서의 무단복제행위를 금합니다.

역자와
협의하여
인지첩부를
생략합니다

정 가 18,000원   ISBN 978-89-6454-204-0